Gábris

Asszonyszív
avagy hullámvölgyben is hűséggel

novum pro

www.novumpublishing.hu

Minden jog fenntartva, beleértve a mű film, rádió és televízió, fotómechanikai kiadását, hanghordozón és elektronikus adathordozón való forgalmazását, valamint kivonat megjelentetését, illetve az utánnyomását is.

Nyomtatva az Európai Unióban környezetbarát, klór- és savmentes, fehérített papírra.

© 2016 novum publishing

ISBN 978-3-99010-793-5
Lektor: Tömösvári Emese
Borítókép:
Artem Popov | Dreamstime.com
Borító, tördelés & nyomda:
novum publishing

www.novumpublishing.hu

„Mint első eminens jöttem ki az iskolából,
Vajon a világ micsoda kalkulust fog adni?"

(Mikszáth Kálmán: Jókai Mór élete és kora)

Szinopszis

A történet Zsógáb személyében a huszadik század második felében és a huszonegyedik század elején élő nők sorsára jellemző alakot formál meg. A főhős valós személy, de a mellékszereplők és a történet zömében fikció, amit Zsógáb „emberekkel foglalkozó" személyes tapasztalatai ihlettek. Sorsa követhető gyermekkorától (diákévein, felnőtté válásán, vélt vagy valós szerelmein, házasságán, munkásévein keresztül) éltes koráig, melynek egészét átszövi a minden területre jellemző, lényét meghatározó hűség és szeretet.

Nos, hűséges maradt elveihez és hitéhez akkor is, amikor életútját (17 évesen) az '56-os forradalom és szabadságharc következményei édesapján keresztül derékba törni látszottak. Lám, hűséges maradt akkor is, amikor másodvonalbeli vezetőként főnöke elvtelen kérését megtagadta, s ezért hónapokig kényszerpályára került. A szeretet és hűség, a családjáért érzett felelősség dolgozott benne – feleség és anya maradt – akkor is, amikor férje ismételten megalázta, és akkor is, amikor elsőszülött lánya és unokája – nem értette, miért – megszakítottak vele minden kapcsolatot.

Az eseménysorozatra támaszkodva képet kapunk arról, hogy mindig van választási lehetőség, ha nem is a legjobb, inkább a rossz és a kevésbé rossz között. Ugyanakkor a választási lehetőséget alapul véve, döntéseinket vállalni szükséges, sőt kell is. Belátva Zsógáb ellentmondásokkal terhes életét, olyan jellemvonásokkal áldotta meg a Mindenható, amelyekkel mégis minden körülmények között feltalálta magát. Nos, fel tudott állni akkor is, amikor a sors kegyetlen fintora miatt szinte lehetetlennek tűnt. Ám figyelembe véve, hogy gerinctörő megalkuvásra képtelen, nem annyira sikeres, mint eredményekben gazdag életutat tudhat maga mögött. A könyv arra az alapvető kérdésre próbál választ adni, hogy Zsógábnak mennyiben sikerült megőriznie hitét és hűségét a sorsát végigkísérő, értékvesztett világban. Belátva a tévedhetőség igazságát, sorsában – magánéleti, avagy társadalmi –, szerepvállalásaiban adekvát választ kap az olvasó.

1. fejezet

Nyárvégi kora délután volt, amikor a férj vezette sötétkék Opel egy pillanatra megállt a bank előtt. Az idős, de még szemrevaló hölgy rugalmas mozdulattal jobb lábával éppen csak rálépett az első lépcsőfokra. A bal lábát is lendítve – a karosszériát még érintve – kiszállt a kocsiból, amikor hatalmas ütést érzett a bal combja felső harmadán. Ugyanebben a másodpercben az Opel erős gázt adva – mint amit a vezető sötét gondolatai vezéreltek – robbanásszerűen sprintelve elhagyta a helyszínt a parkoló irányába. A hölgy jobb karjával – az erős toló nyomás hatására – haránt irányban rázuhant a szürke lépcsősorra.

Még látta a sötétkék autót, amikor hüvelykujja tövénél vérző – az esést tompító – bal kezét segélykérőn felemelve intett a porfelhő felé. Karjában agyáig sugárzó pokoli fájdalmat érezve, reményvesztetten hanyatlott le az előbb még bizakodó bal karja. Életében először suhintotta meg a halál szele, mint az érett, súlyos kalászfejet a kasza csillogó pengéje. A kábulatból feleszmélve, még mindig a lépcsőn fekve, mobiltelefonjáért matatott. A férjét hívta telefonon.

A bankkal szemben építkezés folyt. A munkások látták az előttük zajló esetet. Az egyik fiatalember követte az autót, és a férjet utolérve közölte, hogy a feleségét baleset érte. A férj összezárt ajakkal, komótosan, gyalogszerrel érkezett a helyszínre, mire az asszony kínok közepette, most már türelmetlenül kiáltott rá:

– Gyalog jöttél? Orvoshoz kell mennünk!

Ő felsegítette feleségét, és érzéketlen, lomha mozdulattal elindult vissza a parkoló felé.

A gépkocsi megérkezett, a törékeny asszony – férje segítségével – beszállt a kocsiba, és elindultak a szakorvosi rendelőintézet felé. Menet közben tájékoztatta a férjét, hogy a sebészeten pontosan be kell számolnia a történtekről. A férj felháborodva közölte, hogy ezt így nem mondhatja el, mert elveszik a vezetői engedélyét. A feleség vívódott magában. Az orvosnak az igazat kell mondani. Nála – az emberi méltóságot érintő témát kivéve – ez volt a természetes. A legkisebb hazugság miatt is lelkifurdalásai voltak. Mindjárt a rendelőhöz érnek, döntenie kellett. Mi lett vele az utóbbi években? Zavarta gyakori bizonytalansága. Mégis belátta, ha őszinte lesz, nem használ magának, ugyanakkor mindkettőjüknek árthat. Börtönbe is zárhatják a férjét cserbenhagyásos gázolásért. Nem gondolta, eddigi tapasztalatai alapján nem is gondolhatta, hogy engedékenységéért később nagy árat fizet.

Az orvost arról tájékoztatta, hogy megbotlott a lépcsőn, és elesett. A bal combját ért ütésről nem beszélt, ezért ennek vizsgálata elmaradt. Az asszonyt ellátták, majd 6 hét múlva levették a karjáról a gipszet, hogy az ezt követő, ínszalagszakadás miatti műtét után újabb 6 heti gipszkötést kelljen elszenvednie. A gyötrelem ezzel nem ért véget: heteken keresztül rehabilitációs kezelésekre járt. Bár orvosai és a beteg mindent elkövettek, másfél év után kiderült, hogy további teendő nincs. Zsógáb kezelése kezének kisebb, ám mégis maradandó károsodásával ért véget.

A testi szenvedés mellett az újra és újra visszatérő lelki teherrel is meg kellett küzdenie. A férj most már nem ismerte el, hogy ő okozta a balesetet, annak ellenére, hogy hetekkel később is ott éktelenkedett a felszívódóban lévő vérömleny a bal combján. Az asszony csak annyit várt volna férjétől: „Bocs, sajnálom, nem akartam."

A férj viselkedése megfertőzte elsőszülött lányukkal és annak lányával – unokájukkal – való viszonyát. Szerintük igazságtalan vád érte az édesapát és a papát. A feleség testileg-lelkileg megalázva, meggyötörve magára maradt. Egyre fagyosabb lett a levegő közte, valamint a lánya és unokája között. Egy újabb, a szülői házban tett látogatás alkalmával az unoka kirobbanó, bántó, a nagymamát szavakban, hangsúlyban, testbeszédben sértő, megalázó, egyoldalú vagdalkozás után kapcsolatuk végérvényesen megpecsételődött. A minden tekintetben cserbenhagyás odáig fajult, hogy lánya és unokája megtagadta „állandó hisztije miatt". Elhatározásukat az Apának (Papának) írt elektronikus levélben közölték. Az asszony szégyellte a kialakult helyzetet, nem panaszkodott még testvéreinek sem. Barátnőjét – aki egy cukrászdai beszélgetés közben gyermekei hogylétéről érdeklődött – visszatarthatatlanul megeredt könnyei között szipogva, fél év után tájékoztatta megkínzott, porig alázott helyzetéről.

Barátnője, Enci, ismerve az asszony szinte egész felnőttkori életét (gyermekeit, férjét minden tekintetben kiszolgáló), felháborodva ígéretét vette, hogy soha többé nem fogja sírva látni ezért!

Az asszony nem akarta elfogadni elsőszülött lánya rémálomba illő viselkedését, ezért elektronikus levél útján történő párbeszéddel próbálkozott. Végül – többszöri, levélben tett, kudarcba fulladó békülési kísérlet után – feladta. Minél inkább próbálkozott, annál inkább mélységeiben is egyre durvább elutasítást kapott. Szinte sütött a gyűlöletről, bosszúról árulkodó levél, melyet a lánya nem is neki, hanem a férjének címzett. Egyiket-másikat az asszony elolvashatta, de ennél több segítségre férjétől sem számíthatott. Férje gyávasága – attól való félelmében, hogy vele is megszakíthatják a kapcsolatot – tovább rontotta a házastársak között a baleset óta amúgy is megromlott viszonyt. A feleség a rendszeresen átvirrasztott, párnáját könnyekkel áztató éjszakák után úgy döntött, nem magyarázkodik tovább, hiszen semmi értelme sincs. A mindig pozitív gondolkodású asszony (anya, mami) azon töprengett, hogy hol rontotta el. Választ sehonnan sem kapott.

Még ma is érzi szájában az erőszakos gázpedál-benzingőz ízét, szagát, és fülében a hangot, amint az Opel, négy kerekének porfelhője közepette, felbőszült bika robajával cserbenhagyja megsebzett áldozatát.

Az anya úgy érezte, egy világ omlott össze benne. Mi történt hozzá hasonlóan érzékeny lelkű, szeretetet adó és kapó lányával? Azzal a gyermekével, aki anyucinak szólította őt, gyengéd simogatással fejezte ki érzéseit? Szavak nélkül köszönte meg szülőanyja hálát nem váró, mindig mellette (testvére születése után dupla energiával kettőjük mellett) álló gondoskodását. Azzal a gyermekkel, aki – anyjához hasonlóan – munkahelyén is kiválóan teljesített, megbecsült értelmiségként élte eddigi életét. Választ nem kapott, csak sorozatos elutasítást, mind mélyebbre hatoló fájdalmas rúgást. A legnagyobb csalódást az okozta, hogy nem értette, nem tudhatta meg, hogy miért. Azok közé az anyák közé tartozott, akik sohasem erőltetik akaratukat egyik gyermekükre sem. Elvétve fordult elő, hogy egyik-másik cselekedettükkel nem értett egyet. Nem akarta a döntés jogát magának indikálni, csak azt szerette volna elérni, hogy meghallgassák. Talán az anyának nem lehet véleménye, tapasztalatait nem oszthatja meg gyermekével?

Védőnői munkája során meglepődve tapasztalta, hogy az elhanyagolt, kevés szeretetet adó szülőket jobban becsülték gyermekeik, mint azokat a szülőket, akiknek a gyermekei jelentették a mindent. Nos, az ilyen gyermek-szülő kapcsolatot nem lehet általánosítani, mivel ennek mélyebb, gyakran genetikai összefüggései is vannak, ám nem egyszer megesett. Szomorúan látta, hogyan használja ki a négy gyermekes, jól táplált várandós anya az áttetsző bőrű, alultáplált fiúgyermeket. Azt a szomorú szemű, féltőn aggódó gyermeket, aki nagyot nyelve, remegő kézzel adta át az ágyban fekvő, kisbabát váró, amúgy is nagydarab anyjának, a most vásárolt, mosolygósan szétguruló narancsokat.

Mit tehetett ilyenkor a védőnő? Kétirányú szeretetével, türelemmel gyermek és szülő felé minimumra csökkenteni a gyermeket ért sérelmeket.

Meglepte az is, hogyan védi édesapját az a tizenéves fiú, aki a mostohaanya rosszindulatú árulása, árulkodása miatt szinte naponta kénytelen elviselni édesapja tehetetlen – testi fenyítésben is megnyilvánuló – dühét. Igen, magzati pózban földön fekve az apa gyávaságát büntette meg a gyermek. Igen, az apja gyengeségét ellensúlyozta azzal is, hogy nyikkanás nélkül tűrte, amint csizmás lábával rugdossa – a jobb belátás reményében – felbőszült édesapja.

A testi fenyítést elszenvedő fiúgyermek könyörögve kérte a védőnőt, hogy ne jelentse az esetet a gyámügyesnek, mert nem akarja magára hagyni gyenge jellemű édesapját. Hamarosan úgyis bentlakásos szakmunkásképzőbe megy, s ezzel megoldódik a közte és mostohája között fennálló feloldhatatlan ellentét.

Nem csoda hát, hogy munkája során szerzett tapasztalatai alapján még mélyebben érintette, felzaklatta Zsógábot elsőszülött leányunokájának viselkedése. Annak a gyermeknek a magatartása, akit 11 éven át – több unoka még nem lévén – testileg, lelkileg mindenben támogatott. Nem volt, nem létezett olyan kérésük, amit első szóra ne teljesített volna. Sőt, a lányát is kímélve a legkellemetlenebb, ám szükségszerű teendőket is magára vállalta. Rendszeresen vitte unokáját a fájdalommal járó védőoltásokra, foghúzásra, a víz mélységétől rémüldöző úszásoktatásra.

Nos, a mami viselte gondját akkor is, amikor az édesanya munka mellett – a még két diploma megszerzése érdekében – hét éven át tanult, vizsgára készült. Bár ebben az időben Zsógáb még másodvonalú vezető beosztásban dolgozott, és a magánvállalkozásukban is, mégis szívesen tette. Boldogan vállalta unokáját annak ellenére, hogy a napi 24 órából alvásra gyakran csak 4-6 óra jutott. Mindezért nem várt hálát, örömmel tette. Az incidensig eszébe sem jutott a nagymama és unoka közötti, általa természetesnek vélt kapcsolatot vizsgálgatni, méricskélni.

Csupán a kegyetlen megaláztatás után átgondolva elemezgette: hol rontotta el? Annál is inkább kérdésként vetődött fel benne, mert valószínűsítette, hogy gyermeke viselkedését zömében az unokája befolyásolta. – *„Látni sem bírlak, a hangodat sem akarom hallani, értsd meg már végre, mi már egészen másképpen gondolkodunk"* – írta lánya férjének egyik elektronikus levelében.

Viharos érzések és események kavalkádjában, hetvenen túl is, mint hajdan, 16 éves gimnazistaként, magára maradva, újra egyedül kellett megoldania hátralévő, fizikailag, érzelmileg, szellemileg kifosztott, őszbe forduló elmúlását és jövendő életét.

2. fejezet

Könnyes szemmel említi néhai szüleit Zsógáb, akiknek valaha ő is gyermeke volt, ám akiknek nagyságrendileg megközelítően sem okozott hasonló fájdalmat. Még csak meg sem sértődött, amikor kétszer is árulással vádolta édesapja. Az első esetben – anyósa óhajára – férje vallására keresztelték elsőszülött lányukat. A második esetben, amikor bevallotta, hogy belépett a pártba. Nos, az árulás vádja nagyon fájt Zsógábnak. Fájdalmát mélyítette a döntés kényszerűsége, amit akkor még nem magyarázhatott meg. A szüleihez fűződő, haláluk után is őszinte szeretetben megnyilvánuló kapcsolata némileg megvigasztalta megsebzett szívét. Most is bízott a jövőben. Megnyugodva, aztán boldog békességgel gondolt szülőfalujára, amely mindig első helyen szerepelt életében. Lelket melegítő szeretettel véste szívébe a csöppnyi szülői házat éppúgy, mint az előtte elterülő – sziksótól fehérlő – gyér füves játszóteret. Gondolatban boldog mosollyal illette az utca mezítlábas gyerekeit, és megható jóindulattal emlékezett mindig elegánsan öltözött cigány osztálytársára, arra a tehetséges zenész srácra, aki az iskolában is hóna alatt hordta a szívfájdítóan meg-megszólaló, bús dallamokat felcsendítő hegedűjét.

Ennek a falunak – Magyarország egyik legszegényebb megyéjében – református templomában mondta ki a boldogító igent 1937 áprilisában két csodálatos ember: Zsógáb későbbi szülei.

A leány a 13 gyermekes családban harmadszülöttként látta meg a napvilágot, amely meghatározta gyermekkori, ifjúkori életét. Már 6–7 éves korától idegenek kenyerét ette, mint libapásztor, később ugyanennél a háznál, mint mindenes cselédlány.

Majdani vőlegénye – egy számadó juhász – tizennegyedik gyermekként, az I. világégés idején hagyta el a meleget és biztonságot adó anyaméhet, hogy az egyre védtelenebb és kiszolgáltatottságot hordozó világban próbáljon szerencsét. Sanyarú körülmények között jutott el a felnőttkor határáig. Hatévesen elveszítette az édesanyját, majd 14 évesen édesapját. Először egyetlen fiútestvérénél, a bátyjánál talált menedéket (aki igen megbecsült bútorasztalos volt) mint asztalos inas.

A gyermektelen házaspár esetében arra következtethetnénk, hogy jó helyre sodorta az árvák megmentője. Megtalálta helyét saját vére ölelésében, ahol szakmát is tanulhat. A probléma viszont éppen ebből a „gyermektelenségből" fakadt, mert a kényelemhez szokott, már nem éppen fiatal sógornő nem tudta elviselni a kamaszodó fiú viselkedését. Esténként a vidáman fütyörésző, dúdoló, kapucsapkodással hazatérő fiú zavarta a sógornő „nyugalmát". Alig telt el néhány hét, amikor a kamaszodó fiú hazatérésekor fültanúja lett a házaspár közötti vitának, amelynek témája éppen az ő zajos viselkedése volt.

Mit tehetett az érzékeny korban lévő ifjú? Másnap reggel fogta a batyuját, és elhagyta bátyja reménnyel kecsegtető otthonát. Ezzel megkezdődött hányatott élete. Hol egyik, hol másik testvérénél kapott ideiglenes szállást, mígnem egyik nővérénél talált végső menedéket. A már többedik sógora igen tisztességes embernek bizonyult, aki felkarolta az árva gyermeket. Vitte magával napszámra, kubikos munkára, és közben csiszolgatta – éles szemével észrevette – a faragatlan gyémántot. Nos, fáradozásának hamar eredménye lett. A korábban méltán nyugtalan, gyakran bajba keveredő, betört orral vagy fejjel, esetenként ittasan hazakerülő kamasz srác gyökeresen megváltozott. A megbántásból és sértettségből fakadó balhék egyre ritkábbak lettek, végül elmaradtak. Az állandóság és a biztos családi háttér meghozta gyümölcsét: az ifjú lecsillapodott, munka után egyre több időt töltött otthon, segített a ház körüli munkában. A kamasznak gyökeresen megváltozott az élete: sógora a csiszolatlan gyémántból drágakövet faragott, amely csillogva kísérte végig életét. Később, már felnőtt fejjel, sokszor meghálálta idős sógorának jóságát és türelmét, soha el nem felejtett apai gondoskodását. Ennek az embernek köszönhette, és az akkoriban még kötelező tényleges katonai szolgálatnak, hogy 23 éves korára kitüntetéssel leszerelt, érett, komoly, felelősséggel bíró fiatalemberré cseperedett. Nővérének tartozott hálával a gondoskodásáért és keresetének megőrzéséért, amely alaptőkét biztosított gyermekkorára árván maradt öccsének a későbbi családalapításához.

Leszerelése után pillantotta meg a csinos, kékfestő ruhát viselő, sűrű, sötét haját kontyba fésülő, mindig tiszta, egyenes derékkal siető cselédlányt. Nos, erről a lányról többé nem tudott, nem is akart lemondani. A fiatal lány is vonzódott a fess és udvarias legényhez, annak ellenére, hogy a leány környezete az ifjút csak „flaszterkoptató" sihedernek nevezte. Mit takart abban az időben a nem éppen hízelgő jelző? Nem tetszett nekik a fiatalember egyik jellemző tulajdonsága: igényességre utaló külseje. Adott körökben bűnnek számított, hogy fizikai munkásként a csizmájában hordott kapcája mindig hófehéren villogott.

A vonzalomból kölcsönös szerelem szövődött, majd életre szóló házasság köttetett.

Első közös otthonra felesége munkaadójának házában találtak, ahol megszületett első kislányuk, Zsuzsanna. Az ifjú férjet is hamar megszerették. Szorgalmának és megbízhatóságának köszönhetően őt is alkalmazták. Elkelt a munkáskéz a nagy házban, és a falu határában lévő szántón és szőlősben.

Az ifjú pár boldogan élte mindennapjait. A férj biztató derűvel leste a tavasszal kibújó, életet igenlő vetést. Csodálattal szemlélte a sárguló, lassan beérő búzakalászt, leste a fürtöktől rogyadozó szőlőtőke finom nedűt fakasztó ígéretét, mintha mind a sajátja lenne. Fáradhatatlan, erőtől duzzadó teste, szeretetet áhító lelke röpítette haza immár kis családjához, ahol a szerető hitves és szépen fejlődő gyermeke ölelésében újabb erőt gyűjtött a másnapi, örömet okozó, földszagú munkához. Az ifjú feleség eddig nem tapasztalt örömmel végezte a ház körüli munka mellett most már csöppnyi lánya óvó gondozását, és férjéről minden igényét kielégítően gondoskodott. Nos, a derűvel és bizakodással teli elégedettség sajnos nem tartott sokáig.

Nászuk után két évvel kitört a II. világháború. A férjnek ismét teljesítenie kellett hazafias kötelességét, kivezényelték a frontra. Mint minden családapa, fájó szívvel hagyta otthon gyönyörű és imádott feleségét, és csöppnyi gyermekét. Közben a fiatalasszony édesanyja gyógyíthatatlan beteg lett. Édesapja pedig, mint férj nélkül maradt leánygyermekét, hazarendelte beteg felesége ápolására, és még kiskorú öccsei gondozására. Ebben a falu határától messze távoli, tanyasi környezetben született meg másodszülött gyermekük – a főszereplő Zsógáb – a szomorú eljövendő időket kilátásba helyező évben, 1940-ben.

A háborús évek, majd az azok okozta iszonyúan nehéz körülmények ellenére, amelyekről később még szó esik, megadatott hősünk szüleinek, hogy 7 gyermekük körében (az általuk meglepetésként szervezett összejövetelen) együtt ünnepelhették meg az 50-edik házassági évfordulójukat.

3. fejezet

Zsógáb szegényes szülőfaluját kínosan hosszú és szinte egyenes út szelte át a vasútállomástól az alvégig. A zömében szikes talaj nem tűrte a forró napsütésben enyhet adó lombkoronás fákat, csak néhány égbe nyúló akácfa és a természet által véletlenül ott felejtett eperfa árválkodott magányosan. A II. világháború éveiben született éhes gyermekek naponta rohamozták meg az útszéli, édes gyümölcsöt kínáló természetet. Mohón falták az általa nyújtott – fehér vagy fekete – zamatos étket. A szegény népség számára áldásos volt a termést hozó gyümölcsfa, amely az ingyen nektárt csepegtető desszert mellett – jobb híján – éhségcsillapításra is szolgált. Bizony előfordult, hogy az asztalt körülülő éhes fiókák elé nem jutott vacsorára más, mint eper és kenyér vagy szőke héjú, piros bélű görögdinnye kenyérrel. Nos, így élt a főhős emlékeiben szülőfaluja, a Viharsarokban meghúzódó, szerény sárréti település. Míg az egyetlen kisvonaton utazó idegenek sekélyes, szegényes, kietlen településként könyvelték el a tájat, Zsógábnak a befogadó melegséget sugárzó otthont, az életet jelentette. Dallamként zúgott füleiben e kedves szó: Sárrét.

Itt látta meg a vakítóan bántó fényt sugárzó napvilágot, itt ringatták bölcsőjét, s itt nevelkedett – környezete szerint – gyönyörű serdülő leánnyá. Neki pajtásokat, finom pihe-puhasággal bélelt, védelmet nyújtó családi otthont, barátokat jelentett az alvég utolsó előtti utcája úgy, mint később a benépesült egész falu. Itt érintette meg az első vélt, vagy valós szerelem, ugyanúgy, mint később a mindent elsöprő szenvedély. Itt fejezte be az alsó négy osztályt egyetlen tanteremben, a házaspár által irányított iskolában.

Hamar kiderült, hogy Zsógáb kötelességtudó, minden iránt érdeklődő gyermek, aki már az első osztályban kitűnt képességeivel. A gyermektelen tanító házaspár nagyon megszerette a szorgalmas, éles eszű, korához képest az átlagosnál komolyabb gondolkodású leánygyermeket. Miután négy osztállyal kellett foglalkozniuk egyszerre, a jobb tanulók korrepetálták a gyengébb tanulókat, amíg a tanító a másik osztállyal foglalkozott. Így esett meg, hogy Zsógábnak egyik fiú osztálytársát kellett számtanból korrepetálnia. Minden rendben ment, míg a szerelmes fiúcska titokban áradozó leveleket nem kezdett küldözgetni a „korrepetitorának", akit nagyon taszított a kialakult helyzet. A lányka magatartása ellentmondott a még ma is elfogadott felfogásnak, amely szerint a lányok korábban érnek. Hősünk egyre nehezebben viselte a tolakodó, butuska fiút, aki ezt sehogyan sem akarta észrevenni. A sors megoldotta a problémát, mert a tanító bácsi hamar elfogta a padsorok közt „utazó" levelet. A szerelmes fiúcskát – az akkori szokás szerint – térdére ültetve elfenekelte, Zsógáb pedig új tanítványt kapott. Bár lelkifurdalása volt, örült a tanulásra összpontosító fegyelemnek és a figyelmet megzavaró zaklatás megszűnésének.

Nagyon szigorú elvek szerinti tanítás és nevelés folyt az iskolában, még véletlenül sem fordulhatott elő kivételezés egyetlen tanuló esetében sem. Zsógáb, mint a legjobb tanuló az osztályban, a szépírás füzetébe pacát ejtett a mártogatós tollal, ám nála sem volt kegyelem. Nos, vétkéért olyan körmöst kapott, hogy nem felejtette el soha életében. Az érzékeny nebulót nem annyira a fájdalom viselte meg, azt könnyen kiheverte, ám nem úgy a szégyent, amely sokáig ott sajgott lelkében. Mindenesetre tanult az esetből, soha többé nem volt panasz az írott szöveg külalakjára. Nemcsak alsós tanulóként, de tanulmányai alatt később sem került sor iskolai fenyítésre.

Az ötödik osztályt a falu közepén fekvő felső tagozatos osztályban kezdte, ahol már nem voltak összevont osztályok. Az új tanítók nem okoztak törést Zsógáb életében, sem tanulmányi eredményeiben. Az iskola több kilométerre volt otthonuktól, ami megnehezítette az alvégen lakó szegény diákok, köztük Zsógáb életét is. A hiányos öltözetet – fázós reggeleken – a búbos kemencében héjában sült krumpli enyhítette. Miután a kesztyűt nem ismerték, a forró krumplit markukba kapták a gyerekek, amelyet kihűlésig (elfogyasztásig) egyik kezükből a másikba rakosgattak. Leginkább ez jelentette a felmelegedést és az aznapi reggelit. A hétgyermekes édesanya is így engedte útjára naponta a 3–4 iskolás gyermekét. Mindannyian úgy beszéltek ezekről az évekről, mint akiknek nagyon boldog gyermekkoruk volt. Felnőttkori családi összejöveteleken is visszaemlékeztek a vidám évekre, amint egymás szavába vágva elevenítették fel a gyermekkori eseményeket.

A fiúk közül a másodszülött, István volt a legviccesebb, vidáman bohóckodó gyermek, aki gyakran felvidította a családot. Egy-egy csínytevésekor előkerült a fenyítésre szolgáló nyújtófa. Amikor az édesanya megpróbálta használni, István öccse elkapta annak szabad végét, és nevetve védekezett, a többi gyerek pedig megszeppenve várta a következményeket. A kétoldalú próbálkozásnak az lett a vége, hogy a nyújtófa körbe-körbefutott: egyik végén az édesanyával, a másikon pedig a csintalan gyermekkel csüngve. Nos, végül a kifulladt édesanya megenyhülve elengedte a nyújtófa végét – István hanyatt vágódott –, és szívből jövő kacagás lett úrrá az egész gyermekseregen.

Kedves emlékként él a főhős lelkében a Gyuri öccsével megesett történet is. Szüleitől azt a nem kis feladatot kapták, hogy a házuktól mintegy 8 km-re fekvő kukoricaföldet ki kell szabadítani a gaztól. Ám gondot okozott, hogy a két gyermeknek érvényes jegye volt a házuktól ugyancsak 7–8 kilométer távolságban lévő moziba. Ez összesen mintegy 16 kilométeres gyaloglást jelentett a nehéz kétkezi, paraszti munka mellett.

Mire befejezték a kapálást, már késésben voltak, így vágtában kellett megtenniük az igen nagy távolságot. Edzett gyermekek lévén futásnak eredtek, mígnem utolértek egy lovas kocsit, amelynek gazdája – megijedvén – ostorral a lovak közé csapott. A gyerekek lemaradtak, a kocsis fékezett, de nem ám a gyerekek, őket tovább vitte céljuk, amit maguk elé tűztek. Mindenáron moziba akartak menni. A gazda, aki felvehette volna kocsijára kísérőit, nos, fura módon újra a lovak közé cserdített. Nem voltak gyermekei? Nem ismerte a gyermekek dacoló lelkét? Talán kicsit gonosz is volt? Ki tudja? Sohasem derült ki. E színjáték többször megismétlődött, végül főhősünk öccsével lelkét szinte kilehelve, leizzadva mégis hazaérkezett. Gyorsan lesikálták magukról a koszt, átöltöztek, és siettek a moziba. A filmhíradót lekésték ugyan, ám sikerült megnézni a kiválasztott filmet. A munkával és mókával zajos hétvége sajnos véget ért, és kezdődött a nem annyira mulatságos, mégis kedves újabb iskolai hét.

A faluvégi gyerekeknek természetes volt a különböző irányból összegyűlt, végül hömpölygő folyamként összeállt mindennapi gyereksereg látványa. A probléma akkor kezdődött, amikor egyszerre akartak betódulni a minden tekintetben oltalmat adó iskola folyosójára.

Igen. Akkoriban az iskola védelmet, megértő szeretetet, nevelést, ismeretszerzést, minden tekintetben boldogulást segítő intézményt jelentett. Ízig-vérig gyermekeket szerető tanítók, tanárok ápolgatták a jövőt jelentő emberpalántákat. Az akkori pedagógusok a szó valós értelmében, a társadalom igazi napszámosaként gyámolítottak. Ugyanakkor feltétlenül élvezték a szülők és gyermekek által feléjük sugárzó, hálában megnyilvánuló tiszteletet és szeretetet. Élvezték a megbecsülés minden megnyilvánulását. A tanterem ajtaja bezárult, a zaj megszűnt, a nebulók vigyázban állva várták a tanárt, a „hetes" jelentésének eleget téve.

A felső tagozatos négy év szintén kellemesen telt Zsógáb életében. Kitűnő tanulóként a tanárok megszerették, és körülményeit ismerve segítették, amiben csak tudták. A hetedik osztály végén jutalomként háromhetes üdülésre küldték Csillebércre. Hősünk ekkor hagyta el először családját és faluja határát. Mint később egy osztálytalálkozón kiderült, társai közül sokan irigyelték ezért. Csillebérc akkoriban gyűjtő (előkészítő) táborként működött, ahonnét a gyerekek továbbmentek nemzetközi táborokba. Annak ellenére, hogy szereplőnk kitűnően érezte magát, a felajánlott romániai táborba nem engedték el szülei. Nos, féltették a zavaros nemzetközi helyzet miatt (l953–1954-ben), attól tartottak, hogy esetleg nem láthatják viszont másodszülött gyermeküket.

A már serdülőkorban lévő lányt új iskolájában találta meg a második, feléje irányuló egyoldalú szerelem. Derült égből villámcsapásként érte a kitépett füzetlapon érkező szenvedélyes vallomás. A levél íróját nem ismerte, ezért a barátnőjéhez fordult segítségért. Kiderült, hogy a szerelmes nyolcadikos fiú, Gazsi nagyon is csinos! Az arcát keretbe foglaló szőke, göndör fürtöket sötétkék szempár tette még vonzóbbá. Zsógáb ennek ellenére nem tudta kezelni a kialakult helyzetet, nem válaszolt az újra és újra megjelenő vallomásokra. Körülményei ellenére – ezen azóta is többször elgondolkodott – megalázónak tartotta az egyenetlen szélű papírcetlire vésett vallomásokat. Gyerekesnek találta a padláson, titokban írt levelet. Idegenkedett a Gazsit körülvevő családi környezettől is. Megtudta, hogy elvált szülők gyermekeként egyedül neveli a tisztviselőként dolgozó édesanyja. Bár a csonka család hátrányt jelentett akkoriban is, Zsógáb mégis úgy érezte, hogy egyke, elkényeztetett gyermekként, irodista anyával nem illik hozzá. Ebből a kapcsolatból nem sülhet ki semmi jó.

A cetlire írt levelek mégis tovább jöttek. Zsógáb meglepetten vette észre, mintha barátnője bizonyos fokú rosszallását kifejezve követné, figyelné a levelek ide-oda vándorlását. Noha nem tartotta különbnek Írisz családját a sajátjánál, valamivel könnyebben, jobban éltek. A hosszú főutcán volt a házuk, amely annyival nagyobbnak tűnt, hogy egybe épült a családot eltartó kovácsműhellyel. Az eltartottak száma is kevesebb volt. Elsőszülött volt Írisz, őt követte az öccse, s talán tíz évre született a harmadik gyermek, a vakarcs. Mégis, mindent egybevetve, bizonyos fokú irigységet észlelt barátnője részéről.

Fülébe jutottak olyan mendemondák, miszerint Zsógáb csak azért kitűnő tanuló, mert többek között hízott kacsával hízeleg a tanároknak. Elhihette ezt a rágalmat bárki az ötvenes évek környékén, a kilenctagú családnál, egy kereső mellett? A józanul gondolkodók biztosan nem. Nem is volt semmi alapja. Sőt, előfordultak olyan esetek (később, a forradalom leverése után), amikor Zsógábot határozott visszautasítás ellenére is tanárok segítették anyagilag (a témáról a középiskolás évek alatt bővebben esik szó).

Nem sokat töprengett Írisz magatartásán, komolyabb dolgok foglalkoztatták: a tanulás. Hűséges maradt eredeti elhatározásához: mindenáron matematika-tanárnő akart lenni. Nos, ennek érdekében meg is tett mindent. Év végére megfejtette az egész szöveggyűjteményt. Amint édesanyja észrevette az éjszaka is pislákoló petróleumlámpát, nyomban ágyba tessékelte renitens gyermekét. – Holnap is nap lesz – hangzott szigorúan. A kevés alvást pótolta az a kimondhatatlan testi-lelki öröm, amit akkor érzett, amikor a nehéznek tűnő szöveges feladatot megoldotta. A siker után boldogan, ásítással kísért, lazulást segítő nyújtózással tért nyugovóra.

A matematika melletti elkötelezettsége ellenére, vagy inkább azzal együtt is, szenvedélyesen szeretett olvasni. Nos, ezt a gyengéjét édesanyja is nagyon jól ismerte. Ha gyermeke sokáig ült az udvaron lévő árnyékszéken, már biztos volt benne, hogy könyv van a kezében. Ugyanakkor az éjszakáit sem kímélte. Gyakran előfordult, hogy éjfél után fújta el a már kormos üvegű lámpát.

Diákos sikerei ellenére nem érezte különbnek magát osztálytársainál. Személyiségéből fakadóan ösztönösen-józanul élte mindennapi életét. Veleszületett tulajdonsága képessé tette arra, hogy feladatait illetően kemény legyen önmagához mindig, mindenben. Önmagából, mint később – dolgozó nőként – másokból is, megpróbálta a lehető legtöbbet kihozni. Már 8 éves korától voltak családon belüli feladatai, ha más nem, pesztrálta öccseit. Tízévesen két évvel öregbítve magát, elszegődött napszámosnak. Ezen a nyárvégén – nővérével együtt – rizsgyomlálással jutott szerény jövedelemhez, amit saját kedvére magára költhetett. Noha a békáktól nagyon félt, pontosabban undorodott tőlük, mégis megtette. Mivel a családban a szükség nagyúr volt, a félelemmel vegyes undorral sikeresen megküzdött. A leszerződött időt mindketten letöltötték.

Szülei nem tartoztak a gyermekeiket úgynevezett „majomszeretettel" gyámolító emberek közé. Valódi odaadással, következetességgel nevelték, gondozták nemcsak testileg, de lelkileg is csemetéiket. Jól példázta ezt a következő eset.

A gyomlálás egyik ebédszünetében váratlanul megjelent Zsógáb édesanyja finom levessel, rántott csirkével, mondván, hogy néha meleg ebédhez jussanak dolgos leányai. Az ebéd elköltése közben mesélte el gyermekeinek a kalandokkal bővelkedő napját. A telephelyre vivő utat megrövidítve úgy lábalt át a több méter széles, mellig érő vízzel telt csatornán, hogy az ételhordót mindvégig a feje fölött tartotta. A lényeget akkor nem, csak később tudták meg a lányok, miszerint édesanyjuk ekkor már 7 hónapos terhes volt a harmadik öcscsükkel. Vajon hányan büszkélkedhettek még ilyen anyával? Olyan anyával, aki a széltében-hosszában hatalmas, mesterségesen kialakított, félelmet keltő, szürkésen hömpölygő víztömeg mélységét nem ismerve, azzal szembeszállva átkelt a csatornán. Féltett poggyászát az ég felé emelte, másikat a szíve alatt hordta, miközben átmentette magát kicsit szédelegve csak azért, hogy csöppnyi lányait megörvendeztesse. Hősünk sohasem felejtette el szülei hasonló, szeretetben megnyilvánuló tetteit, azokat a tetteket, amelyek egy életre példaként szolgáltak életében.

Vége lett a nyárnak, majd a következőnek is, és elérkezett a továbbtanulásra jelentkezés időpontja. Ekkor érte egy újabb, másféle csalódás. Bár apai nagynénjével gyakran eljárt vasárnaponként az imaházba, mégsem tartotta magát vallásos embernek. Vonzották az újabb ismeretek, a hallottak megnyugvást, ünnepélyességet hoztak mindennapjaiba. Érthetően, családja sem tartozott (mint az akkori reformátusok többsége) a templomba járó emberek közé, mégis mindegyik gyermeknek kötelező volt az elalvás előtti esti ima. Főszereplőnknek véletlenül – a szülők között lezajlott, másik szobából áthallatszott, suttogó beszélgetésből – jutott tudomására, hogy a többi gyerektől eltérően ő mély átéléssel szokta elmondani az esti imát. Nos, Zsógáb már ekkor is, és később is minden feladatot – amibe belekezdett – mindig komolyan vett.

Az egyik osztályfőnöki órán kedves tanárnője feltette az abban az időben kötelezően előírt kérdést: *Ki jár közületek templomba? Emelje magasba a kezét!*

Zsógáb ösztönösen úgy érezte, hogy nem kell jelentkeznie (végül is nem templomba jár), de szégyenére az egyik unokatestvére elárulta az imaházi látogatást. Hősünk a kegyes hazugság miatt – ami nemigen fordult elő vele – leforrázva, megalázva érezte magát. Még ma is belepirul, ha eszébe jut az úgynevezett „sánta kutyára" jellemző rajtakapás. Az incidenstől függetlenül felvételt nyert a Sárréti Gimnázium reáltagozatos leányosztályába, sőt a kollégiumba is teljes ellátással, térítésmentesen.

A gimnáziumot Péter András földbirtokos saját vagyonából építtette, akinek a szobra többszöri vándorlás után újból díszítheti az iskola előcsarnokát. A földbirtokos később is támogatta az iskolát. Nos, ezzel a gesztussal lehetőséget, esélyt adott a Sárrét szegény, ámde tehetséges gyerekeinek a továbbtanuláshoz.

A sokgyermekes munkás-paraszt családban nagy volt az öröm, megtörtént a csoda! Második gyermekük (az elsőszülött nem szeretett tanulni) gimnazista lett, érettségizni fog. Zsógáb a korábbi gyakorlatnak megfelelően munkát vállalt nyáron, hogy a legszükségesebb ruhaneműt be tudják szerezni a kollégiumba való beköltözéshez. Ezzel véget ért a nyári, viszonylag gondatlan gyermekélet.

A házuk előtt korábban unottan ásítozó üres telket az utóbbi évek délutánjain kacagó gyermekzsivaj töltötte be. Számára lassanként mindez a még lelkében-szívében kedves, de a gyakorlatban már csak maradandó élménnyé fakult. A kollégiumba való beköltözéssel a nem kis veszéllyel járó bigézésben főhősünk már nem vehetett részt. Zsógáb részéről elmaradtak a testvérek, barátok körében oly sokat jelentő, délutáni öszszejövetelek. Megszűntek azok az együttlétek, ahol a hasonszőrű gyermekek felszabadultan mozoghattak, élvezhették a nap simogató melegét, megcsodálhatták a bíborvörösben lebukó naplementét. Megszűntek azok az együttlétek, ahol csak egy volt a mezítlábos gyermekek között. Ebben a közegben érezte igazán jól magát annak ellenére, hogy sokan a csinosabb és okosabb lányok közé sorolták. Ő nem érezte szépnek magát, sőt felfedezett olyan külső megjelenési jegyeket, amelyekkel kifejezetten elégedetlen volt. Bosszantotta pirospozsgás, napbarnított arca. Jobban tetszettek neki a sápadt, beesett arcú lányok. Utálta a szorosan hátrafésült, két oldalon copfba font hajkoronáját. Rövid, fiús, dauerolt (az akkori divatnak megfelelő) hajról álmodott. Az alakját meghatározó hajlékony, karcsú derekára, sokak által megfogalmazott, királynői tartására ugyanakkor büszke volt. Szóval olyan volt, mint a legtöbb hasonló korú serdülő leány, önmagával részben elégedett, másrészt elégedetlen.

Önbizalmát méltán növelte az is, hogy a kollégium közös tusolójában zuhanyzó, kritikus hangot megütő lányok többsége irigyléssel vegyes elismeréssel vélekedett alakjáról. Ugyanakkor főhősünk jellemét nem befolyásolták ezek a vélemények. Sokkal komolyabb gondok foglalkoztatták. Tisztában volt azzal, hogy a legjobb formáját kell hozni tanulmányi eredményeit illetően, hiszen csak a kitűnő tanulók mentesülhettek a kollégiumi költségek megfizetése alól. Jó képességei ellenére továbbra is szorgalmasan tanult, nem lazított, mivel tudatában volt annak, hogy családi környezete és a falusi iskola miatti hátrányokat pótolnia kell.

Minden erőfeszítése ellenére az első félévben magyar irodalomból csak jó osztályzatot kapott. Tudta, hogy nem érdemelt jobbat a helyesírás miatt. Ugyanis gyakorta előfordult, hogy dolgozatíráskor a falujában megszokott szóhasználattal fejezte ki magát. Fésű helyett „fűsűt", fénykép helyett „fenyképet" és hasonló kifejezéseket használt. Idős irodalomtanára „szocialista realista hősként" titulálta. Nem értette akkor sem, de visszagondolva ezekre az évekre később sem, hogy mit takart e jelző a tanára részéről. Dicséretet vagy egyfajta elmarasztalást takart a három szó? Mindenesetre csalódott volt. A tanára által használt – számára egyáltalán nem szimpatikus – jelzővel megbélyegzettnek érezte magát. A korra jellemző ideológiától függetlenül a megjegyzést inkább gúnynak, mintsem elismerésnek vélte. Nos, irtózott a szocialista realista hősöktől, akik még a családjukat is elárulták a Pártért.

A tanulás Zsógáb részéről a megismerés utáni kíváncsiságot és a szükség okozta praktikus kényszert jelentette. Mindenesetre igyekezett az elvárásnak megfelelően helyesen beszélni, különösen feleléskor vagy írott szövegben az irodalmi nyelvet használni. Erőfeszítésének meglett az eredménye, mert év végére magyar irodalomból is jelest kapott, azaz kitűnő eredménnyel fejezte be az első évet, mint később mindegyiket.

Szülei, testvérei méltán büszkék voltak rá, ugyanúgy, mint az utcabeli gyermekek, illetve a volt általános iskolai osztálytársai. Gyakran csodálkozott, hogy vele kapcsolatban mennyire jól értesültek az utca és a falubeli gyerekek, de még a felnőttek is. Meglepte az érdeklődés annak ellenére, hogy jól ismerte az egyszerű paraszti emberek gondolatvilágát, ragaszkodó hűségüket. Úgy gondolta, hogy kisebb-nagyobb bajuk is van annál, mint hogy az ő jegyeivel foglalkozzanak. A gyakorlat mást mutatott. Már csak háromhetenként, hétvégén utazhatott haza, mégis majdnem mindenről tudtak. Törődtek az emberek egymással, és ahol kellett, és tudtak is, segítettek. Éppen ezért a tisztes magatartásért, az adott szó becsületéért szerette egész életén át, és tisztelte a szorgalmas, dolgos, ám egyszerű embereket. Bennük megbízhatott, s csak ritkán csalódott.

Ragaszkodásukat mégis akkor értette meg igazán, amikor évtizedek után először az 57. éves osztálytalálkozóról értesült. A találkozót szervező osztálytársnője telefonon a következőket mondta: – „Végre, hogy megvagy! Mit összekerestünk éveken át, hiszen te voltál az osztályunk *gyöngye*. Az nem lehet, hogy többet ne találkozzunk veled!" Zsógáb mindig jól érezte magát osztálytársai között vagy az utcabeli gyerekekkel, ám meglepte, hogy netán büszkék is lehettek rá. Olyan melegség öntötte el Zsógáb szívét, mint már nagyon régen nem, szinte üvöltötte a telefonba – persze, hogy ott leszek! Biztos volt benne, hogy el fog menni, pedig a találkozóig már csak két nap volt hátra, a távolság viszont meghaladta a 200 kilométert. Vajon a hiúság dolgozott benne, hogy újra sütkérezhessen osztálytársai szeretetében?

Nem hiszem, nem ilyen embernek ismertem meg – ellenkezőleg. Önzés nélkül tudott adni és szeretni, mindenki segíteni. Ugyanakkor ő is éhezte az emberek szeretetét, mint olyan ember, aki boldogságra, az éltető erőt jelentő, mindent körülölelő melegségre vágyott. Érthető volt, hogy látni kívánta volt osztálytársait, kedves iskoláját, esetleg tanárait, hiszen évtizedek múltán ez volt az első találkozó, amiről tudomást szerzett.

Nyomban hozzákezdett az út megszervezéséhez, amely természetesen sikerrel végződött. Egyik sógornője, Kata vállalkozott kísérőjeként, hogy az utazást megkönnyítendő autóval elviszi. Lelket vibrálóan simogató érzés lett úrrá rajta, midőn arra gondolt, hogy újra láthatja a „hűtlenül elhagyott", volt tizennégy éveseket és kedves iskoláját. Először ismeretlen volt számára mindenki, aztán az első hangok, a gesztusok, az ölelések, a feléje megtett lépések a jelenbe hozták az 57 évvel azelőtti múltat. Úgy tűnt, mintha alig pár napja váltak volna el. Még az arcok is megfiatalodtak.

Az aperitifként szolgáló falusi gyümölcspálinka és a jóízű házias ebéd elfogyasztása után tetőfokára hágott a hangulat. Mindenkinek elénekelték a kedvenc magyar nótáját vagy népdalát, ezért órákig tartott a társaságot összekovácsoló közös danászás. Kipirultak az arcok, mosolyra fakadtak az ajkak, véget nem érő boldogság hullámzott az évtizedeket megélt, de ezekben az órákban ifjúvá vált öregdiákokon. Ugyanakkor annak tudatában, hogy az idő múlásával egyre kevesebben találkozhatnak újra, bármilyen fájdalmas volt, búcsút kellett inteni egymásnak.

Nos, orcájukon még ott rózsállott a boldogság pírja, ám mindenkinek átsuhant az agyán, hogy talán soha többé nem látják egymást. Bár reménykeltően csillogtak a szemek, a lelkek mélyén ott bujkált a kegyetlen valóság: a 71 év!

A találkozó egyéb élményben is gazdagította hősünket. Meghitt, bizalmi kapcsolat alakult ki Anna nénivel, a volt tanárnővel és Gergővel, a diáktárssal, illetve a volt tiszteletes fiával. Gergő és a helybéli pap sokat segített Zsógáb első,

2010-ben megjelent könyvének terjesztésében. Hősünk köszönete és hűsége jeléül 5 ajándékpéldánnyal kedveskedett szülőfaluja könyvtárának. Miután rokonok már nem élnek a vész tövében, rajtuk keresztül élő újra a kapcsolat szülőfalujával (ma már városával).

A találkozón nem jelent meg volt barátnője, Írisz, aki egyetlen egy érettségi találkozón sem vett részt, s aki a korábban már részletezett, s később is szerephez jutó – ma már jelentőségükből veszített – érzelmi bonyodalmak szereplője volt. Hiányzott Zsógábnak, mivel mindennapos része volt életének 18 éves koráig. Élő képpé elevenedett benne a szőke hajú, szeme alatt sötét árnyékot vető – mintha jól kisírta volna magát –, kékszemű diáklány. Az a lány, akivel később, gimnazistaként együtt pózoltak a fényképeken a kötelezően viselendő ujjatlan, fekete klott köpenyben. Az a lány, akit vele együtt „jól fésült hajadonoknak" titulált egyik ifjú férfi tanáruk. Nos, a szervező szerint azért nem vett részt az általános iskolai, majd középiskolai öregdiákok találkozóján, mert úgy akart megmaradni osztálytársai előtt, mint a hajdani 14, illetve a 18 éves fiatal lány. Zsógáb szemében ez butaság volt, hiszen osztálytársaival együtt változtak az évtizedek alatt. Ámbár hősünk jól emlékezett Írisz édesanyjára, akire barátnője hasonlított. Szép arcú asszony volt, de fiatalon nagyon elhízott. Csípőben széles volt, mégis cingár lábakkal élt már közel a negyvenedik évében is. Valószínűleg Írisz is átalakult az eltelt évtizedek alatt, míg Zsógábról azt mondták a találkozón, hogy egyedüli lány a diákok között, akinek az alakja mit sem változott. Nem jelent meg és hiányzott az általános iskolai találkozón Gazsi is, aki az általános iskolát túlhaladóan is éveken át megható gyengédséggel, és kedvességgel halmozta el hősünket. Olyan gyengédség, amely az évek szaporodásával mind nagyobb jelentőséggel bírt, mint első, már-már felnőttkori rajongó maradt meg hősünk emlékeiben.

4. fejezet

Nos, habár ellentmondásnak tűnik, mégis igaz, hogy Zsógáb diákéveiben mint az újrakezdés, s ezzel együtt mint a fejlődés időszaka, mindig meghatározó élményként hatott az ősz eljövetele. A mindig felsőbb osztályba kerülő diáklány mind közelebb került eredeti céljának eléréséhez, a diploma megszerzéséhez. Méltán érezhette úgy, hogy az ősz beteljesült álmokat, netán csodákat rejteget számára. Szerette a langyossá gyérült napsugár pajkosan szelíd cirógatását. Szemét gyönyörködtették az okkersárgába, majd rozsdabarnába, s néhol bronzvörösbe öltözött fák. Kedves volt fülének a fák alatt elterülő, talpa alatt pedig szégyenlősen ropogó színes avar neszezése. Az érzékeire ily hatással bíró évszak változásával lelke is elcsitulni látszott, a szunnyadásba merülő, alvásra készülődő természettel együtt. Más szempontból is meghatározó lett ez az ősz főhősünk életében. Az általános iskola végén, annak befejezésével megnyílt a lehetőség az oly sok reménnyel kecsegtető időszaknak, a középiskolai diákéletnek megkezdésére.

A copfos tini lány szegényes cókmókjával beköltözött a kollégiumnak helyt adó gyönyörű kastélyba. Az előkelőépületet őshonos fák övezték, eltakarva az ifjú „hölgyeket" az utcáról tolakodóan bámészkodó emberek elől. Bár az épület belseje, a szobánként nyolc, emeletes ágyaival, a szintenként elhelyezkedő tömegtusolókkal merőben eltért az épületre jellemző külső megjelenéstől, mégis melegség áradt falaiból. A beköltözött sárréti, többségében szegény diákok hamar öszszebarátkoztak, belakták a szerényen berendezett, új otthonukat. Csivitelésüktől hamarosan zajos lett a valamikor szebb jövőt látott kastélyépület.

Nos, a tanuláson kívül más feladat is hárult a bentlakókra. A szobákban elhelyezett fatüzelésű, csöppnyi kályhák fűtése, a szobák és közös tusolók takarítása is a diákok mindennapi teendői közé tartozott. Ugyanúgy a kollégisták teendőit bővítette a személyes holmik tisztántartása, karbantartása.

Ébresztő reggel hat órakor volt. A gyors mosakodás, öltözködés után mindennap átvonultak a pár száz méterre a Berettyó partján fekvő régi gazdasági iskola épületébe reggelizni, s innen vissza a kb. 200 méterre fekvő gimnáziumba. Az étkezésen kívül ebben az épületben készültek a diákok a másnapi órákra. Diáknyelven ez volt a helye a szilenciumnak. Noha a középen a hidat magába ölelő háromszöget naponta legalább kétszer végigjárták a tanulók, mégis boldogan tették. Naponta többször sétálva élvezték a friss levegőt, és az ezzel együttjáró, az iskola falain kívüli szabadságot jelentő mozgás örömét.

A gyerekek közötti elvétve előforduló egzisztenciális különbség kiküszöbölését volt hivatott betölteni az egyenruha kötelező viselése úgy a kollégiumban, mint a már említett gimnáziumban. Hétköznap fekete, ujj nélküli, klott köpeny (alatta az időjárásnak megfelelő blúz), ünnepnapokon pedig a matrózruha volt a kötelező viselet, és a kevésbé szeretett, csákó jellegű diáksapka. Kimenő alkalmával mindig az ünnepi öltözetet kellett viselniük.

Az akkor még községnek számító lakosok elismerően tekintettek településük diákjaira, akik színfoltot és valamiféle minőséget jelentettek számukra. Kedvesen viszonozták a diákok köszönését, akik viszont büszkén viselték a diákegyenruhát, ilyenkor még a kilógó tincsek fölött a hajat eltakaró egyensapkát is. Zsebpénz hiányában ritkán fordult elő, hogy betértek az egyetlen cukrászdába egy-egy fagylaltgombóc elfogyasztására. Nos, sóvárogva nézték a számukra elérhetetlen, divatos cuccokkal berendezett üzletek kirakatait is. Az eléggé szabályozott életvitelük miatt méltán élvezték a kollégium falain kívüli sétákat, melyek egy magasabb szintű szabadságot jelentettek számukra. Csak akkor törött el a mécses, ha valakitől büntetésből megvonták a kimenőt, azt az örömöt, hogy találkozzon az esetleg éppen kimenőn lévő fiú kollégistákkal, illetve a helyben lakó diákokkal.

Zsógáb élete alkonyán is azt vallotta, hogy az ember életében (már, ha módjában állt) a középiskolai évek a legszebbek. Már nem gyerekek, de még nem eléggé felnőttek ahhoz, hogy különböző negatív hatások megfosszák őket a rajongástól, a rózsaszín szemüvegen való látásmódtól, az apró örömök élvezetétől. Nos, ezen időszak alatt születtek az életre szóló barátságok, az első őszinte, lelket-szívet melengető, örök élménnyé állandósuló, feltétel nélküli, tiszta szerelmek. Ezt igaznak vélte akkor is, ha ezek az érzések csak plátói szerelmet jelentettek számára. Igaznak vélte akkor is, ha mindez csupán csak gyengéd őszinte érzést és a vágyott boldogság beteljesülésének lehetőségét hordozta magában.

Főhősünknek nemhogy szerelme, de miután leányosztályba járt, még fiú ismerőse sem volt a gimnáziumban. Nos, az állítás nemcsak Zsógáb sajátja. Az egyik találkozón kedves meglepetésben részesültek a lányok. Mindenkinek ott díszlett a tányérja mellett egy szál vágott virág. A lányoknak feltűnt, hogy egyik lány pirosat, a másik pedig fehér szegfűt kapott. Egymás között kérdezgették, van ennek valami jelentősége, vagy csak éppen így alakult? A most már öreg fiúdiákok tájékoztatása nélkül talán sohasem találták volna ki-mit takart a virágok színe? Kiderült, hogy az ártatlanságot, illetve a szerelmet szimbolizálta. Zsógáb ez irányú naivitására jellemző, hogy meglepődött a fiúk tájékozottságán, és az egymás közötti szolidaritásán. Mosolyogva gondolt egy vele kapcsolatos, elkésett találkozásra, amiről később esik szó. Visszatérve a középiskolai szerelmekre, főhősünknek csupán az általános iskolából hozott, Gazsihoz fűződő – a középiskolai éveket végigkísérő levelezésben megnyilvánuló – plátói kapcsolata volt.

Az általános iskola befejezése után Gazsi technikumban folytatta tanulmányait a fővárosban, Zsógáb pedig, mint már ismeretes, a sárréti gimnáziumban. Ám a srác rajongása ettől még nem szűnt meg. Hosszas kutatás után a lány barátnőjének öccsétől, akivel együtt járt technikumba, megtudta a kollégium címét. Ettől kezdve rendszeresen érkeztek a kamaszosan kusza betűkkel címzett levelek, annak ellenére, hogy Zsógáb még mindig csak a barátságát tudta felajánlani. A két diák csak egyetlen egyszer találkozott személyesen, egy szűkebb társaságban. Íriszt látogatta meg öccse a kollégiumban, ahová „természetesen" elkísérte barátja, Gazsi is. Zsógáb mindvégig magán érezte a srác sóvárgó tekintetét, ám valamilyen kifürkészhetetlen ok miatt nem maradhattak kettesben. Egész idő alatt négyesben folyt a nem annyira érdekfeszítő beszélgetés. Gazsi sohasem volt szerelme házában, családját sem ismerte. Nos, az említett találkozástól eltekintve egyetlen érintkezési pont volt kettőjük között: a rendszeres levélváltás. Lám, az ifjú leveléből derült ki az is, hogy a nyári szünet alatt – miközben a lány karonfogva sétált az utca túloldalán édesanyjával – Gazsi gyengéd áhítattal leste meg szerelmét, követve szemével, míg el nem tűntek látóköréből.

Ez az első, talán nem teljes, mégis meghatározó érzelmi kapcsolat végigkísérte a lányt egész életén át. Kézzel fogható valóságában – a legszebb levelek megőrzésével – vele volt mindig, annak ellenére, hogy később, a Zsógábot ért talán legnagyobb tragédia idején, éppen a fiú részéről történt az érthetetlen, a végleges szakítás.

Mégis, ki felejthetné el a természet megújulását, a termékenységet ígérő tavasz kezdetét, az orgonák virágba borulását? Ki ne emlékezne a kollégista fiúk májusfa ültetésével együtt járó, minden évben megismétlődő szerenádra? Kit ne töltene el boldogsággal az a fogadtatás, ahogy a kastély épületének erkélyére kivonuló kollégista lányok az ablakok alá tolongó fiúkkal együtt harsogták: az „Azt hittük, nem szeretjük egymást, csak tavasz van és semmi más, Azt hittük, furcsa álom, hogy május éjszakákon fáj a búcsúzás..." kezdetű csodálatos melódiát (szerző ismeretlen)? Az ilyenkor átélt érzés ártatlanul tiszta és őszinte volt, amely főhősünk életében mindig visszatérő, legfontosabb élményként raktározódott el. Ebből és ehhez hasonló, többször megélt élményekből táplálta reményeit még akkor is, ha egészen más természetű csalódások érték. Miért is? Mert racionalizmusa mellett nagyon is romantikus, erotikus ember volt.

Úgy általában jól érezte magát Zsógáb a bőrében, leszámítva a családjáért való állandó aggódást. Szülei sohasem panaszkodtak, csak a felnőttekkel folytatott beszélgetésekből tűnt ki, hogy egyre elviselhetetlenebb falujukban az élet. A beszolgáltatások megnyomorították az embereket, a végrehajtók lesöpörték a padlásokat, kiürítették a kamrákat és a háziállatok tartására épített ólakat. Az ötvenes évek közepét írták, amikor is a család már kilenctagú lett. Nos, 1955-ben megszületett Zsógáb legfiatalabb öccse, egyben a hatodik élő testvére. Az édesapa vasúti alkalmazottként művelte a „felszabaduláskor" kapott, 5 kataszteri hold földet. Mivel az édesanyára hárult a hét gyermek nevelése és a házkörüli munka, a szántóföldjük művelésében már nemigen tudott részt venni. Az édesapa éjszakai szolgálatot vállalt a vasútnál, mert csak a szántó megműveléséből keletkezett haszon nem biztosította a nagy létszámú család szerény megélhetését sem.

Nos, ez idő tájt így élt a családok többsége, ha a szülőket a lustaság nem akadályozta meg abban, hogy kenyeret szelhessenek a konyhaasztal körül ülő, éhező fiókáik szájába. A több lábon állásra szükség volt akkor is, ha a gyermekek is kivették részüket a munkából. A fiatalabbak az édesanyán segítettek, pesztrálták a kisebb testvéreket, ám az idősebbek már a paraszti munkát is jól ismerték. Többek között Zsógáb is dolgozott a földjükön, általában hétvégeken, illetve a nyári vakáció idején.

Minden erőfeszítés ellenére egyre kilátástalanabb lett nemcsak a nagycsaládosok élete, de az egész falu lakosságának megélhetése is. Megkezdődött a téeszek erőszakos szervezése, de főhősünk édesapja sehogyan sem akarta beadni a derekát. Rendelkezett a föld megmunkálásához szükséges termelőeszközökkel, és bízott a saját erejében, illetve az egyre cseperedő gyermekek segítségében. Ám minden hiába volt. A magángazdálkodókat a hatóságok egyre szigorúbb szankciókkal sújtották. A család szorgalmának köszönhetően nem állítható, hogy Zsógáb családja gyakran éhezett, mivel kenyér, szalonna, zöldség – a megművelt földről és a konyhakertből – mindig került az asztalra. Ugyanakkor éltek a faluban olyan két-három gyermekes családok, akik valójában éheztek és fáztak rongyaikban. Az utcabeli gyerekek között többen bevallották, hogy csak akkor laktak jól, ha főhősünk édesanyja – hetenként egyszer – a kemencéből kivett, frissen sült, kacsazsíros kenyérrel megetette őket.

Nos, Zsógáb a kétkezi munka mellett minden lehetőséget megragadva segítette családját. Fiú testvérei mindig ácsingóztak a péki kiflire, az édesanyjuk által legalább hetenként megsütött finom, foszlós lekváros kalács mellett. Pedig olyan illata volt ennek a házi kiflinek, hogy már az utcában járóknak is csorgott a nyála. A fiúknak pedig akkor indult meg a nyálelválasztása, ha főtéri péküzlet közelében jártak.

Főhősünk a kollégiumban elkezdte gyűjteni a reggelihez-vacsorához kapott kifliket, konzerveket, sőt a hétvégeken kijáró Sport szeleteket. A három hét alatt jócskán összegyűltek a „finomságok", különösen, amikor az osztálytársak észrevették gyűjtögető szenvedélyét. A harmadik hét végén hazavitte a dupla ünnepnek számító, felhalmozott „kincseit" maga mellett, ezzel is örömöt szerezvén testvéreinek. Már utazás alatt maga elé képzelte öccseinek csillogóan sugárzó, bogárfekete tekintetét. (A családban Zsuzsán kívül mindenkinek fekete szeme volt.) Másnap kipihenten, boldogan ébredt, végre foglalkozhatott legkisebb, 1 éves öccsével, Áronnal. Az atlétatrikóba öltöztetett, gömbölyű csöppséget úgy „megszeretgette", hogy az felsírt fájdalmában. Miután sikerült megvigasztalnia, csak utána merészkedett a trikó alá nézni, ahol ott árulkodtak a „szeretet" nyomai, fogainak helye. Ez a bélyeg a mai napig őrzi legifjabb öccse iránt érzett rajongó szeretetét.

Az öcsi születésének külön története van. Mint már említést nyert, három hetenként mehettek a diákok haza hétvégére. Főszereplőnknek feltűnt ugyan, hogy édesanyjuk kicsit teltebb lett az elmúlt hetekben, de még örült is neki. Nos, 37 évesen újra kivirult a gondok és a nehéz anyagi körülmények ellenére. Büszkeséget kölcsönző, kőszirtszerű egyenes tartása, még mindig dús, gesztenyebarna, hullámos kontyba fésült haja megkülönböztette, kiemelte az utca asszonyai közül. Zsógáb büszke volt a már hét gyermeket szült, mégis szemrevaló édesanyjára. Megnyugodva tért vissza a kollégiumba.

Alig telt el pár hét, az igazgatónő, aki szinte lányaként szerette, szilencium alatt odaszólt Zsógábnak, hogy délután elmennek együtt a helybéli szülőotthonba. A konyhásokat pedig utasította, hogy készítsenek finom madártejet. Főszereplőnk még ekkor sem fogott gyanút, hiszen gyakran előfordult, hogy az egyedül élő igazgatónő megkérte apróbb szívességekre.

Szilencium után együtt meglátogatták a szülőotthont, ahol éppen takarítás folyt. A folyosóról nyíló gyermekágyas szobák ajtója még nyitva volt, hogy felmosás után a padló gyorsabban száradjon. Amikor a harmadik ajtóhoz értek, Zsógáb nem hitt a szemének. Az egyik ágyon megpillantotta édesanyját egy sűrű, fekete hajú, dundi újszülöttel, aki boldog mosollyal az arcán, ajkán kifolyt anyatejjel aludta békés álmát édesanyja karjaiban. Zsógábnak elállt a lélegzete, alig tudott megszólalni. Édesanyja észrevette lánya zavarát, és kisegítve őt csak annyit mondott: igen, ő a legifjabb öcséd. Az egyik csecsemő-gondozónő hamarosan megjelent az ajtóban, és elvitte az újszülöttet a babaszobába. Az igazgatónő megkérdezte a kismamától, hogy ő a második gyermeke? A kismama méltán nem titkolt büszkeséggel, némán megrázta a fejét, majd boldogan ejtette ki a bűvös szót – a hetedik. (Tulajdonképpen nyolcadik szülése volt, de az '53-ban született gyermekét orvosi műhiba miatt 10 hónapos korában elveszítette.) Nos, ez az újszülött volt Áron, akinek hasán gimnazista nővére határtalan szeretete kifejezéseként később a már említett örök bélyeget hagyta.

A legifjabb öccse – s egyben az utolsó gyermek a családban –, ahányszor a Sárréten járt, mindig elment (feleségének is megmutatta) nővére későbbi, házasságkötése utáni szolgálati lakásához. A hatéves gyermek emlékezetében mint tündérkert maradt meg a minden igényt kielégítő, nővére által elfoglalt, zöldkeresztes szolgálati lakás.

Az utcabeli volt osztálytársnők sem akarták elhinni, hogy sokgyermekes édesanyja egy újabb gyermeket hozott a világra. Ők, akik gyakran látták elhaladni sietős lépésben az utcán, nem vették észre, hogy áldott állapotban van. Megpróbálták bemagyarázni volt osztálytársnőjüknek, hogy biztosan örökbe fogadták az újszülöttet. Zsógábnak sikerült meggyőzni őket, hogy a mai világban (1955 november) képtelenség arra gondolni, hogy egy hatgyermekes család örökbe fogadna egy hetediket. Osztálytársnői belátták, hogy Zsógábnak lehet igaza. Később sokat töprenget azon, hogyan nem vette észre édesanya terhességét. Visszaemlékezve belátta, hogy édesanyja ügyesen palástolta más állapotát. Derékban hátul gumírozott, parget ruhát viselt, amely annyit engedett, amennyire éppen szükség volt. Az ősszel előkerült gyapjú berlinerkendő is segítette terhessége titokban tartását. Noha nem szégyellte áldott állapotát, mégsem hiányzott a rosszindulatú emberek véleménye egy újabb „jövevény" miatt. Annál is inkább, mivel egyre nehezebb lett a falusi emberek élete, s mint az édesanyák többsége, ő is inkább magától vonta meg a falatot, hogy a gyerekei ne éhezzenek. Később a családban sokszor esett szó arról, hogy a szegénységnek „jótékony hatása is volt". Akkoriban mindent megettek az emberek, ami a konyhakertben megtermett, a kaporszósztól a fokhagyma szószig, a káposztaféléktől a csicsókáig. Talán ez volt az egészség egyik titka. Változatosan táplálkoztak, mindent maguk készítettek, tartósítószer, vegyszer és adalékanyag nélkül. Korán lefeküdtek, sokat aludtak.

A megélhetés mégis egyre nehezebb lett, harapni lehetett a vihar előtti csendet, érezni az egyre inkább tornyosuló, sötéten fodrozódó felhőket. A természet törvényeit követve a társadalmi törvények szerint is elkerülhetetlenül közeledett a villámlás utóhangjaként az egész országra kiterjedő mennydörgés.

5. fejezet

Újra itt a vegyes érzésekkel teli szeptember, amit Zsógáb – különösen diák korában – mindig szeretett, mert közelebb vitte céljaihoz. A többi évszaktól színeiben, ámde hangulatában is másfajta érzést jelenít meg. A természet ősszel nemcsak külsőségében, más szempontból is változik. E változás lépten-nyomon követhető. Bár a reggelek szürkébbek, és a délutánok rövidebbek, hogy aztán a naplemente vöröses horizontja hamarább átforduljon a föld másik félére. Ám a délutáni langyos levegő mozgása már kellemes, gyengéd simogatással érinti a pőrén maradt karokat, hogy az est beálltával tarka színű kardigánba bújtassák azokat. Dúsak még a fák lombjai, de már arról tanakodnak, milyen színnel örvendeztessék meg a földélő lakóit. Egyiknek a sárga, másiknak a bronzvörös, megint másiknak az aranyló barna nyeri meg tetszését, de olyanok is vannak, amelyek a büszke örökzöldre esküdnek. Az őszbánó bokor pedig büszkén ontja távolra virító, hol azúrkék, hol püspöklila szirmait. Mindezek a színek vegyesen megjelenve, művészien összehangolva tükrözik az őszi tájat.

A diákok szíve az otthon hagyott családok, szerelmek, barátok elvesztését szánja, hogy aztán mégis megtalálja a diákszerelmet, az iskolai fapadok illatát, értékelje a szigorú tanárok eredményeként, saját szorgalmukat hozzáadva, munkájuk gyümölcsét. Megkezdődött a tanítás, a szabályokhoz való alkalmazkodás, a napi beosztás ritmusa.

Nos, a nebulók alig szokták meg a diákélet szükségszerűen kötelező kötöttségeit, futótűzként terjedt a hihetetlennek tűnő, bombaként robbanó félelmetes hír. Budapesten kitört a forradalom! Az elégedetlenség terjed országszerte! A diákok riadtan kapkodták fejüket, hitetlenkedtek, pletyka az egész, gondolták. Mi történt? Képtelenek voltak felfogni a hirtelenül jött változást. Hiszen a családban tapasztalt gondok mellett őket mégis a tanulás, a diákélet rejtelme foglalkoztatta elsősorban. A családtól sem kaptak a forradalom kitörésére utaló jelzéseket. A hírek mégis bizonyosságot nyertek.

Az emberek szívében évek alatt eltemetett keserűség, mint a föld alatt mélyen szunnyadó parázs, izzani kezdett, hogy aztán hirtelen lángra lobbanjon. Az első jelzéseket követő pár nap elteltével a kollégium igazgatónője a társalgóba gyűjtötte össze a kollégistákat, ahol bejelentette a történteket.

– Október 23-án kitört a forradalom, amely mostanra futótűzként átterjedt az egész országra – körülbelül ezekkel a szavakkal tájékoztatta a diákokat, majd folytatta. – Új szervezetek, munkástanácsok alakultak, amelyek többek között követelik a kormány lemondását, és az ideiglenesen hazánkban tartózkodó szovjet csapatok kivonását.

– Miután harcok folynak a fővároson kívül minden nagyvárosban, nem lehet tudni, hová fajul a helyzet – tette hozzá az igazgatónő. – Jelen körülmények között nem tudjuk garantálni a bentlakók biztonságát, ezért arra kérünk mindenkit, hogy amilyen gyorsan csak tud, térjen haza szüleihez – fejezte be mondandóját.

Az igazgatónő sok szerencsét kívánva elköszönt a diákoktól, és elhagyta az emeleten fekvő társalgót. Mivel, mikor és hogyan utazzanak? Ebben nem tudtak segíteni. Az igazgatónő által gerjesztett, félelmet keltő villámlás után megérkezett a zsibongó diákok képében megjelenő, veszélyt hordozó mennydörgés.

Páni félelem lett úrrá a diákokon, egymást kérdezgették:
– Van-e vonatjárat vagy autóbusz-közlekedés?

Erre senki sem tudta a választ. Akkoriban még nem volt mobiltelefon, és vonalas telefonálásra sem nyílt lehetőség. A szokásos október végi és november eleji időnek megfelelően hideg, ónos eső esett, nyálkásan csúszós utak borították a pár órával azelőtt még oly kedves diákfalut. Pillanatok alatt nagy lett a káosz, az egy-egy faluban lakó gyerekek lassan csoportba verődve tanakodtak a teendőkről.

Ma már homály fedi a lépések sorozatát, csak arra futja az emlékezetből, hogy Zsógáb egy nyitott platós teherautón találta magát falubeli barátnőjével, Írisszel. A sötét félelmében hirtelen gyorsasággal gyáván alábukó nap, kavargós szürkére festette az égboltot. A szomorú szürkületben a látási viszonyok egyre rosszabbak lettek. Csak a sártenger között szégyenlősen megbúvó, olvadozó hókupacok jelezték a rozoga teherautó suhanását. A két lány vékony, agyonkopott téli kabátjában, hajadonfővel tűrte kénytelen-kelletlen a fagyos utat, míg végül a havazást követő ónos szitálástól csapzottan, összetapadt hajjal érkeztek meg a falu közepéig. A teherautó sofőrje irányt változtatva tekerte kormányát, így a lányoknak gyalog kellett folytatni útjukat. Nos, a barátnők a félelemtől, a pókhálósan szitáló esőtől fázva, elgyötörve egy darabig még együtt haladtak, majd kényszerűségből elváltak egymástól. Írisz érkezett előbb haza, a főút mellett fekvő, fény hiányában vaksin hunyorgó házukhoz. Zsógáb egyedül volt kénytelen folytatni izgalommal vegyes érzéssel tarkított útját. Már koromsötét volt, amikor észrevette az oly kedves, fehéren és szerényen lapuló családi házat.

Szíve erősen kalimpált, hallani vélte annak szapora ritmusát, amikor becsukta maga mögött kertjük kapuját. Benyitotta a verandáról konyhába nyíló ajtót, ahol édesapja híján együtt találta az egész családot. Édesanyja természetes mosolyával ölelte magához elveszettnek hitt gyermekét.

– Csakhogy hazajöttél, itthon vagy végre – mondta kedvesen.

Zsógáb puszit nyomva arcukra átölelte testvéreit, közben arra lett figyelmes, hogy szokatlan csend uralkodik a házban. Újra feltűnt édesapja hiánya. – Csak nincs valami baj, hol van édesapa? – tette fel most már konkrétan a kérdést.

A vészjósló csendet két évvel idősebb nővérének hangos zokogása törte meg, míg a többi gyerek közül az idősebbek lehajtott fejjel, csendben szipogtak. Nem ismerték a helyzetet, de érezték, hogy valami nincs rendben. Édesanyjuk megszokott határozottsággal lett úrrá a szokatlan csenden a következő megjegyzéssel:

– Gyerekek, nincs semmi baj, mindenki készüljön lefekvéshez!

Csupán a legidősebb testvér, Zsuzsa maradt a helyén, szemét törölgetve. Míg vacsora után rendbe tették a konyhát, addig a gyerekek mély álomba merülve elcsendesedtek. Ezt követően édesanyjuk röviden felvázolta a történteket.

– Édesapátokat a forradalom kitörésének hírére munkatársai megválasztották a röptében megalakuló munkástanács elnökének. Nem, mintha nem értett volna egyet a kialakult helyzettel, de családjára hivatkozva visszautasította a jelölést. Kollégái viszont nem tágítottak, elég bölcsnek és tisztességes embernek ismerték ahhoz, hogy mellette nem jöhetett más számításba.

Zsógáb édesapja negyvenkét éves volt akkor, amely a legszebb férfikor.

Édesanyja ezekről az eseményekről korábban semmit sem sejtett, férje ugyanúgy járt szolgálatba, mint addig. Az sem tűnt fel neki, hogy időnként később tér haza, hiszen máskor is előfordult, hogy kollégáit helyettesítve túlmunkát vállalt. November második felétől viszont hosszú időre – később kiderült, örökre – megpecsételődött a család élete! Nos, a családfő egyik este azzal a hírrel tért haza, hogy el kell hagynia otthonát a családja és a saját érdekében, mivel körözést adtak ki ellenne. Ekkor mesélte el röviden hitvesének, hogyan került ebbe a helyzetbe. Felesége, mint mindig, akkor is higgadtan fogadta a szigorú tényt, megértette férjét, és biztos volt benne, hogy segíteni fogja, amiben csak tudja.

Zsógának és nővérének tudtára adta, hogy ebben rájuk is számít!

– Nem ismerhetitek édesapátok tartózkodási helyét – a család érdeke is ezt kívánja –, csak annyit, hogy minden este vacsorát vihettek a vasútállomás forgalmi irodájába. Arról is biztosította őket, hogy az adott időpontban a hivatali helyiségben nem tartózkodik senki. Nem lesz más dolgotok, mint letenni a vacsorával teli ételhordót az asztalra, és az ürest hazahozni. Az utcán senkivel sem állhattok szóba, de szinte biztos, hogy nem is találkoztok senkivel, mert csak sötétedés után kelhettek útra.

Ilyenkor már síri csend uralja az utcákat, nem járkálnak emberek, mindenki behúzódik saját, védettnek vélt kuckójába.

Nem kíván különösebb logikát a megállapítás, hogy ezzel elkezdődött a két lány életének egyik legnehezebb időszaka. Minden este, amikor már csak a ritkán elhelyezett utcai lámpák sápadt, sárga fénye világította meg a járdát, elindultak az édesapjuknak szánt, melegen tartott vacsorával. Állandó félelem közt, riadtan tették meg a napi 15–16 kilométeres utat (oda és vissza) annak érdekében, hogy a még melegnek mondható étel eljusson édesapjukhoz. Csak a cél elérésének fontossága segítette őket lépésről lépésre. A kihalt, csöndes falu egyetlen főutcáján szinte lábujjhegyen tették meg az örökkévalóságnak tűnő távolságot, mert ha cipősarkuk leért a járdára, az vészjóslón visszhangzott. Érthetően, egy-egy ilyen zaj hallatán felváltva lestek hátra, hogy meggyőződjenek róla, nem követi őket senki. A mögöttük hagyott utca sötét sikátorként tátongott, ami részben megnyugvással, másrészt viszont szorongással töltötte el őket. Az árnyakkal viaskodó lányok kopogásukat szűnni nem akaró zajként, félelemmel észlelték fülükben.

Visszagondolva az eltelt hetek eseményeire, szinte hihetetlennek tűnt, hogy egyetlen egyszer sem találkoztak senkivel. Szerencséjükre. Hiszen attól is pánikba estek, amikor a halványan pislákoló utcai lámpafénytől megnyúlt árnyékuk a házak szürke falaira vagy éppen az előttük lévő járdára vetődtek. Végül az izgalomtól leizzadva, mégis megkönnyebbülten érkeztek meg a forgalmi irodába. Sietve, ám biztos kézzel cserélték ki az ételhordókat, és a jól végzett munka jutalmaként boldogan indultak hazafelé. A visszaút során sem találkoztak senkivel. Arra viszont nem voltak felkészülve, mi történne akkor, ha valaki megkérdezné őket, mit keresnek ételhordóval ilyenkor az utcán. Nem kérdezte meg senki, a Mindenható megóvta őket. Meddig tartott ez az esti „séta"? Főszereplőnk erre már nem emlékszik, mindenesetre nagy kő esett le szívükről, amikor véget ért.

Valamikor a karácsony előtti napokban óriási ajándékot hozott a Jézuska! Édesapjuk borostásan, nagy, magyaros bajusszal megérkezett otthonukba. Az üldözöttek olyan híreket kaptak összekötőjüktől, hogy aki nem követett el ember ellenni bűncselekményt, annak nem lesz bántódása. Megnyugodott a család, és készültek az ünnepekre.

A karácsony minden évben a legcsodálatosabb ünnep volt faluhelyen, úgyszintén Zsógáb családjában. A hófehér táj, a jégvirágos, kicsi ablakok, melyeken átszűrődött a várakozással teli készülődés, már önmagában ünnepi hangulatot teremtettek. Az idősebb gyerekek színes selyempapírból sok-sok téglalap alakú darabot vágtak, majd a két végükön finom, vékony metszéseket ejtettek, s végül a kés fokával felpenderítve, várták az édesanyjuk által házilag elkészített szaloncukrot. Nos, a házilag megmunkált selyempapírba biztos kézzel csomagolták a különböző ízű cukorkákat. A foszlós kalács már kisült a kemencében, melynek melege és illata sürgette a késlekedő csodát. A gyerekek a kemencepadkán ülve, hátukat melegítve, fülüket hegyezve egyszer csak megpillantották a – kolompolás és csengőszó mellett felzendülő ének kíséretében megjelenő – Betlehemeseket. A szemet vakító, hó fedte tájból a nyikorgó ajtón keresztül megjelent a csoda, a jászolban alvó Jézuska és kísérete, a subás kántálók. A még naiv csöppségek csodavárástól csillogó szemei bátorították a csilingelőket, akik a megható játékuk után friss kaláccsal és marék szaloncukorral a kezükben tovább ballagtak.

6. fejezet

A családfő hazatérése és a karácsony közelsége zsibbadtan hamis illúziókat keltett, és a család örömmámorban úszott. Igaz, hogy csírájában elfojtották a forradalmat, de mindnyájan újra együtt voltak. Meggyötört lelkük bízott a hatalom ígéretében, abban, hogy aki nem követett el élet és/vagy vagyon elleni bűncselekményt, nincs mitől tartania. Az akkori körülmények között – a harcokban résztvevők többségének – nem is volt más lehetősége. Az itthon maradottaknak, akiknek a keveseken kívül nem állt módjukban külföldre menekülni, nem kínálkozott más alternatíva, mint bízni a politikai elit cérnavékony szálakon függő ígéretében. Zsógáb, később – a kézirat befejezése és édesapja halála után – az Országos Levéltárból kért és kapott dokumentumból értesült, hogy az elnök (édesapja) helyettese külföldre disszidált. Édesapját a családhoz, a hazához fűződő szeretet és hűség, illetve körülményei irányították. Szülőfalujában maradt, amit később sem bánt meg. Ennek tudatában hosszú idő után – mint később kiderült, hamis ábrándokat kergetve – nyugodtan hajtották alvásra fejüket.

Elkezdődtek a dolgos hétköznapok. Az utcában, a környéken bizakodó csend honolt. A hónapok alatt lelkekre nehezedő tehertől megszabadulva mindenki végezte félbehagyott munkáját. Zsógáb is lecsillapította háborgó lelkét, agyát erőszakosan átprogramozva, félretolva megérzéseit, elfogadta az olyannyira áhított, hamis nyugalom ígéretét. Családja körében védettnek, sérthetetlennek érezte magát az immár 17 éve otthonául szolgáló házuk egyik szobájában. Örömét tetőzte az is, hogy január közepén-végén értesítést kapott, hogy minél előbb térjen vissza a kollégiumba, mert folytatódik a tanítás a középiskolában. Nos, főhősünk összeszedte cókmókját, ami nem volt más, mint a pánikszerűen magára aggatott néhány ruhadarab a kollégiumból való kényszerű távozásakor.

A felszínen a diákok élete ott és úgy folytatódott, mint novemberben, amikor félbe maradt a tanítás. Némi változás az idegen nyelv tanulása területén történt. Ugyanis a diákok többségének örömére, a forradalom és szabadságharc győzelmének hírére eltörölték az orosz nyelv kötelező oktatását. Helyette, és/vagy mellette lehetett választani olyan másik idegen nyelvet, amelynek a feltételei adottak voltak. Zsógáb az angolt választotta, de második nyelvként továbbra is tanulta az oroszt. Elhatározását nemcsak híres megérzései táplálták, hanem az ismeretek bővítésének lehetőségét is meglátta benne. Mint sokszor, a belső hang most is jól vizsgázott. A szabadságharc leverése után, meghagyva ugyan a második nyelv tanulásának lehetőségét, újra kötelezővé tették az orosz nyelv oktatását. A diákok nagy többsége sokat kínlódott a hiány pótlásával, melynek áthidalására a felzárkózásig kettéosztották az osztályok diákjait. Bevezették az alapfokú és haladó diákok csoportját. Ebből a szempontból főszereplőnk nyugodtan aludhatott volna, éjszakái mégis nyugtalanul teltek.

Alighogy elaludt, rémálmok gyötörték, amelyek értelmetlennek tűntek, sőt, mire felébredt, legtöbbször nem is emlékezett a konkrét eseményekre. Olyan érzései támadtak, hogy valami rettenetes dolog történik családjával. Az izzadsággal vegyes hánykódásnak a korai ébredés vetett véget. Bár fáradt volt, mégis megváltásnak érezte a kollégiumi nevelőnő reggeli ébresztését. Különösen akkor, amikor az ódon kastélypark fái között már megjelentek az első énekesmadarak.

A lelket, testet több szempontból is igénybe vevő, fagyos hónapok után újra beköszöntött a megújulást, az élet kezdetét ígérő tavasz első hónapja, a kikeletet hordozó március. A fecskék ágról ágra ugrándoztak, talán inkább játszi könynyedséggel röpködtek a lombok közötti ágakon, miközben zajos lett a környék pajkos csiripelésüktől. Zsógáb is boldogan nyugtázta a bekukkantó nap sugarait s a madarak játékos hangoskodását. A sürgős teendők közepette elfelejtette az éjszaka gyötrelmeit, és már csak a napi feladatra összpontosított. Abból pedig minden napra jutott bőven. Különösen a reggeli teendők voltak nagyon zsúfoltak. Zuhanyozás után öltözködés, indulás reggelizni a Berettyó-parti gazdasági épületbe, majd a hídon át vissza a gimnáziumba.

A gimnáziumi órák látszólag olyanok voltak, mint a forradalom és szabadságharc kitörése-leverése előtt – bár az emberek lelkébe, szívébe nem láthattak bele. Ám Zsógáb meglepődött azon, hogy az átélt viharok, fájdalmas csalódások – rajta kívül – nem érintették a diákokat. A tanórák alatt nagy volt a csend, a tanulók, mint mindig, igyekeztek láthatatlannak tűnni, szinte beolvadtak, eltűntek a padsorok között. Az osztálynapló viszont a „mindentudás" birtokában kegyetlenül kipécézte, kitől kell számon kérni az aznapi anyagot. Kegyelem nem volt, felelni kellett. Kinek a tudásszintjétől, kinek a szerencséjétől, másnak pedig a napi felkészültségétől függően sikerrel vagy sikertelenül végződött a délelőtt. A diákok többsége hamar megvigasztalódott, különösen, ha aznap kimenő volt a szilencium megkezdése előtt. A szünetekben hangzavar lett úrrá – néhány szorgalmasabb diákot kivéve – sutyorgások, kacagások zaja tette színessé az amúgy eléggé kopár iskola udvarát. A pórul járni nem akarók még átnézték a következő óra anyagát, biztos, ami biztos jeligével.

Nos, következett a Zsógáb számára kellemes testi fáradságot, majd a felfrissülést is magában hordozó, kedves tornaóra. Ám meglepetten vette tudomásul, hogy új tornatanár jelent meg az órán. A diákok egymástól kérdezgették, mit jelent mindez. Válasz nem volt. Nem tudtak semmit a volt testnevelőről, a tanároktól pedig nem volt bátorságuk érdeklődni. Nem véletlen, hogy a diákfejekben tudat alatt ott rejtőzött a kétkedés, a gyanú, szívükben pedig a még ismeretlen félelem. Mindezek ellenére annak rendje és módja szerint lezajlott a tornaóra. Főszereplőnket néhány társával együtt szorosabb kapcsolat fűzte az eltűnt tanárhoz. Ők voltak azok, akik hetenként kétszer, az esti órákban edzésekre jártak. Képességeiknek megfelelően ki atlétikából, mások szertornából tűntek ki társaik közül. Zsógáb ügyes szertornás volt, de rövidtávfutásból is jó eredményekkel dicsekedhetett.

Nem ez volt az egyetlen szokatlan esemény a diákok életében. 1957. március idusán különös dolog történt a kollégiumban. Éjfélt üthetett az ingaóra, amikor az igazgatónő váratlan lámpagyújtással ébresztőt fújt a hálószobában. Felszólította a kábultan ébredező lányokat, hogy öltözzenek fel rendesen, és menjenek az első emeleti társalgóba.

Az álmosan ide-oda kóválygó lányok meglepődve tapasztalták, hogy néhány csinosan öltözött fiatal egyenruhás fogadta őket, pattogó ritmusú zenével. Hogy mi szolgáltatta a zenét? Arra senki sem figyelt. Nos, a főhős sem emlékezett rá. Elsőként Zsógábot vitte táncba az egyik egyenruhás, mire ő határozottan méltatlankodott.

– Nincs kedvem részt venni ebben a szokatlan színjátékban!

A fiatal tiszt a következőket válaszolta (nem szó szerinti idézet):

– Kisasszony, itt most nem az számít, hogy ön mit akar, és mit nem, mert itt és most én parancsolok! A következő pillanatban durván és erőszakosan megragadta hősünk karját, magához rántotta és olyan szorosan ölelte, hogy alig jutott levegőhöz. A zenés tánc ritmusa enyhítette partnerével szembeni ellenszenvét. E kettő olyan élménnyé egyesült ideigeiben, amely mindig felvidította a kilátástalannak tűnő helyzetekben. A zene és a ritmus az ellentmondásos helyzet ellenére, mint mindig, most is harmóniával vegyes önbizalmat, magabiztosságot adott hősünknek jutalmul. A többi egyenruhás, felbátorodva az első páron, szintén táncra kérte kiszemelt áldozatát. Meddig tartott mindez? Az idő múlásával már homály fedte el. A zene elhallgatott, és a lányok megkönnyebbülten tértek vissza a hálószobájukba. Fejükben még ott zsongott a váratlan meglepetés és a hirtelen véget ért melódia, ám örömmel vették birtokba kissé kihűlt ágyukat. Fejüket párnájukba fúrva megpróbálták folytatni álmukat – kisebb-nagyobb sikerrel.

Zsógáb lényegében nem aludt semmit. Hirtelen nagy lett a csend, de agyában rémisztő gondolatok kavarogtak. Szüleire gondolt, míg a pirkadó reggel egyre szürkébbnek és bizonytalanabbnak tűnt. Valaminek történnie kellett. Ez az éjszakai kirándulás nem lehetett véletlen. Az is feltűnt, hogy nem minden diákot ugrasztottak ki ágyából. Ez is jelenthet valamit? Miért éppen az ő szobájuk? Kérdéseire egyelőre nem talált választ.

Másnap délután édesanyja meglepően váratlanul, tőle szokatlanul szomorúan és elgyötörve érkezett a kollégiumba. Az igazgatónő az irodájába tessékelte édesanyjával együtt, majd süteményt és teát szolgált fel. Biztosította őket, hogy itt nyugodtan beszélgethetnek. Az igazgatónő arca elárulta, hogy lehettek bizonyos információi az éjszakai kirándulásról, ám mindezekről ő sem beszélhetett. Az édesanya elmondta, hogy gyalog tette meg a 12–15 km-es utat, mert lekéste a vonatot, de mindenképpen találkozniuk kellett. Szinte suttogva mesélte el a két napja, március 8-án éjszaka történteket.

Hatalmas fekete kocsi állt meg a házuk előtt. Két ávós berontott a családi fészekbe azzal, hogy házkutatási engedélyük van, amelynek most érvényt szereznek. Az édesapát és édesanyát ki akarták küldeni az alvásra használt két szobából, a felriasztott hat gyerekkel együtt. A még alig egyéves gyermeket is ki kellett venni a gyermekágyból. Az édesapa jól sejtette, hogy miért akarják eltávolítani a felnőtteket. Terhelő bizonyítékok elrejtésére gyanakodva megtagadta az engedelmességet. Végül a házkutatás eredménytelennek bizonyult - nem találtak semmit -, amit a jegyzőkönyvben is rögzítettek. Ennek ellenére az édesapát megbilincselve elnyelte a félelmet keltő mélysötét autó, és az éjszaka leple alatt elszállították. Hova vitték és milyen indokkal? - erre nem volt válasz. Az édesanyát hallgatva lányának feltűnt, hogy ezek mindig éjszaka dolgoznak. A kollégiumi kiruccanás is éjszaka történt. Nos, a felfedezés még ijesztőbbé tette az eseményeket.

Az édesanya a fárasztó éjszaka után azért tette meg a hosszú utat, hogy valami hírt kapjon férjéről a járási bíróságon. Választ persze nem kapott, csak annyit, hogy majd időben megtud mindent!

Zsógáb most értette meg az éjszakai táncmulatságnak álcázott razzia okát. Célzottan az ő szobáját akarták átkutatni, miután édesapját letartóztatták. Véleményét elmondta édesanyjának is, aki szintén összefüggést talált a két esemény között. Mindketten jól sejtették. Az 50. érettségi találkozón, 2008-ban - amikor már lehetett beszélni a forradalomról - kiderült, hogy csak néhány diák emlékezett a társalgóban zajlott eseményekre, igazolva látszott főszereplőnk és édesanyja feltételezése. Csak egyetlen szobára voltak kíváncsiak!

A feltételezést támasztották alá a soron következő események is. A kollégiumi táncmulatságot követő napokban Zsógáb idézést kapott a járási rendőrkapitányságra. A családját ért tragédia, a testvérei és szülei miatt érzett aggódás szinte elviselhetetlen félelemmel töltötte el. Remegő lábbal, keblében riadt madárként kalimpáló szívvel érkezett a rendőrkapitányságra. Bekopogott, illedelmesen köszönt és bemutatkozott. Félelme nem volt alaptalan. Köszönését senki sem fogadta. A szürke falú, hatalmas irodában többen voltak, ám egy valami közös volt bennük. Egyformán jellemezte őket fásult, unott tekintetük, amely elárulta az emberek iránt érzett megvetésüket, irántuk táplált gyűlöletüket. Zsógáb tétován állt, nem tudta, hogy kihez forduljon. Az idő múlásával félelme lassan csitult, szembenézve az egyenruhásokkal várta, hogy valaki megszólítsa.

Néhány perces kínos várakozás után az egyik egyenruhás férfi alig használt, berozsdásodott hangon, de kellő szigorral feltette a kérdést: miért hamisított? A most már ércesen zengő, fenyegető feltételezés jeges zuhanyként érte hősünket. Ennek ellenére tagadta a vádat. Az egyenruhás férfi kihúzta fiókjából Zsógáb igazolványát, rámutatott a személyi igazolvány első oldalán található aláírásra, és megkérdezte: kinek a műve ez? Az ijedség ellenére hősünk mindjárt kapcsolt, és előadta az aláírás valós történetét. Röviddel ezelőtt kapott édesapjától életében először egy külsejében is nagyon szép, elegáns tollat. Mindemellett rendelkezett még egy fontos tulajdonsággal: hihetetlenül szépen, vékony vonásokkal formálta a betűket. Zsógábnak mindez új volt, ezért kézenfekvőnek tűnt, hogy az igazolványon megfakult aláírását új tollával átírja. A felismerés pillanat műve volt, mint az is, hogy sűrű bocsánatkérés közepette elnézést kért, megjegyezve, hogy nem gondolt arra, hogy ez hamisításnak számít. Ám az egyenruhás lélegzetvétel nélkül szórta a szitkokat:

– Fogja be a poféját, ugyanolyan nagy szája van, mint az apjának. Legközelebb hasonló cselekményért akasztás jár!

Zsógábot a megjegyzés sokkolta. Emberi méltóságában megalázva, szinte fizikai létében „megsemmisülve" hagyta el a rendőrség épületét. 1957 márciusában végre megértette, hogy mi történik Magyarországon. Azt is jól sejtette, hogy ez még csak a kezdet! Már abban is biztos volt, hogy édesapja itt van, vagy legalábbis itt tartották fogva. A rendőrtiszt szavai erről árulkodtak. Ezzel kezdetét vette a 17 éves diáklány zaklatott élete.

Hova tűntek a reményekkel kecsegtető, tiszta és őszinte lelkű, mindig szorgalmas és becsületes, az embereket megértő, hazáját és családját rajongásig szerető bakfis leány álmai?

Köddé váltak, elolvadtak, mint kora tavasszal a hirtelen jövő, szokatlanul meleg, délutáni hóolvadás. Főszereplőnk számára pedig következtek a korábban mit sem sejtető, véget nem érő, évszaktól független, szürkésen szomorú, fázós reggelek. A kétségbeesés tehetetlenségébe fuldokló állapot nem tarthatott sokáig. Az élni akarás, a felszínen maradás ösztöne most is felülkerekedett a reményvesztésen. Megérezte, hogy éppen most, a legnehezebb időkben, nem hagyhatja cserben szeretteit. Nem veszítheti el édesapja bizalmát, támogatnia kell édesanyját, végső soron meg kell felelnie az önmaga által felállított követelményeknek. Hűségesnek kell maradnia a soha fel nem adott elveihez, megcélzott terveihez, melyektől nem lehetett eltántorítani. Bármilyen nehéznek bizonyult, kénytelen-kelletlen cipelnie kellett a rárakódott terheket, azokat a megpróbáltatásokat, amelyek rajta kívül még sok magyar gyermeket és felnőttet próbára tettek e vészjósló időben.

Családszerető honleány lévén nehéz küzdelemre készült. Törékeny alkatához képest talán annál is inkább, lélekben megerősödve vállalta a megpróbáltatásokat céljai eléréséhez. Ösztönösen érezte – a realitásokat figyelembe véve tudta –, hogy a jövőben még keményebben kell bizonyítania, mint diáktársainak. Megérzéseit a gyakorlat hamar igazolta.

Egyik nap azon vette észre magát, hogy minden előzmény nélkül a padsor utolsó padjába került. Nos, nem nagyon viselte meg a változás, hiszen új padtársa szimpatikus, szorgalmas és feltűnően komoly lány volt. Később kiderült, viselkedésének valós okai voltak. Az NSZK-ban éltek rokonai, ami miatt állandó megfigyelés alatt állt, és gyakran ki volt téve vegzálásoknak. Egyik osztálytalálkozón kapták a hírt, hogy idegei felőrlődtek, nem bírta tovább a terheket, és évtizedek múltán, már mint végzett kémia szakos tanárnő, öngyilkos lett. A sors iróniája, hogy sósavat ivott, kegyetlenül megszenvedve az óhajtott elmúlást. Zsógáb sohasem tudta elfelejteni a törékeny alkatú, szomorú-kesernyés mosolyú, szorgalmas leányt. Nem feledhette a szőke, drót-kemény, apró göndör fürtjei mögül kedvesen csillogó, kétkedve bizakodó, okos kék szemeit. Kinek volt az ötlete az ülésrend-változtatás? Esetleg falubeli barátnője, Írisz ismét szerepet játszott a döntésben? Kényelmetlenné vált a családja miatt megbélyegzett barátnő? Sohasem tudta meg Zsógáb, ám különösebben nem foglalkozott a kérdéssel. Új padtársát hamar megkedvelte annak ellenére, hogy akkoriban még egyáltalán nem ismerte. A zárkózott, ám jól tanuló diáklány mellett jól érezte magát.

Falubeli barátnőjével, Írisszel a kollégiumban továbbra is beszélő viszonyban voltak, sőt barátnőknek tekintették őket, de kapcsolatuk már nem volt a régi. Mindemellett megmérgezte főhősünk életét az igazgató cinikus magatartása, amely a hátralévő másfél évben gyakorlattá vált. Hetenként legalább egyszer megjelent az osztályban egyenes derékkal, magabiztos, ironikus mosollyal az ajkán és feltette gunyoros kérdését:

– Hogy érzik magukat az ellenforradalmi fészek lakói?

A megkülönböztetett figyelem azoknak a diákoknak szólt, akiknek – Zsógáb tudomása szerint legalább még egy osztálytársnőjének – édesapja szintén érintett volt az '56-os eseményekben. Talán ő könnyebben megúszta, de erről sem került biztos információ Zsógáb birtokába. Az igazgató részéről a kérdés költői volt. Látszott rajta, hogy mondókáját állításnak szánta, és ez ellen nincs appelláta. Ennek tudatában nem is várt választ, úgy, ahogy jött, elégedett, ironikus mosolylyal az arcán távozott a teremből. Zsógáb ilyenkor úgy érezte magát, mint akit – hátán végigvágott ostorcsapással – porig aláztak, míg az igazgató ördögien kárörvendő fintorral távozott. Hogy az osztálytársak észlelték-e, vagy mit gondoltak az igazgató viselkedéséről, sohasem derült ki.

Utólag visszagondolva a történtekre, valószínű, hogy akiket közvetlenül nem érintettek az '56-os események, fel sem fogták, mit kérdezett az igazgató. A kérdés el sem jutott a tudatukig. Egyébként a diákok úgy viselkedtek, mint általában a hasonló korú gyerekek. Akaratuktól függetlenül néha gonoszul vagy csak meggondolatlanul, esetleg szándékosan kárörvendőn az eminens diákkal szemben.

Irodalomórán Vörösmarty Szózat című költeményét tanulták, és a tanár Zsógábot szólította elsőként a vers elmondására. „Hazádnak rendületlenűl légy híve, oh magyar..." szövegnél hangja elcsuklott, majd szűnni nem akaró, keserves zokogás rázta meg. Az osztályból kitört a nevetés, miközben kárörvendőn sugdosták, hogy az eminens diák nem tanulta meg a verset. A tanárnak feltehetően más volt a véleménye, mert megjegyzés nélkül (a teljesítményhez képest érdemtelenül jó jeggyel), közepes osztályzattal leültette a szégyenben maradt diákot.

Zsógáb megtanulta a Szózatot, éjjel álmában is fújta, de sérülékennyé vált lelke és idegrendszere végleg felmondta a szolgálatot. A hazához való hűség mindvégig, idős korára is megkérdőjelezhetetlen maradt számára. Honnan eredt ez a mindent elsöprő, elkötelezett hűség a kamasz leány szívében-lelkében? Megmagyarázhatatlan. Miért nem érzett hasonlóan akkor sem, ma sem a Zsógáb környezetében élő emberek többsége? Hősünk nem értette.

Mi az, hogy hazaszeretet?

– Le...m – mondta egy amúgy kedves ismerőse.

Mit lehetett erre válaszolni? Zsógáb, arcán a döbbenettel, megnémult. Erre nem tudott, de az adott körülmények között nem is lehetett válaszolni. Eszébe jutott a meggyilkolt amerikai elnök, Kennedy, családjáról készült film, ahol az elnökjelölt választási beszédében a következőket mondta:

„Ne azt kérdezzétek, hogy mit adott nektek a haza, hanem azt, hogy ti mit adtatok a hazának."

Zsógáb hazáról alkotott képe inkább ehhez a gondolkodáshoz áll közelebb. Nos, véleménye szerint a hazát szeretni kell, más nemzetet pedig tisztelni. Hányszor imádkozott az '56-os események után, sőt később is az idegen hatalmak – gazdasági érdekek miatti – támadásakor, ekképpen: Szűz Mária, magyarok Nagyasszonya, védd meg, áldd meg Magyarországot! A nemzete melletti kiállást helyeselte akkor is, ha olvasott és hallott más országok mellett saját országa elnökeinek vagy vezetőinek hivatali idejüket kísérő korrupciós botrányairól. Szerény történelmi ismeretei, ám annál több élettapasztalata alapján úgy vélte, hogy nincs olyan ország vagy hatalom, amelyik mentes a korrupciótól, csak az a kérdés, hogy mennyire. Ezt még akkor is igaznak tartotta, ha elítélt mindennemű korrupciót. Nos, ugyanakkor – bármennyire szerette nemzetét – szomorúan állapította meg, hogy nincs még egy olyan nemzet, amelyik saját kormányát támadva kiszolgáltatja azt idegeneknek, ha az érdekei úgy kívánják. Szerinte nem volt, nem lesz soha olyan indok, amellyel ez a magatartás magyarázható lenne.

Kis kitérő – rövid elmélkedés – után visszatérve a középiskolások gonoszkodására, eszébe jutott egy ide illő jelenet a gyerekek meggondolatlan kegyetlenségéről, őszinteségéről. Az akkor kilenc éves öccse mesélte már felnőtt korában, hogy osztálytársai füle hallatára azt beszélték egymás között, hogy „a Pista édesapját fel fogják akasztani". Elmondása szerint kétségbeesett félelmet, kibírhatatlan fájdalmat és féktelen dühöt érzett osztálytársaival szemben. Ugyanakkor tehetetlen volt.

A balszerencsés irodalom óra után váratlan boldogság, öröm költözött a főhős szívébe. Óraközi szünetben könyvvel a kezében az udvaron sétált, amikor is – mintegy véletlenül – mellé szegődött egy ismeretlen diák. A következőket mondta:

– Sétálj tovább, csak szeretnélek megnyugtatni, hogy édesapád jól van, tegnap beszéltem vele. – Mondókáját folytatta. – Itt van a járási bíróságon, és azt üzente, ne törődj semmivel, csak tanulj szorgalmasan, minden megoldódik.

Amilyen váratlanul érkezett, ugyanúgy el is tűnt – mint később kiderült – a párhuzamos osztályba járó srác, Gyurka.

Zsógáb meg sem tudta köszönni a jó hírt. Szívét régen érzett melegség és hála járta át, hiszen nem ismerte a srácot, soha nem is beszélt vele, legalábbis nem emlékezett rá. Mégis vannak rendes emberek, gondolta, akik ismeretlenül is törődnek vele. Elég volt ennyi biztatás, hősünk el sem vesztett reményei megerősödtek, küzdelme újabb értelmet nyert.

Ezen a hétvégén a kollégium igazgatónője, Margit néni (miután értesült a hírről), soron kívüli eltávozást engedélyezett. Amint leszállt a vonatról, a kis vicinálist meg sem várta – mivel elég ritkán közlekedett –, gyalog vágott neki a hosszú útnak, hogy minél előbb örömöt szerezzen szeretteinek a hírrel. Jó volt újra otthon lenni és eldúdolni a forradalom győzelmének tiszteletére általa fabrikált dalocskát:

„*Nézem a szép Magyarország domborzatát
és fájó szívvel vörös határát,
Rá gondolok, a bús magyarra, ki küzd, remél, de hiába.
S ím, eljött az ütő óra, száz meg száz magyar szállott a síkra,
Ontotta vérét drága hazája s népe szabadságára.
Lett áldozat, de nem hiába, lett független magyar állam,
Boldog nép és virágzó haza.*"

A megbocsáthatatlan belső árulás után annak köszönhetően, és idegen hatalmak erőinek segítségével, mások közönyösségével a forradalmat leverték. Azóta is sokszor gondolt főszereplőnk a magyar történelem viharaira, amikor is kiderült, hogy soha, egyetlen náció sem segítette a magyarokat, csak az értelmetlen – nem egyszer a pusztulást hozó – buzdításig jutottak el.

Nos, a kegyetlenül embertelen megtorlás éveit követően egy látszólagosan puhább diktatúra vette kezdetét. A valóságban a forradalom résztvevőinek sohasem bocsátottak meg. Sunyi módon megtalálták a fájó pontokat az aktív szereplők, sőt a leszármazottak megbüntetésére. Ez történt Zsógáb esetében is. Az otthon töltött hétvégét követő hétfőn reggel édesanyjával együtt elindultak a járási székhelyre.

Zsógáb a kollégiumba tért vissza, édesanyja pedig a járási bíróság épületébe, azzal a reménnyel, hogy végre találkozhat férjével. A bíróságon immár szóba álltak vele, de férjével nem találkozhatott. Közölték vele, hogy férjét Kistarcsára szállították, gyűjtő fogságba, majd értesítik, mikor s hogyan látogathatja meg. A hír hallatán anya és leánya szívét kétségek gyötörték. Nos, vajon milyen állapotban érkezhetett meg új rabhelyére a szeretett férj és apa? Ilyen és ehhez hasonló gondolatokba merülve sétáltak át a Berettyó hídján. A híd alatt kavargó-fodrozó víztömeg pillanatnyilag elterelte figyelmüket. Miben reménykedtek? A természet törvényeit megtestesítő, igazságot szolgáltató, hatalmas víztömeg erejének látványában? Talán. Ám az elkalandozó gondolat csak átmenetinek bizonyult, nem hozott enyhülést anya és leánya zaklatott idegeiben. Megint eltelt egy-két hét, amikor a feleség értesítést kapott a látogatás lehetséges időpontjáról. A találkozás alkalmával férjétől megtudta, hogy mivel is vádolják. Vallatói azt állították, hogy nemcsak helyben, hanem Romániában is uszított a rendszer megdöntésére. Fénykép bemutatásával akarták vallomásra bírni, miszerint Kolozsvárott, a községháza erkélyén tartott uszító beszédet.

Férje valóban tartott beszédet a helybéli községháza erkélyén, amelynek az volt a lényege, hogy amíg ő a munkástanács elnöke, addig nem lesz párttitkár-akasztás. Nem lesz semmiféle önkényes igazságszolgáltatás. Megnyugtatta a felbőszült tömeget, hogy ha a rend helyre áll, törvényesen fogják felelősségre vonni az esetleges bűnösöket. Nos, a lincselő hangulatban lévő emberek, ha kelletlenül is, de elhagyták a teret (később ez a beszéd mentette meg az életét).

Zsógáb édesapja átlátta a helyzetet. Valaki lefényképezte a községházán tartott beszéd közben, amelyet átültettek a kolozsvári, hasonló stílusú épület erkélyére. Ki tette, miért tette, ki tudja? Valószínűleg a jutalom reményében vagy még inkább a félelem hevében készített fotót juttatták el az illetékeseknek. Mindenesetre a trükk nem hozta meg a kívánt hatást, az áhított vallomást a „börtönkörülmények" ellenére sem sikerült kicsikarni. Végül hősünk édesanyja egy ismerős ügyvéd segítségével, az ártatlanságot bizonyítandó adatok sorozatának alátámasztásával kérvényezte férje felmentését. Zsógáb édesapjának börtönbüntetését 6 hetes raboskodás után – bűnei alól nem felmentve – szociális helyzetükre való tekintettel megszüntették.

7. fejezet

Szép tavaszi hétvége volt. Az akácvirág-illattal telített levegőben szorgos méhecskék zsongva cikáztak a buja fürtökkel teli ágakon. Zsógáb – bár nem tudta a szabadulás pontos időpontját – boldogan élvezte a ragyogó napsütést, a bőrén átsuhanó langyos levegő selymes simogatását. A kertkapun kilépve végignézett a hosszú Mikes Kelemen utcán, ahol egy gyanúsan ismerős mozgású férfit fedezett fel. Amint a férfi közeledett, Zsógábot ösztönös vonzás kerítette hatalmába és lassú, bizonytalan léptekkel elindult a szembejövő férfi felé. Majd hirtelen meggyorsította lépteit, mert felismerte azt a kedves, bizalmat sugalló, senki által meg nem ismételhető mosolyt, amely csak édesapja ajkán jelenhetett meg. Magabiztosan, kitörő örömmel repült édesapja biztonságot adó, védelmet nyújtó karjaiba. Most is könnyek jelentek meg a szemében, amikor a találkozás örömteli pillanataira emlékezett.

Az örömbe üröm is vegyült, mert már másnap kiderült, hogy hetenként jelentkeznie kell a helybéli rendőrkapitányságon „pofavizitre". Ettől kezdve sohasem kapott állandó munkát, majd az '59-es kényszertéeszesítés után – amelynek ő is áldozatul esett – megtűrt személyként dolgozhatott a közösben, minimális munkaegységért. A TSZ vezetősége (ha néha panaszkodott a negatív megkülönböztetés miatt) azt vágta a fejéhez, hogy örüljön, hogy dolgozhat. Ilyenképpen a család anyagi helyzete mit sem javult, így Zsógábnak sem lett könnyebb az élete. A Deák tanár úr helyét (akit állítólag a Nemzeti Dal szavalásáért menesztettek) betöltő új testnevelő tanár közel sem viselte annyira lelkén a diákok sportszeretetét, mint elődje. Véglegesen megszűntek az esti tornaedzések, és Zsógáb életét egyéb kellemetlen események is befolyásolták.

Félévi bizonyítványában tornateljesítményét csak jó osztályzattal jutalmazták. A döntést osztálytársai is meglepetten konstatálták, hiszen jól ismerték osztálytársnőjük ez irányú elkötelezettségét, eredményeit. Főhősünk, bár megviselte az igazságtalanság, azzal vigasztalta magát, hogy csak az új tanárt tudták rávenni az érdemen aluli értékelésre. A többi tantárgyból megkapta a kitűnő osztályzatot.

Nyári szünetben (még a téeszesítés előtt) a saját földjükön végzett munka mellett napszámosként is dolgozott, mint később minden évben. Édesapjával és nővérével tanyasi gazdáknál aratást vállaltak. Egy-egy helyen általában egy hétig tartott a munka, aztán mentek a másik gazdához. Kora hajnalban kezdték az aratást, és sötétedéskor fejezték be. Amíg Zsógáb a kötelet fonta, addig nővére az édesapjuk után szedte a markot. Befejezésül a két lány együtt kötözte be a kezeket nem kímélő száraz kévéket. Ám a már napnyugta után, de még sötétedés előtt glédában sorakozó, tehetetlenül heverő kévéket kazalba is kellett rakni. Sőt, a gazdának és munkásnak egyaránt életet jelentő súlyos kalászokat még fedezékbe is kellett hordani, megmenteni az ilyenkor esetlegesen előforduló nyári zivatar elől. Aratási időszakban egész nap hideg elemózsia csillapította éhüket, ólakban, illatos szalmán aludták édesded álmukat, kútból vödörrel felhúzott hideg vízzel ébresztették, frissítették fáradt tagjaikat, oltották szomjukat.

Ilyen körülmények között hamar eltelt a nyár, és kezdődött az új tanév. Zsógáb immár negyedik osztályba lépett. Szorgalmasan tanult, készült az érettségire, illetve a felvételire. Mindenáron matematika szakos tanár szeretett volna lenni. Ezért Rózsa néni, a matektanár különórán is foglalkozott vele. A szöveggyűjtemény valamennyi feladatát megoldották, jóval az érettségi előtt. Tanára bízott a sikeres felvételiben, annak ellenére, hogy Zsógábot elfogta a félelem az '56-os események miatt. Rózsa néni azzal vigasztalta tanítványát, hogy segít a kérvény megfogalmazásában. Különben sem akarta elfogadni, hogy egy gyereket büntessenek az apja „bűneiért". Mint később kiderült, kora ellenére naivabb volt kedvenc diákjánál. A tanárnő javaslatára önéletrajzában őszintén beszámoltak édesapja szerepéről az '56-os eseményeket illetően. Ugyanakkor kihangsúlyozták a jelentkező eredményeit, összes erényét. Hamarosan megjött a válasz (túlságosan is hamar), amelyben közölték, hogy nem hívják be felvételi vizsgára, ne is próbálkozzon, mert kitiltották Magyarország összes felsőoktatási intézményéből. Zsógáb ösztönösen megérezte a választ, mégis hidegzuhanyként érte a szomorú valóság. Nos, fehéren-feketén leírva olvashatta a szigorú, visszavonhatatlan ítéletet: feketelistára került. Lám, mit ért el az őszinteségével, a kitűnő félévi bizonyítvánnyal, fogadkozásával, hogy a szocializmus építésének hasznos és hűséges tagja lesz? Minden hiábavaló volt? Hogyan fogja közölni édesapjával a rossz hírt, miszerint lányából mégsem lesz diplomás ember? Napokon át ezek a kérdések foglalkoztatták.

Az amúgy is megtépázott önbizalmát tovább mélyítette egy váratlan esemény: levelező partnerének, egyoldalú szerelmének elutasító levele. Zavaros levél érkezett a már lassan végzős technikus fiútól. Durván becsmérelte a lány családját, a sok gyermeket és szegénységüket. Mégis jók voltak Zsógáb korábbi megérzései? Valóban áttörhetetlen akadályt jelentett a két család közötti egzisztenciális különbség? Egyáltalán volt-e valóban ilyen nagy különbség?

Soha nem derült ki. Zsógáb önérzetében megsértve, megalázva – amikor már kezdte megszeretni a fiút –, visszaküldte a szerelmes levelek többségét, és a kedves fényképeket. Napokon keresztül azon gondolkodott, vajon mi késztette barátját a kegyetlen szakításra. Nem tudta eldönteni, hogy a bimbózó szerelem vagy csak a hiúság dolgozott benne. Valóban szerelmes lett a csinos fiúba vagy csak a szerelembe? Mindenesetre a legrosszabbkor érte a szakítás. A középiskola befejezésével minden összeomlott. Nem mehetett egyetemre, elhagyta a legjobb barátja, édesapja helyzetét a legnagyobb bizonytalanság övezte.

Most érezte igazán, mennyire jólesett neki korábban Gazsi rajongása. A fiútól érkezett levél tartalma mindig felvidította, még akkor is, ha külalakja elnéző mosolyt csalt ajkára. Mindig izgatottan bontotta ki a kamasz fiú jól ismert, kusza betűivel megcímzett levelét, noha írójának még mindig nem tudta viszonozni érzelmeit. Gazsival soha többé nem találkoztak, de Zsógáb nem felejtette el az igaznak hitt – legalábbis elméletben – első szerelmét. A megbocsátást magában hordozó – a felejtést nem – szép emlékként élt e különös, kibogozhatatlan kapcsolat Zsógáb életében.

Noha Írisszel látszólag továbbra is jó barátságban voltak, ez a kapcsolat csupán a kollégiumi életre vonatkozott, régi fényében már sohasem ragyogott. Zsógáb szerint Írisz részéről hiányzott az őszinteség, a bizalom, amely nélkül nem létezik igazi barátság.

Közben újra beköszöntött a tavasz, a néhai kastély udvarán virágba borultak a bokrok és a terebélyes, öreg fák. Hajnalban vidám madárdal ébresztette a kollégium lakóit – ismét érdemes volt tervezni, ha csak rövid időre is. Érettségire készültek a Berettyó partján fekvő – a kollégium környezetéhez képest kevésbé romantikus – épületben. A két barátnő szabadidejét is a tanulással töltötte, felhasználva a folyó partján fekvő bokros területet. Úgy gondolták, a hasznosat összekötik a kellemessel, a szórakozásnak is beillő szépítkezéssel, ami ebben az esetben a napozást jelentette. Az árnyat adó lombok összehajló ágai rejtőzködésre is alkalmasnak tűntek. Meggondolatlanul minden ruhát levetve hol hason, hol háton fekve élvezték a nap selymesen simogató melegét. Két óra pihenés után kezdődött a szilencium. Nos, mintha mi sem történt volna, ruhájukat gyors tempóban felkapkodták, és elfoglalták szokott helyüket a tanulószobában. Vacsora után a kollégiumba érve érezték, hogy ég és feszül a bőrük. Az enyhülés reményében gyorsan a tusolóba siettek. A hűsítő vízpermet, az enyhülést sejtető tusolás nem hozta meg a várt eredményt. Ellenkezőleg, jobban égett a bőrük, mint annak előtte, különösen az intim területeken. A kollégium nevelőnője – aki öreglány volt – valószínűleg nem véletlenül, váratlanul rányitott a két lányra, és kiparancsolta őket a víz alól. Ezután, ugyebár, nem történhetett másként, következett az aggodalommal vegyes letolás. A ropogósra sült lányok belátták felelőtlenségüket, és egy életre szóló fogadalmat tettek. A jövőben tartózkodni fognak a szépségimádat ilyetén megnyilvánulásától.

A szokottnál is gyorsabban teltek a napok, a lányok készültek az írásbeli érettségi vizsgákra. Ugyanakkor lázas készülődés volt tapasztalható a közelgő szalagavatóra. Zsógáb édesanyja gyönyörű, rózsaszínű, karcsúsított taft ruhát varratott lányának, ő mégsem ment el a bálra. Értelmetlennek találta a mulatságon való megjelenést. Partnere nem volt, a jövő sem tűnt ígéretesnek. Ösztönei ez alkalommal teljes egészében cserbenhagyták, működésükbe hiba csúszott. Mint néhány hónappal később kiderült, egy srác nagyon is várt reá, de hiába kereste a lányok között. Honnan sejthette volna, hogy vele még jó is történhet az immár szűkre szabott gimnáziumi napok alatt? Ez a srác volt az, aki annak idején a járási bíróság épületéből a jó hírt hozta édesapjáról.

Szüleinek is meg kellett indokolni a távolmaradását. Napokon át tartó vívódás után úgy döntött, mégis elmondja a szomorú valóságot: lányuk nem lesz egyetemista. Nem hallgathatott tovább. Megpróbált kíméletes lenni, ám édesapját mégis lelkifurdalás gyötörte. Miatta nem lehet diplomás a mindig oly szorgalmas, terveket szövögető, szeretett lánya.

Zsógáb vigasztalta amúgy is rossz bőrben lévő édesapját, pedig az ő szíve is vérzett. Zavartnak, vigasztalhatatlannak és feleslegesnek érezte magát. Osztálytársainak többsége már felvételt nyert valamelyik felsőoktatási intézetbe. Ő pedig, aki tehetsége mellett szorgalmával is bizonyította hűségét nemzetéhez, hazájában kegyvesztett lett. Ennek ellenére minden erejével azon dolgozott, hogy megnyugtassa szüleit. Megígérte, hogy kitűnőre fog érettségizni, és megoldja az életét. Így is történt. A kollégium igazgatónője, Margit néni és Rózsa néni, mint eddig mindig, most is biztatták, támogatták. A nagyon is józanul gondolkodó tanárnője azzal vigasztalta: „Ha Magyarország olyan erős lábakon állna, mint te, semmi sem boríthatná fel". Mennyire igaza volt! Zsógáb, elfeledve minden sérelmét, csak a tanulásra összpontosított. Szorgalmának eredményeként a negyedik évet és az érettségi vizsgáit is kitűnő eredménnyel zárta. Az évzárón, amelyen természetesen szülei is jelen voltak, és mellettük állt, mint harmadik „szülő", a mindig segítő és támogató Rózsa néni, igazgatói dicséretben részesült.

Ártatlan epizódként említette Zsógáb, hogy tanárnője – véleménye szerint – szerelmes volt édesapjába, vagy legalábbis nagyon tetszett neki, mert ha tehette, mindig igyekezett a közelébe férkőzni. Szokásos, komoly eleganciával most is ott állt rendíthetetlenül. Zsógábnak ugyanakkor feltűnt, hogy mögéje bújva, kis tükrébe pillantva, gondosan megigazította sminkjét, bepúderezte orra hegyét. Vonzódását nem is titkolta tanítványa előtt. Arról beszélt, hogy édesanyja még mindig szép, szimpatikus ember, de visszahúzódó, rejtőzködő típus. Ámde édesapja szemrevaló, nyílt tekintetű, bizonyos fokú kisugárzást magában hordozó, jóképű férfi. Zsógáb nagyjából egyetértett a jellemzéssel.

Az említett dicsérettel könyvjutalom is járt, amelynek az első lapjára rögzített szöveg méltatta a szorgalmas diák négy év alatt tanúsított erényeit, igazgatói pecséttel ellátva.

8. fejezet

Újra megérkezett az iskolai évek alatt reménnyel kecsegtető ősz, amely egy igazságosabb rendszerben a sárréti diák álmainak beteljesülését jelenthette volna. Nem így történt. Az álom véget ért, jött a kijózanító ébredés. Kitűnő érettségivel a kezében hősünk végtelenül elkeseredettnek, tehetetlennek érezte magát.

Zsógáb vergődését mintha megérezték volna a falu nősülő korban lévő ifjai: mint régi „ismerőst" zsongták körül. Nagyobb földterülettel rendelkező vagy a téeszben vezető beosztásban lévő emberek elbizakodott csemetéi keresték meg szegényes otthonában. Egyértelmű házassági ajánlatokkal álltak elő. Olyan emberek voltak, akiket hősünk nem ismert, ők viszont a „tenyerükön hordozást" ígérték.

Honnan kerültek elő ezek a kérők? Később kiderült, Zsógábot sokkal többen ismerték falujában, mint gondolta. Egyik-másik srác legidősebb öccse barátai vagy azok barátai, mások viszont a család ismerősei, s azok barátainak csemetéi voltak.

Zsógáb megalázónak érezte a szűnni nem akaró zaklatást, az esetenkénti utcai erőszakos leszólítást. Egy-egy ilyen útját álló fiatalember elől – az esti mozielőadás után hazafelé tartva – a félelemtől remegve, a házak előtti portákon keresett menedéket. Szívdobogását csillapítva addig várt, amíg az erőszakot megtestesítő távozott. Volt, aki nevén szólítva kiáltotta, hogy ne féljen, nem akarja bántani. Akkor miért késő este, sötétben szólította le? Talán tényleg megközelíthetetlen lányként viselkedett? Nos, hasonló okkal magyarázható a másik komikumba torkolló történet is, melyet Zsógáb mesél el:

- Nyárvégi, holdvilágos késő este ballagtam haza a csendes faluvégi utca keskeny járdáján, amikor szemben megpillantottam egy gyanús férfialakot. Miért volt gyanús? Akkor sem, ma sem tudom megmagyarázni. Mindenesetre a bizonyosság kedvéért elindultam a járdával párhuzamos kocsiút felé. Akkor lepődtem meg igazán, amikor a gyanús alak is megcélozta a kocsiutat. Hirtelen futásnak eredtem, és beszaladtam a házunk előtti családi házba, ahol korombeli fiútestvérek laktak édesapjukkal. Amikor a bejárati ajtóhoz értem, az addig csöndben kussoló kutya mérges morgással, vicsorogva felém iramodott. Ijedtemben beugrottam a konyhába, és jó reggelt köszöntem.

A konyhában tartózkodók nem tudták mire vélni a dolgot, hiszen a lány nem volt gyakori vendég náluk, máskülönben pedig nem reggel, hanem késő este volt. Hogy mivel magyarázta Zsógáb a késői látogatását, arra már nem emlékszik, mindenesetre időt nyert: eltűnt a gyanús alak az utcából. Ő pedig szégyenében kínos kacagásban tört ki, majd elcsendesedve benyitott a saját házuk ajtóján, mintha mi sem történt volna. Felnőtt fejjel gyakran elmosolyodott a történteken már csak azért is, mert zavarában nem ismerte meg a támadóit. A hangjuk is eltűnt a félelem rejtekében. Lehet, hogy később gyakran találkoztak? Sohasem tudta meg. A történtek örök homályba merültek. Zsógáb, attól tartva, hogy kinevetik gyerekes viselkedése miatt, szüleinek, de testvéreinek sem mesélte el izgalmas kalandjait. Hősünk elutasított mindennemű erőszakot, érthető hát, hogy megrémisztették az ilyen közeledések.

1958 nyarát írták. Hosszú távú kereső foglalkozásra helyben semmilyen lehetőség nem kínálkozott. Időt kellett nyerni, átmenetileg valamilyen munkát vállalni, amely a tehetetlenségből való elmozdulást jelentheti. Falujukban – az '56-os érintettség okán – egyetlen gyors lehetőség kínálkozott, az idénymunka.

Jobb híján nővérével együtt elszegődtek cséplőgéphez törekhordónak. Sohasem végeztek még ilyen munkát, ugyanakkor volt tapasztalatuk más paraszti tevékenység nehézségét illetően. Ennek ismeretében bíztak saját akaraterejükben és kitartásukban. Az elvégzett törekhordásért terményben fizettek, ami pótolta a saját földjükön megtermelt élelmiszer-szükségletet. Már az első nap óriási csalódással ért véget. Nehéz volt a saroglya, égetően tűzött a nap, törekporral telített a levegő. Orruk és torkuk, szemük és fülük tele lett szálló törekporral. Az izzadság csípte a szemüket, égette bőrüket, köhögtek, prüszköltek mindketten. A hatalmas szérű felett felhőként lebegett a por, nem volt védelmet nyújtó menedék számukra. Így telt el az első nap (mint a többi is) pirkadattól napnyugtáig. A nehéz fizikai munkában szerzett tapasztalatuk ellenére erre nem számítottak. Alig várták az ebédidőt. Nos, délre már úgy elfáradtak, hogy ujjaik elgémberedtek, nem engedelmeskedtek tovább, attól féltek, hogy markukból kiesik a saroglya. Nem esett ki, tovább vitték a töreket a cséplőgéptől a gyűjtőhelyig. Ebédre legtöbbször hideget ettek, szabadban aludtak, mert messze volt a szérű a házuktól. Munka után lajtos kocsiból mosakodtak. Az első nap elteltével úgy érezték, nem bírják ki a cséplés végéig. Tévedtek. Annak ellenére, hogy mindennap újra kezdődött a megpróbáltatás, a „nem bírom tovább", végig kitartottak a cséplési szezon alatt, ami körülbelül három-négy hétig tartott. Szüleiknek nem panaszkodtak, nekik is megvolt a saját bajuk, nem akarták még ezzel is szomorítani őket. Zsógáb életét még nehezebbé tették az ízetlen tréfák, megjegyzések. Tagbaszakadt, erős, fizikai munkához szokott ifjak gyakran odaszóltak: „Mi van, kislány, ezért érdemes volt érettségizni? Ezt a munkát tanulás nélkül is csinálhattad volna. Nem félsz, hogy a teher alatt kettétörik a darázsderekad"? Zsógáb lenyelte a keserű pirulát, és végezte tovább a munkáját. Nem vett tudomást a gúnyos megjegyzésekről, bár mélyen érintették. Otromba megnyilvánulásuk nem tántorította el a két lányt, sőt megerősítette. Bebizonyították, hogy érettségivel is lehet kétkezi munkát végezni, és a vállalásukat teljesíteni. A cséplés befejezése aratóbállal végződött, amelyen ő is részt vett. A megalázó megjegyzéseket elfelejtette, különben is a mai napig vonzódik az egyszerű, szókimondó emberekhez. Milyen jól tette, hogy maradt. Csoda történt! Az annak idején jó hírt hozó, párhuzamos osztályba járó srác, Gyurka, aki a szalagavatón is hiába kutakodott utána, mintha égből pottyant volna elé, táncra hívta. Kellemesen telt az éjszaka, élvezték a zenét, testük ütemes ringását. Beszéddel nem törték meg a pillanat és az együttlét varázsát. Mint utólag kiderült, Gyurka már felvételt nyert az egyetemre, de tapintatból nem dicsekedett vele. Iskoláról, tanulásról szó sem esett.

Mint már említést nyert, mégsem lehet elégszer mondani: főszereplőnk mindig is nagyon szeretett és tudott táncolni. Megszűnt a külvilág, élvezte a zenét, és csak a belső hangra figyelt. A zene és a tánc elvonták figyelmét a gondoktól, s erre életében gyakran szükség volt. A srác ezt ösztönösen megérezte? Vagy talán az adott helyzettel önmaga is sajátjaként azonosult? Ki tudja ezt már utólag megítélni? Nem ez a fontos, hanem az, hogy kettőjük között mindez működött. Valahogy így történhetett, hiszen később kiderült, mindkettőjük életében örökké emlékezetes nyomot hagyott az aratóbáli találkozás. Lassan pirkadni kezdett, a mulatozók is fogyatkoztak, a zene egyre halkabb lett, ezzel együtt a srác is elillant, nem beszéltek meg semmit, ugyanúgy, mint annak idején, a gimnázium udvarán. Zsógáb is elfelejtkezett az esetről, mígnem egyszer levelet kapott az időnként, ám mindig jó pillanatban felbukkanó fiútól. Erről még később esik néhány szó.

Hamarosan vége lett a nyárnak, a falevelek különböző színű ruhákat öltöttek, majd azt is megunva, pihe szárnyakon szállva lehullottak. Árván maradt kopasz ágaik kétségbeesetten meredeztek a végtelen, a még mindig kéklő – ám egyre inkább elérhetetlennek tűnő – ég felé. Az éjszakai levegő didergőre fordult, a nap sugarai is elhalványodtak, majd szégyenlősen a horizont alá buktak. Egy-két tűlevelű fa mutogatta büszkén örökzöld lombjait.

A természet álomba merült, elcsendesedett, ám az iskolák falai életre keltek. Zsógáb bármerre ment, az utcákon, az iskolák kapui előtt gyerekzsivajt hallott. Szinte maga előtt látta az egyetemek, főiskolák körül itt-ott csoportba verődő, máshol sietősen inaló fiatalokat. Bármennyire igyekezett a fel-feltűnő, ám számára reményvesztett képeket látomásaiból kitörölni, vagy legalább is halványítani, nem sikerült.. Világító lidércként újra és újra erőszakosan jelentek meg képzeletében. Ezek a képek nyomorgatták megsebzett lelkét. Kínlódásai közepette végleges elhatározásra jutott. Felutazik a fővárosba, ahol biztosan kap valamilyen munkát. Úgy okoskodott, hogy dolgozik néhány évet, és ha megismerik, munka mellett levelezőn továbbtanulhat. Mint mindig, most is bízott magában. A nővére és húga már ekkor Budapesten dolgozott. Nővére egy befolyásos családnál – szüleik távollétében a gyerekeket látta el – dolgozott. Nem keresett sokat, de szállást és teljes ellátást kapott, így a fizetését megspórolhatta. Húga egy belvárosi patyolatban dolgozott mint eladó, később boltvezetői beosztásban.

Értesítette nővérét a szándékáról, aki munkaadóinak beszámolt testvére terveiről. Miután nővérét megbízható, értékes munkaerőnek tartották, úgy döntöttek, segítenek alkalmazottjuk húgán. A megbeszélt időpontban Zsógábot az asszony a hivatalában várta. A hölgy udvariasan, közvetlenül, ám nem leereszkedő modorban fogadta, így pillanatok alatt kölcsönös szimpátia alakult ki kettőjük között. Elhangzottak a kérdések: milyen iskolát végzett, milyen eredménynyel? A válaszokon felbuzdulva az asszony a telefonra tette a kezét, és körülbelül a következőket hadarta:

- Szó sem lehet semmilyen munkáról, egy telefonomba kerül, és az ország bármelyik egyetemére boldogan felveszik. Zsógábnak elállt a lélegzete, alig tudta kinyögni, hogy jelenleg nem akar továbbtanulni, pénzt kell keresnie. Jóakarója próbálta meggyőzni, hogy olyan ösztöndíjat fog kapni, hogy még haza is tud küldeni belőle. Zsógáb egyre csak azt hajtogatta, hogy pénzt kell keresnie, dolgozni szeretne. Attól félt, bármelyik egyetemen megemlítik a nevét, kiderül a múltja (jelene). Ugyanakkor jótevőjét és nővérét sem szerette volna kényelmetlen helyzetbe hozni. Végül abban egyeztek meg, hogy tanuljon védőnőképzőben, ahol rövidebb idő alatt szerez diplomát, és segíthet szülein. Zsógáb dédelgetett álmait – a tanári pályát – feladva kelletlenül ugyan, de beleegyezően bólintott.

Felmerült benne a kérdés. Feladta elveit, elhallgatta az igazságot? Nos, úgy vélte, az adott körülmények között nem, hiszen nem kérdezték az '56-os eseményekkel kapcsolatos érintettségéről. Nővérével sohasem beszéltek arról, hogy munkáltatója mennyire ismerte alkalmazottja családi körülményeit, édesapjuk szerepét a forradalom idején. Különben is, a rendszerváltásig a forradalom és szabadságharc egyetlen családban sem volt téma. Tabuként kezelték olyannyira, hogy még a gondolatát is bűnnek tekintették. Zsógáb is csak most ébredt rá, mennyire más volt az a világ, átmosták az emberek agyát. Még csak nem is hiányzott, hogy nem beszélhettek a forradalom és a szabadságharc eseményeiről, a végzetes árulásról. Jelenleg pedig nincs módjában a kérdés tisztázása, mert nővére immár hat éve elhagyta a számára több szempontból is kegyetlen földi világot. A kérdezés nélküli – sőt egyáltalán bármilyen – véleménynyilvánítással rossz tapasztalatai voltak. Az egyetemi felvételre való jelentkezéskor erről ugyanúgy megbizonyosodott, mint később, évtizedeken át. Élete folyamán gyakran tapasztalta, hogy az igazsághoz való hűsége megbosszulta magát. Őszintesége és nyitottsága miatt gyakran került hátrányos helyzetbe. Pedig a férje állandóan figyelmeztette: „Ha kérdeznek, csak akkor válaszolj és csak annyit, amit feltétlenül muszáj, egyetlen szóval sem többet. Ebből nem lehet baj." Ám a jóindulatú intelemhez nem mindig sikerült tartania magát.

A kettős mérce, „az apák miatti bűnhődés" lehetővé tette, hogy előnyben részesülhettek arra érdemtelen, kevésbé felkészült diákok. Az egyik frissen végzett munkatársa mesélte, hogy '57-ben nem felelt meg a felvételi követelményeknek, elutasították az egyetemről. Ősszel viszont kapott egy megkeresést, hogy mégis felvételt nyert az orvosira, mivel a szelektálás és a disszidálás után kevesen maradtak az orvosi egyetemen.

E kis kitérő után, visszatérve az eredeti témához, jótevője felemelte a telefont és tárcsázott. A Szegedi Védőnőképző Intézet igazgatónőjével meg is egyeztek az időpontban, amikor is Zsógábnak jelentkeznie kellett.

9. fejezet

Szülei boldogok voltak, hogy mégis továbbtanulhat másodszülött gyermekük. Zsógáb tele volt kételyekkel. Október közepén többhetes lemaradása volt, latint nem tanult, reáltagozatos gimnáziumba járt. Hogyan fogja mindezt bepótolni? Aggodalommal töltötte el az is, hogy mi lesz, ha kiderül az édesapja '56-os szerepe az akkor még ellenforradalomnak minősített eseményekben. Támogatója ez irányú kérdéseket nem tett fel ugyan, de a Párt karjai polipként hálózták be az egész országot. Mit lehetett tudni? Napokig vívódott, gyötrődött ezen, furdalta a lelkiismeret.

Zsógáb azt is felmérte gondolatban, hogy a visszaút már bezárult mögötte. Vállalta a rizikót, mert mást már nem tehetett. Elképzelte magát világoskék ruhában, fehér köténnyel és fityulával úgy, ahogy pártfogója lefestette.

– A védőnői gyakorló ruha nagyon jól illik majd a szőke hajához és sötétbarna, szomorú szemeihez.

Hősünk tekintete mosolygósra fordult, szemei a távoli jövőt firtatták, és már nem is tűnt olyan rossz ötletnek a védőnőképző.

A megbeszélt időpontban jelentkezett az igazgatónőnél, aki kedvesen fogadta, és elkísérte a részére fenntartott hálószobába. Megmutatta a 8 férőhelyes hálóterem egyetlen szabad ágyát, amely főszereplőnkre várt. Megtörtént a bemutatkozás, majd az igazgatónő távozott. Az új szobatárs kis poggyászát maga mellé téve megállt az árválkodó emeletes ágy sarkánál, és nagyon el volt keseredve. A lányok szeméből kiolvasta, hogy nem szívesen fogadják. Elhagyatottnak, betolakodónak érezte magát. A magányossággal törvényszerűen együtt járó bizonytalanság és félelem uralkodott el rajta, míg az egyik hallgató mégis megmutatta, hová helyezheti el cókmókját.

Alig telt el néhány nap, a szobatársak véleménye nagyon megváltozott. Kacagva mesélték, hogyan utálták és a pokolba kívánták, amikor felemelt fejjel, karcsúsított, zöld kiskosztümjében megállt az ágy sarkánál. Zsógáb már korábban is tapasztalta, hogy az első találkozás, anélkül, hogy megszólalt volna, ellenszenvet váltott ki ismeretlen emberek körében. Matektanárnője szerint volt egyfajta kisugárzása, ami tudatától függetlenül önbizalmat, magabiztosságot kölcsönzött. Ez a megjelenési forma megkülönböztette az átlagembertől, amely irigységre inspirált másokat. A tanárnő azzal vigasztalta tanítványát, hogy „Jól jegyezze meg: mindig jobb, ha irigykednek magára, mintha sajnálnák!"

Ugyanakkor tapasztalatai alapján Zsógáb biztos volt abban, hogy ha megismerik, megváltozik a róla kialakult kép. Mindig ez történt. Segítségére sietett ebben tőle elválaszthatatlan őszintesége, segítőkészsége.

Hamarosan eljött az első kollokvium ideje. Zsógáb keményen tanult, ám a képzőben kiérdemelt első jegye (anatómia) mégis csak négyesre sikerült. Elégedetlen volt önmagával, teljesítményével, pedig ő mindent megtett. Már a felkészülés első időszakában rájött, hogy sokszor saját jegyzetét sem tudja elolvasni. Ebben nyilvánult meg a latin nyelv ismeretének hiánya, amely kezdetben sok bosszúságot okozott, megnehezítette a vizsgákra való felkészülést. Második beszámolójuk alkalmával élettanból – csodák csodájára –, sokkal kisebb erőfeszítés ellenére jelesre vizsgázott. Nem volt ebben semmi csoda. Anatómiából rengeteg latin kifejezést megtanult, amelyeket az élettan tanulásánál már jól hasznosíthatott. Ahogyan szaporodtak a vizsgák, a mind több ismeret birtokában – amelyek egymásra épültek – egyre kevesebb időt vett igénybe a felkészülés és mindig jelesen, kitűnően teljesített. Többször előfordult, hogy egy-egy beszámoló előtti este kikapcsolódásként elment az operába vagy kedvenc mozijába. Később már a vizsgákra való felkészülés is sajátos módon történt. Néhány tétellel megelőzve évfolyamtársait előre tanult. Vacsora után leült a szoba közepén elhelyezett székre, társai körbeülték, és ő elmondta az első, majd a sokadik tételt. Minden tételt egyenként nyomban meg is beszéltek. A gyakorlat minden szereplő részére hasznosnak bizonyult. Zsógáb ismételt és ellenőrizte tudását, szobatársai pedig könnyebben elsajátították az anyagot. Méltán a legkedveltebb szobatárssá avanzsált főhősünk. Egyetlen problémával nem számoltak. A húsz-harmincadik tétel után Zsógáb úgy berekedt, hogy alig jött ki hang a torkán. A szobatársak ilyenkor megkegyelmeztek, és a vizsgák előtt egy-két nappal már befejeződtek a tételfelmondások. Hősünk torka pedig az addig használt és bevált házi kezelésre rendbe jött.

A közös tanulás nemcsak pozitív, hanem szinte egész életre szóló negatív hatással is párosult. Egyik szobatársuk, akinek édesapja gyárigazgató volt, anyagilag magasan kitűnt a többiek közül. Az anyagi bőség velejárójaként Jutka már erős dohányos volt. Hosszú, vékony, elegáns cigarettájával végigkínálta szobatársait. Szinte mindenki kipróbálta, sőt, az éjszakába nyúló hosszú órák alatt egyik-másik leány több cigarettát is elszívott. Zsógábot és persze Jutkát kivéve mindegyikük rosszul lett. A szoba levegője gomolygott a füsttől, míg a lányok agya a vérszegénység okozta oxigénhiánytól szenvedett. Egymást követve hányingerről, fejfájásról, szédülésről panaszkodtak. Ez utóbbiak sohasem gyújtottak többé rá. Ám Zsógáb – akinek meg sem kottyant az 5–6 szál elszívott cigaretta – ettől az éjszakától kezdve, ha lehetőség adódott, mindig rágyújtott. Pénze nem lévén nem vett magának cigarettát, de ha megkínálták, elfogadta. Bár az első doboz cigarettát sokkal később, az első fizetéséből vásárolta, mégis a közös tanulástól datálódott e káros szenvedély kialakulása.

Nos, mindent összevetve Zsógáb nagyon jól érezte magát a képzőben. Hosszú idő után először úgy gondolta, nem kell tovább tartania a leleplezödéstől. Végeszakadt a rettegéssel teli félelemnek, nem jöhet közbe semmi váratlan fordulat, gondolta. Boldog volt abban a közösségben, és megszerette azt a szakmát, amelytől eleinte idegenkedett. Fél év múltával már gyakorlatra is jártak, a Tisza partján fekvő klinikákra. Nehezebb lett az életük. Az egyenruhát a fityulával együtt maguk mosták, keményítették, vasalták. Az intézet nevelői nagyon szigorúan megkövetelték a tisztaságot, a fertőtlenítést, no meg a kézápolást. A körmöt tövig kellett vágni, értelemszerűen a lakk használata is tilos volt. A képzősök megtanulták a tapintás fontosságát, amely sok mindent elárult a beteg állapotáról. Tapintással lehetett észlelni a bőr turgorát, nyirkosságát, hőmérsékletét, duzzanatát, színváltozását, és bizonyos fájdalmakat. Ezek a tünetek segítették a betegség diagnosztizálását, a kór megállapítását. A hosszú, főleg a napjainkban gyakran tapasztalt műkörmökkel mindez kimaradt a betegek állapotának felmérésekor. Az ápolás-gondozás, sőt a prevenció egyik legfontosabb funkciója, az észlelés és a megfigyelés, mint az ápolás művészete napjaink ápolóinak a munkájából hiányzik – Zsógáb véleménye szerint.

A fő tantárgyakból (gyermekgyógyászat és szülészet-nőgyógyászat) a hallgatók leginkább éjszakai műszakba jártak, nappal órákat hallgattak és jegyzeteltek. Kivételt jelentettek a szigorlatok, amikor is a felkészüléshez már szabadidőt kaptak.

A gyermekgyógyászaton töltött első napok nagyon megviselték hősünket. A klinikai beteganyagra leginkább jellemző, ritka kórképekkel találkoztak a hallgatók. Testileg-lelkileg deviáns, görcsökben fetrengő, szellemileg leépült (veleszületett betegségekben szenvedőkel) csecsemőket, gyermekeket kellett ellátniuk. A nem várt negatív élmény olyan mély hatással volt Zsógáb érzékeire, hogy – úgy tűnt – egy életre elvette kedvét a gyermekvállalástól.

Ám a riadalom és az irtózás nem sokáig nyomasztotta hősünket. Alig egy-két hét után már a legbetegebb gyermekek voltak a kedvencei. Amikor a szülés közben megsérült csecsemő rángatózni kezdett, nyomban karjaiba kapta, és ott tartotta a görcsös állapot megszűnéséig. Így védelmezte a szerencsétlen gyermeket a rácsos ágy okozta sérülésektől. A klinikán elég sok leukémiás gyermeket kezeltek. Egy akkor 5 éves kislány, aki gyönyörű, kedves és nagyon értelmes volt, élete nagyobbik felét a klinikán töltötte. Hosszú, göndör, gesztenyebarna haja és csillogóan fekete szeme mindenkit megigézett A gyakori vérátömlesztéstől vénái már tönkrementek, megkeményedtek, nehéz volt beletalálni, ezért nagyon félt az újabb transzfúziótól.

Zsógábbal kölcsönösen megkedvelték egymást, sőt bizalmas kapcsolat alakult ki közöttük. Legnagyobb meglepetésre feltette a kérdést:

– Nővérke, neked van már katonád?

Főhősünk előbb nem értette, mire kíváncsi a kislány, mígnem ő szemlesütve megjegyezte:

– Egyszer én is szeretném, ha katonám lenne.

Kiderült, hogy a sok szenvedés ellenére szeretné megélni a felnőttkort. A nővérke erre igennel válaszolt. Megnyugtatta az aggódó kislányt.

– Igen, te is várhatod a szabadságra hazatérő katonádat.

A kislány – arcán távol ülő –, csillogó szemeivel, mosolyra fakadt arccal viszonozta háláját nővér barátnőjének.

Másnap vérátömlesztésre kellett vinni a kislányt. A könyörgő tekintetű gyermek sírva vette ígéretét kedvenc nővérkéjének, hogy ha az első próbálkozás nem sikerül, nem engedi további kínzását. Zsógáb – idegeinek tiltakozása ellenére – megígérte.

Persze, hogy nem sikerült, mire a kislány két kézzel markolta köpenyét, hogy „de megígérted"! Zsógáb, aki a gyermek fölé hajolva fogta a fejét (itt keresték a vénát), elvesztette eszméletét, és a gyermekre borult. Sem előzőleg, sem később nem fordult elő vele hasonló eset, pedig sokféle ritka betegséggel találkozott a klinikán. Végül sikerült a vérátömlesztés, és újra élvezhette a kislány bizalmát. Sajnos csak pár napig érezhette a gyermek odaadó szeretetét. Az incidenst követő 5. napon már üresen fehérlett a szeretett gyermeket magába ölelő ágyacska. A munkatársak szomorúan közölték, hogy kedvencük másnap reggel végleg elhagyta szenvedéssel teli, rövid kis élete földi világát. Nem adatott meg óhajának beteljesülése, hogy egyszer neki is legyen „katonája", aki elhalmozza őt szeretetével. Ekkor értette meg Zsógáb a mélyen lelkébe markoló tanulságot, hogy nincs kegyetlenebb dolog, mint a magatehetetlen, ártatlan gyermekek szenvedése. Ez az érzés beivódott zsigereibe, idegeibe, amely egy életre meghatározta a gyermekek iránti mérhetetlen szeretetét. Ma, 75 évesen is bársonyos, lágy mosolyra fakad, ha egy borzas gyermekfej ráemeli tiszta tekintetét. Mobiltelefonjának csengőhangja is gyermekkacajjal jelzi a másik fél hívását. Ez is egyfajta hűséget jelent, amelyben kifejeződik a gyermekek, tágabb értelemben az emberek iránt érzett mélységes tisztelet.

Az intézet oktatói is felfigyeltek munkájára. A gyakorlatvezetők dicsérték ügyességét, a betegek iránti empátiáját, tanulmányi eredménye is kitűnő volt. Beléptették a KISZ-be, majd hamarosan évfolyamtitkárrá választották. Zsógáb viszont túl gyorsnak érezte a tempót, mint a szerelmes lány a testi kapcsolat kierőszakolását. Ugyanakkor nem volt más választási lehetősége. Most nem választhatott a rossz és a kevésbé rossz között, csak a végzetes rosszat választhatta volna. Biztos volt benne, ha nem fogadja kellően a „megtiszteltetést", gyanússá válik, amelynek következményeit nem vállalhatta. Túl sok áldozatot hozott, és már túl sok munkát fektetett bele, hogy kockáztassa a képzőből való kizárását. Úgy ítélte meg, ezzel nem követ el hazugságot, főleg nem bűnt, csupán érzelmeit nem tárja a nyilvánosság elé. Ezzel nem árulja el hitét, nem követ el hűtlenséget. Úgy gondolta, hogy elveit, hitét nem tagadja meg mindaddig, amíg becstelenséget nem követ el embertársai ellen. Ő is ebben a társadalomban – ami nem saját választása – kénytelen élni, ezért törvényeit a moralitás határáig be kell tartania.

Azzal nyugtatta magát, hogy minden rendben lesz. Megszerette a szakmát, amitől eleinte idegenkedett. Mindennap örömmel ment a klinikai gyakorlatra, azzal a biztos tudattal, hogy megint segíteni fog a rászorultakon. Tavasztól őszig, amikor nappalos műszakra volt beosztva, igyekezett korábban indulni, hogy élvezze a Tisza-partot.

Ilyenkor a reggeli fényben elterülő, ezüstösen szőke folyó hatalmas erőt sugárzott a fölötte védelmezőn ráboruló, hasonló színű égbolttal. Majd a mindinkább kéklő égboltot uraló nap egyre erősebb sugarai aranyló nyalábbal cikáztak a hömpölygő folyó felszínén. A friss levegőt harapni lehetett, és a párával átitatott föld szaga azt a valóságot tükrözte, amely falujára emlékeztette. Nos, ez kedvezett Zsógáb hangulatának. Úgy érezte, a természet minden kincse – a föld, a víz, a levegő és a nap képében megjelenő tűz – csak és kizárólag őérte él, lélegzik, és ereje, szépsége csak is őt védelmezi. Mozdulatai a csodák után immár könnyeddé váltak, és feladataira gondolva sietősre vette lépteit. Érezte, hogy ezt a napot már nem ronthatja el semmi. A természetben rejlő erő testébe, lelkébe költözött, amely azt sugallta, ma mindennel megbirkózik. Nem volt ebben semmi különös, legalább is Zsógáb szemében nem. Nos, beteg emberekhez sietett, akik segítségre szorultak, ő pedig mindent megtett, hogy szükségleteiket kielégítse. Fontos volt számára, hogy minden műszak végén elmondhassa, hasznos munkát végzett, és ez a megállapítás nyugalommal töltötte el. A tanulás is könnyen ment, a vizsgák sem jelentettek különösebb megterhelést. Békesség, elégedettség lengte körül mindennapjait.

Ebbe az idillinek mondható élettérbe villámként hatolt be a Zsógábot ért első, igazi, mindent elsöprő szenvedély, a szerelem. A családi összejövetelen, ahová utolsóként érkezett, már felforrósodott a hangulat. Szólt a cigányzene, kipirultak az arcok, boldogság hullámzott az ünneplő tömegen. Hősünk megölelte nővérét, a menyasszonyt és új rokonát, a sógorát. Köszöntötte szüleit és testvéreit, a rokonokat és ismerőseit. A dúsan terített asztalhoz ült, és nekilátott az ünnepi lakomának. Ám alig evett pár falatot, nem találta helyét. A zene ritmusa az éhségnél erősebben hatott érzékeire, lábai életre keltek a megterített asztal alatt. Még körül sem nézett, amikor a semmiből előbukkant és táncra kérte egy ismeretlen, jól öltözött, jól fésült fiatalember. Matyas, aki egész lényével kitűnt a többiek közül, röpke pillanat alatt elvarázsolta. Zsógáb a legtermészetesebb módon testével, lelkével átadta magát a zene ritmusának, lebegő piheként repült a parketten. Olyan érzés kerítette hatalmába, mintha ezt a férfit már réges-régen ismerte volna.

Mozdulatai, gondolata, ajkának, szemének minden rezdülése ismerősként hatott érzékeire, pedig valójában azt sem tudta, hogyan került ide, ki fia-borja. A legtermészetesebb módon fogadta, amikor partnere forró ajka gyengéden és hosszan tapadt az övére. Elcsattant az első igazi csók hősünk életében. Ezt a szenvedéllyel teli, mégis természetes érzést még sohasem érezte. Ez volt az a pillanat, amit minden leány vár, amikor megjelenik életében az a bizonyos „herceg a fehér lovon". Reggel aztán jött a kijózanodás. Nővérét már új otthonában otthagyva, családja többi tagjával lovas szekéren hazaindultak a szülői házhoz. Nem sok ideje maradt töprengésre, másnap kora reggel már vitte a vonat új otthonába, a kollégiumba. A maga mögött hagyott nap múló ködként, álomként élt emlékezetében. Eszébe sem jutott, hogy az álomszerű találkozásnak lesz még folytatása. No lám, legnagyobb meglepetésére mégis férfias illattal átitatott levél várta a védőnőképző portájánál. A feladót látva türelmetlenül tépte fel az „úgy jelentél meg, mint egy démon, az egész lakodalmas népnél egy klasszissal szebb és csinosabb voltál, meglátni és megszeretni pillanat műve volt, szép pillanat" kezdetű szerelmes levelet. A szöveg ismerősnek tűnt, ám a szerző homályban maradt. Mindez együtt sem befolyásolta a főhősre mért hatását.

A vallomás oly erősen hatott Zsógáb érzelmeire, érzékeire, hogy a tiszavirág életű kapcsolat ellenére hosszú időre meghatározta szerelmi életét. Hogy miért lett vége? Mindig kettőn áll a vásár, szokták mondani. Velük is ez történt. Nagy volt a távolság, csak ritkán találkozhattak. Zsógábot igen, de a meglett férfit nem elégítette ki a plátóinak mondható kapcsolat. Gyors egymásutánt követve cserélődtek a levelek, melyben a férfi újabb találkozást sürgetett. Még találkoztak néhányszor, amikor fél éjszakát átmulatva alig tudtak elválni egymástól, de a kora reggeli órákban a főhőst már Szeged felé röpítette a gyorsvonat. Az utolsó, talán negyedik találkozással vége szakadt a romantikus szerelmi kalandnak. Nem váltottak több levelet, ámde ez nem volt olyan egyszerű, mint amilyennek leírva tűnik. Egyszer csak kiderült, hogy Mathyas unokahúga, Zsófi Zsógáb egyik évfolyamtársa. Az unokahúg próbált közvetíteni a szerelmesek között, ám Zsógáb sértettebb és büszkébb volt annál, hogy mindezt észrevegye. Úgy viselkedett, mintha a tanító bácsi semmit sem jelentett volna számára. A történethez még hozzátartozik, hogy a Mathyassal töltött utolsó éjszakán újra találkoztak Írisszel, a barátnővel is a táncparketten. Mindketten saját lovagjukkal táncolták a szerelmesek táncát, a tangót, majd a felszabadultság jelképét megtestesítő könnyű keringőt. Nem mutatták be egymásnak partnerüket, amiért később egy levélben Írisz féltékenységgel vádolta barátnőjét.

Zsógáb komolytalannak tartotta a megjegyzést, hiszen sohasem fordult elő, hogy Írisz elhódíthatta volna partnerét. Másrészt Írisz is kezdeményezhette volna a bemutatkozást. Nem tette. Miért nem? Valószínűleg azért, amiért Zsógáb sem, hiszen ekkor a két lány között már érzelmi, baráti kapcsolat nem volt. Képzős korában újra körülrajongták a hódolók a védőnő hallgatót. Ez nem volt újdonság egy csinos lány életében, főleg egy egyetemvárosban. Zsógáb viszont nem tudta, de nem is akarta komolyan venni a közeledést. Szenvedett, mint az a bizonyos kivert kutya, de női büszkesége továbbra sem engedte a kezdeményezést szerelme, Mathyas felé. Hosszú időn át hűséges maradt ahhoz a férfihoz (az érzéshez), aki az első igazi szenvedélyt gyújtotta fel benne. Képzős évei alatt mind végig, ez a szenvedély tartotta rabságban.

Ez akkor is igaz volt, ha a későbbi véletlen, talán nem is mindig véletlen találkozásaik ráébresztették arra, hogy a kettőjük közötti kapcsolat nem valódi szerelem, csupán szenvedély, kémia volt. Ilyenkor elgondolkodott azon, hogyan ejthette hosszú időre rabul az a férfi, aki az átélt pokoli szenvedés utáni újabb találkozáskor már nem jelentett számára semmit.

Szobatársai hiába figyelmeztették, hogy „ne legyen annyira büszke női mivoltára", mert ez megközelíthetetlenné teszi. Zsógábnak egyetlen válasza volt, amit könnyes szemekkel, kacagva ismételt: Nem tehetek róla, imádom Mathyast. Gyakori eset volt, hogy a képzős lányok medikusokkal jártak együtt, hiszen a közös gyakorló területen – a különböző klinikákon – nap mint nap találkoztak. Hol az egyik, hol a másik lány hozott üzenetet orvostanhallgatóktól, hogy szeretnének vele találkozni, megismerkedni, ám főhősünk a közeledés minden formáját elhárította. Az elutasítás nemcsak Matyas miatt volt, Zsógáb elvi kérdésnek tekintette – ma már beismeri, butaság volt –, hogy orvostanhallgatóval nem kezd kapcsolatot. Félt a csalódástól. Minőségi, ám egyszerű életet álmodott magának. A megérzés helyességét ifjú kori életének korai szakaszában tapasztalatai – eleinte – visszaigazolták, amikor védőnőként belelátott az orvosházasságok mindennapjaiba. Az állandó készenlétbe kényszerülő orvos házastársa unatkozott, magányossá vált. Nem egyszer volt tanúja annak, hogy az orvosfeleség alkoholizmusba menekült a jólét és a magány együttes hatására. Később már nem volt biztos akkori előítéletének, döntésének helyességében. Azt tapasztalta, hogy a házasságok zátonyra futásának számtalan okai lehettek.

Mégis, rá nem jellemzően, hősünknek most, a sebeit nyaldosva csak Mathyas körül járt a gondolata anélkül, hogy bármit cselekedett volna. Mint később kiderült, ez az értelmetlen önsajnálat megakadályozta abban, hogy esélyt adjon egy korábban elkezdődött, de a körülmények miatt akkor meg nem valósulhatott kapcsolatnak.

Váratlanul érkezett egy levél attól a srácról, aki gimnazista korában édesapjától hozott hírt a járási börtönből. Attól a kedves, gimnazista tizennyolc évestől, akivel később olyan hihetetlenül és váratlanul az aratóbálon találkoztak. Attól a már hirtelen felnőtt férfitől, akivel – csak úgy véletlenül – átmulatták az egész éjszakát. Nagyon kedves, minden tolakodástól vagy csöpögő máztól mentes leveléből kimondhatatlan gyöngédség sugárzott. Leírta, hogy elválásuk után mindenfelé érdeklődött utána, míg végül egy volt osztálytársnőjétől kapta meg a levelezési címet. A srác szerénységét, önzetlenségét mutatta az is, hogy levelében utalt rá, hogy nem szeretné zaklatni, hiszen lehet, hogy Zsógáb már rég elfelejtette. Nem is emlékszik a levél írójára, de meg kellett próbálnia, mert ő „nem felejtette el, nem is fogja". Később ízlelgette hősünk a három utolsó szó finomságát, hitelességét pontosan azért, mert a „soha" szó nem volt benne. Erre a térben és időben meglehetősen széthúzott kapcsolatnak sem mondható kötelékre Zsógáb úgy emlékszik vissza, mint életének egyik, talán méltatlanul elszalasztott szakaszára. A néhány csendes, mégis bensőséges találkozásra mindig, nos, most is szívesen és hűséggel gondol vissza. Hűséges maradt a srác részéről feléje sugárzó őszinte, tiszta érzelemhez. Az egyetlen első és utolsó levelét, amelyet Zsógáb – az önsajnálattól elvakulva – még csak válaszra sem méltatott, ma is kincsként őrzi. Nem volt szerelmes a srácba, de leveléből megfontolt komolyság, őszinte érzés sugárzott mindenféle esküdözés nélkül. Ha abban az időben nem az értelmetlen önsajnálattal van elfoglalva, esetleg másképp alakulhatott volna kettőjük viszonya.

Életében, ha voltak is hullámvölgyek, viharok ebben az időszakban – inkább csak érzelmi téren –, úgy tűnt, a munkáját érintő érdeklődésén kívül egyhangúan teltek napjai. Egymást követték a különböző szakterületen végzendő gyakorlatok, az azt követő kollokviumok, szigorlatok. A veszélyről árulkodó jelek már csak a múltat idézték a jelen ígéretével, mígnem gyanús dologról suttogtak az intézet hallgatói.

Eljött az első karácsonyi szünetnek nevezett valami, azért csak „valami", mert csak három napig tartott, mint később is mindig. Visszatérve az intézetbe kiderült, hogy egyik évfolyamtársuk nem tért vissza. Érdeklődésükre megtudták, hogy többen is otthon maradtak. Oktatóikat kérdezgették, de csak homályos válaszokat kaptak: „ezek a lányok családi okok miatt nem folytatják tanulmányaikat". Ugyanakkor továbbra is suttogás vibrált a levegőben, ami kételyeket ébresztett a hallgatók körében. A diákok értesülése szerint az intézetvezetés fülébe jutott, hogy esténként az egyik szobában összegyűltek a vallásos lányok, és zsoltárokat énekeltek, majd imát mormolgattak. Miután ez napvilágot látott, nemkívánatos személyekké váltak „az énekelgetők", és kitiltották őket az intézetből. Hogy valóban így történt? Igen. A gyanú valódiságáról később, mint dolgozó védőnő személyesen is meggyőződött Zsógáb. Az egyik bölcsődelátogatása alkalmával meglepődve vette észre, hogy ismerős emberrel találkozott. Nagyon megörültek egymásnak, mert az ismerős arc nem volt más, mint hajdani évfolyamtársa, aki most gondozónőként dolgozott. Ő mesélte el hiteles történetüket, ami megegyezett az intézetben hallottakkal. Mielőtt felfedte volna a titkot, hősünknek esküt kellett tennie, hogy soha, semmilyen körülmények között nem beszél erről senkinek. Hallgatásra ítéltettek mindketten, különben a legjobb esetben is az állásuk forgott veszélyben.

Az iskolában történt szomorú esettől eltekintve nem volt oka panaszra. A történtek hallatán kissé megingott ugyan, de összességében mégis jól érezte magát. A tanulás körül minden rendben volt, a klinikai gyakorlatot nagyon élvezte. A mindennapi séta a Tisza-parton télen is felüdítette. A hófedte Tisza-parti sétány fehérsége, a Tisza mozdulatlansága, az üdítően friss levegő nyugalmat hozott félelemtől újból felzaklatott lelkébe. A szőke folyó évszaktól függetlenül mindig lenyűgözte és meghatotta.

Tavasztól télig csodálta hullámainak mélységében, színeinek változékonyságában megnyilvánuló rejtélyeit. Télen pedig elmerengett tükörsima, rideg keménységén. Mindkét állapotában lenyűgözte az emberi mércével mérhetetlen, ha úgy tetszik, fékezhetetlen ereje. Szegedre, a képzős évekre gondolva a folyóról mindig ezek a képek jelentek meg képzeletében.

A lányok eltűnése miatt mégis kétségek gyötörték. Vajon megússza-e? Kiderülhet '56-os érintettsége? S ha igen, hogyan tovább? Ezek a kérdések a diploma megszerzéséig, ha egy-egy pillanatra is, de mindig ott motoszkáltak Zsógáb gondolatvilágában.

Optimizmusra való hajlama és az élet apró szépségei, sikerei mindig megvigasztalták. Ezekből is kapott bőven. Lelkesedéssel (sokak szerint a buták jellemzője) töltötték el a tanulásban, a szakmai gyakorlaton elért eredményei, a szobatársak figyelmessége, az esetenkénti hazautazásra való boldog készülődés. A gyakran zsúfolt teendők árnyékában legtöbbször fáradtan zuhant ágyába, és mély alvásba merült. Ilyenkor elkerülték a veszélyre emlékeztető gondolatok. Segítették ebben a képző hagyományai is. Színház- és koncertbérletük volt, évenként kétszer táncos-zenés mulatságról is gondoskodtak az intézet vezetői.

A hallgatók többsége szegény családból került a képzőbe, érthetően csak a kakasülőre tudtak jegyet venni, de élvezhették a zenét, a színészek játékát. Szemük helyett leginkább csak a fülükre hagyatkozhattak a szereplőktől való nagy távolság miatt. Fejüket a padra lehajtva, mélyen átérezve a zene mondandóját, gyönyörködtek a hallottakban. A képző elvégzése után – időhiány és anyagi okok miatt – Zsógáb hosszú éveken keresztül ezekből az élményekből táplálkozott zenei téren. Ha zenét hallott, szégyenkezés nélkül ütemesen ringatta magát akár álló, akár ülő helyzetben. Ez az életet igenlő élmény végigkísérte egész életén át, s a kilátástalannak tűnő helyzetekben, ha átmenetileg is, elűzte sötét gondolatait.

Egyesek rásütötték, hogy naiv, mások idealistának tartották, de Zsógábról mindez lepörgött. Nemegyszer megjegyezte:
– Nem valódi hús-vér ember az, akinek semmilyen szenvedélye sincs, ha csak esetenként, vagy átmenetileg is.

Természetesen ezt úgy értette, ha ez a „szenvedély" nem megy a realitás, a következetesség, a mértékletesség rovására. Fontos döntéseiben igenis mindvégig racionális maradt. Ez a két lábon állás, földön járás, logikus paraszti gondolkodás diplomás emberként is hatással volt életére. Észérvekkel tűzdelt gondolkodása határozta meg mindvégig fontos döntéseit. Ennek köszönhette hűségét elveihez, szeretett családjához, hazájához. Racionalitásának köszönhette a hullámvölgyekkel tarkított, ám mindig optimista és reménységet sugárzó jövőbeni életét.

Vége lett a nyárnak. Az időnként meglebbenő szélben tarkán hullámoztak a képző udvarán gyökeret eresztett öreg fák lombkoronái. Leveleik, mint ősszel a legyek, céltalanul kóvályogtak a levegőben, míg élettelenül nem hullottak alá az udvar fövenyére. A szunnyadásra, pihenésre készülő természetet a hallgatók zaja tartotta ébren a kerékpárral köröző, időnként bukdácsoló gyakornokok révén.

A végső megmérettetés előtt a városi és falusi gyakorlat megkezdéséhez mindenkinek el kellett sajátítania a védőnők által igénybe vehető közlekedési eszköz használatát: a biciklizés tudományát. Nem tűnt egyszerű dolognak, mert volt olyan hallgató, aki életében (21–22 évesen) először találkozott a szörnyűséges kétkerekűvel. Kárörvendő kacaj kíséretében, szégyenlősen próbálkoztak a kövérkés lányok, míg végül lepottyanva a szörnyűséges masináról, a hátukon fekve, rövid lábukkal az ég felé kalimpálva mint elhízott malackák érintették a biztonságot jelentő talajt.

Sikeres vagy kevésbé sikeres kerekezés után ki-ki elfoglalta a – 6 hét falusi, és 6 hét városi – gyakorló körzetét. A tanító védőnők mellett megkezdték a valódi védőnői munka elsajátítását. Zsógábnak szerencséje volt, mert mindkét gyakorlaton nagyon kedves, igazi ízig-vérig békebeli (50 év feletti) védőnőkhöz került, akik teljes önállósággal ruházták fel azzal együtt, hogy vigyázó szemeik minden tekintetben követték munkáját.

A szakmai munka mellett szórakozásra is nyílt lehetőség, ám mindkét esetben a tanító védőnők jóváhagyásával. A Borsod megyei gyakorlat idejére esett az évenként, Tapolcán hagyományosan megrendezésre kerülő Anna-bál. Zsógáb évfolyamtársával – akivel együtt is laktak a gyakorlat idején – életében először részt vett a hagyományőrző bálon. A pattogó, majd andalítóan édes zene, szokás szerint magával ragadta hősünket. Élvezettel szemlélte az elegáns hölgyeket, urakat, miközben megfeledkezett szerényebb, diákos toalettjéről. Társával egy pohár üdítő mellett figyelték a színes fátyol mögött hullámzó embertömeget. Nem akart hinni a szemének-fülének, amikor egy elegánsan öltözött fiatalember táncolni kérte. Zsógáb naiv örömében boldogan nyújtotta felé karját, és szempillantás alatt átadta magát a zenés tánc varázsának, míg el nem tűntek a táncolók között. Meleg, nyárvégi szellő játszadozott, ami a táncparketten duplán érezhető volt. Ily' formán meg sem lepődött, amikor szimpatikus partnere csónakázni hívta a közeli tóhoz.

A tó vizén evezve kéjesen úszkáló vadkacsákkal és a hullámoktól meg-megrebbenő, lebegő tavirózsákkal bővült társaságuk. Alkalmi partnere cigarettával kínálta vendégét, amit Zsógáb a beszűrődő zene és jókedv okozta hangulathoz illően szívesen elfogadott. Kettőt-hármat szippantott a bódítóan illatos, karcsú cigarettából, és határozottan megszédült. Az ifjú bálozó gyorsan kijózanodott, és kérte partnerét, hogy evezzenek a partra. Ő próbálta maradásra bírni csinos partnernőjét, aki viszont gyanakodni kezdett, és hajthatatlan maradt. Az érzékei mellett most is a józanész győzött. Méltán vetődött fel a kérdés: lehet, hogy szerencséje volt az elsőbálos lánynak? A marihuánás cigaretta gyanúja megrémítette hősünket. Meg kell hagyni, hogy partnere viszont úriemberként viselkedett, nem alkalmazott erőszakot. Mindenesetre emlékezetes és tanulságos tabuként igyekeztek elrejteni, felejteni az első Anna- bál tapasztalatait, a képzős leányok. Végül különösebb baj nélkül megúszták a kiruccanást, de megfogadták maguknak, egymásnak, hogy legközelebb körültekintőbbek lesznek.

Második 6 hetes gyakorlatukon sem unatkoztak a lányok. Zsógáb édesapjának már említett sógornője ajánlott fel szállást és teljes ellátást a gyakorlat idejére. Arról a gyermektelen sógornőről van szó, aki annak idején elűzte árván maradt édesapját – nyugalmáért. A nagybácsi ekkor már nem élt. Viszonylag fiatalon, 62 éves korban agyvérzésben halt meg. Még a bácsi életében szerették volna örökbe fogadni Zsógábot vagy bármelyik testvérét. Persze nem sikerült. A lényegesen jobb körülmények ellenére sem a gyerekek, sem szüleik nem fogadták el a nagylelkű ajánlatot. A háznak két pedagógus férfi albérlője is volt. Úgy 30 év fölötti, nőtlen emberek voltak, akik közül az egyiknek nagyon megtetszett az ifjú védőnő gyakornok. Érzelmeit nem rejtette véka alá, sőt – segítséget remélve – közölte is bérbeadójával komoly szándékait. A gondoskodó rokon megpróbálta beadagolni Zsógábnak, hogy milyen jó parti a tanár úr. Anyagilag, társadalmilag biztos egzisztenciát kínál a fiatal lánynak. Biztos, jól fizető állása van, és túl van már mindenféle ifjúkori bohóságon – mondta a néni.

– Minden ifjonti szenvedélyen? – kérdezte Zsógáb. Éppen ez a „túl van már mindenen" jellem nem tetszett hősünknek. Ugyanakkor öregnek, aszottnak, fonnyadtnak találta az egész embert. Ám a tanár úr nem hagyott fel szándékával, rendszeresen testedzett, úszott, megpróbálta karban tartani magát. Egyik alkonyi szürkületben Zsógáb moziból hazatérve, az utcai kaput maga mögött hagyva rettenetesen megijedt. A szakszerűen ápolt előkerti füvön valamiféle nagydarab élőlény mozgását vélte felfedezni. A bejárati ajtóhoz közelítve szinte megrémült a látványtól, amikor a nem éppen ifjú férfiembert, sőt a komoly tanár urat nevetséges „gyertyaállásban" találta. Ez volt az utolsó csepp a pohárban, amely a visszavonhatatlan elutasításhoz vezetett. A kalandokkal vegyes, ám nagyon is hasznos védőnői gyakorlatnak vége lett, és a gyakorlatot vezető tanító védőnők nagyon szép minősítéssel bocsátották útjára hősünket.

A hazatért hallgatókkal újra benépesült a hetekig árván szomorkodó Tisza-parti védőnőképző. Elkezdődött a diploma megvédésére felkészülés időszaka, és pihenésképpen ezzel párhuzamosan a kifüggesztett álláshelyek „kóstolgatása". Az utolsó nekirugaszkodás, bár komoly tétje volt, Zsógábnak mégsem jelentett gondot. A tanulás mellett állandóan az lebegett előtte, hogy diplomával a zsebében végre a maga ura lesz, senki sem szólhat bele az életébe. Sikeresen vizsgázott, vörös diplomával a kezében hagyta el az Állami Védőnőképző Intézetet, és a csodálatos Tisza-parti klinikák épületeit. Várta már a megpályázott álláshely a Viharsarokban, szülőfalujához néhány kilométerre.

10. fejezet

Zsógáb 1960. október közepén fejezte be tanulmányait, és pár nap pihenő után, november elsején kezdte meg munkáját az általa kiválasztott falusi körzetben. A családjához való kötődés továbbra is fontos volt életében, ezért választotta első munkahelyéül a szülőfalujához közeli, másik viharsarki települést. A falu 2500–3000 lélekszámú, eléggé zárt közösség volt. Egyetlen kiemelt jelentőségű intézményének kerítésén, portaszolgálatán belül kapott lakást a védőnő. Nagyon szép helyen feküdt a szolgálati lakás és az épületegyüttes, amely magában foglalta a tanácsadót és a körzeti orvosi rendelőt is. Az egészségügyi létesítmény egy hatalmas parkkal övezett kastély utca felőli részén helyezkedett el. A kastély akkor már gyógypedagógiai intézményként működött, sok-sok 6–16 éves korú leánygyermekekkel, és ugyancsak sok pedagógussal.

Nos, Zsógáb számára nem várt élményt jelentett a csodás természeti adottságú, nebulókkal és pedagógusokkal benépesített környezet. Maga, a már ismertetett okok miatt, nem lehetett pedagógus, de most ők jelentették számára a munkatársat, a jóindulatú, mindenben segítő közösséget.

Noha szolgálati lakását az intézet által biztosított bútorokkal rendezték be, ám a jóleső melegséget sugárzó szőnyeget és függönyt az első fizetéséből vásárolta meg. Megtehette, mert alig volt kiadása. A napi kétszeri étkezését helyben, olcsón megoldották az intézet keretein belül. Jól érezte magát az egyszerűen, de otthonosan berendezett új otthonában. Barátokra is hamarosan talált a fiatal tanárok, felügyelők között.

Bár munkája nagyon lekötötte - mert egyetlen egészségügyi szakember volt a faluban -, mégis elégedett volt. A helyettesként dolgozó körzeti orvos hetenként kétszer járt át rendelni a szomszéd településről. A szintén fiatal orvossal megtalálták a közös nevezőt, belátták, hogy nagyon is egymásra vannak utalva. Kölcsönös bizalom alakult ki köztük. Zsógáb hamarosan olyan feladatokat is kapott, amelyek közvetlenül vagy inkább egyáltalán nem tartoztak a védőnői tevékenység körébe. Rendőrségi utasításra - nem egyszer éjszaka is - vért vett az ittas gépkocsivezetőktől, szülést vezetett le télvíz idején a megszűnt kisvasút pályatestén vajúdó kismamánál. Vérnyomáskontrollra hozzá jártak a falu öregjei, vizeletet ellenőrzött a cukor-, illetve vesebetegeknél. Mindezt szívesen csinálta kedves szóért, a falusi emberek szeretetéért és bizalmáért. Nos, mindemellett örömmel vállalta a plusz munkát, tudásának és tapasztalatainak gazdagításáért. Szorgalmának híre hamarosan eljutott a járási vezető védőnőhöz, akitől sok dicséretet kapott.

Hősünk életébe boldogság és régen megálmodott, végleges nyugalom költözött. Családlátogatások alkalmával ő is tanácsokat kapott új ételek, desszertek elkészítéséhez, amihez időnként nyersanyag is járult.

Az intézet dolgozóitól - akiknél gyakran vendégeskedett - megint másfajta recepteket, főzési-sütési praktikákat sajátított el.

Az új védőnő megjelenése felbolygatta a falu ifjainak életét úgy az intézeten belül, mint kívül. Mindenki az ő kegyeit leste. Zsógábnak tetszett a körülrajongás, de udvariasan elhárított minden közeledést, komoly kapcsolatra egyelőre nem volt felkészülve.

Kevés szabadidejét - ha nem utazott haza - a kastélykertben töltötte. Csodálta az évszakok váltakozását követő parkerdő színpompás virágait, élvezte azok illatát. Ámulattal figyelte a riadt őzikék földbe gyökerezett, karcsú lábait, az őshonos fák titkokat suttogó sóhaját. Nem tudott betelni a sűrű lombok között röpködő madarak látványával ugyanúgy, mint a vibráló trillájuk okozta zajjal. Hosszú nyári délutánokon akár órákon át is labdázott az intézetben gondozott – enyhén, közepesen vagy nagyon fogyatékos – leánygyermekekkel, akik simogató szeretetükkel, csillogóan sugárzó tekintetükkel duplán meghálálták a védőnő pajtáskodását.

Egyik ilyen játékos délutánon pillantotta meg későbbi férjét, amint karcsún, sugárzó jó kedvvel kerékpározott a kastély főépülete felé. A széles betonúton kerekező ifjú odafigyelésre késztette hősünket. Mi volt ez a késztetés? Jóleső érzéssel beletúrni kívánó, tömött, sötétbarna haja, tarka, feltűrt ujjú, mégis illatos fehérnek tűnő, nadrágkorcban szabályosan betűrt inge. Nos, minden külsőség mellett megbabonázta az ifjú felhőtlen jókedve, vonzotta a magabiztosan feléje sugárzó újfajta üzenet, a gondtalan nevető tekintet. Nem csoda, hogy néhány pillanat alatt megigézte mindaz a gátlástalan vibráló vidámság, ami Zsógáb életéből oly sokszor és oly hosszú időn át, talán ilyen szinten mindig is, hiányzott. Tudta, hogy ezt a srácot meg kell ismernie. Másnap be is számolt az egyik felügyelőnőnek terveiről. Ezt a srácot „megfogom" magamnak, mondta. Biztos volt sikerében, látszott a srác tekintetén, hogy neki is megtetszett a csinos védőnő. Egyébként a fiatal védőnő kegyeit kereste a falu férfi tagjainak apraja és nagyja, pontosabban minden korosztályban voltak imádói. A fiatal boltos fiú, a vállalati mérnök, az intézmény óraadó tanára, elkényeztetett birtokos legény, az idősebb tanárok, a gyógypedagógusok munkáját segítő felügyelőnő férje –, mind a tekintetét leste. Ez utóbbi feleség szégyenlősen vallotta be Zsógábnak, hogy nem attól fél, hogy elcsábítja férjét (ennél jobban ismeri), hanem attól, hogy miatta kiszeret belőle. Ahogy az intézet dolgozóit felbolygatta az ifjú védőnő megjelenése, úgy vallott szégyenlősen a főnök felesége is. Csak miután már alaposan megismerte a védőnőt, merte elárulni, hogy bizony féltette tőle férjét, ám végül belátta, alaptalanul.

Zsógáb nem tartozott a kacér, csábos nők közé, nem értett a férfiszédítés mesterséges fogásaihoz, mindig természetesen és őszintén viselkedett. Ennek ellenére csinosságán kívül – hiszen sok csinos lány volt – volt benne valami megfoghatatlan, ami a legtöbb férfit első látásra rabul ejtett. Egyesek szerint a mosolya, mások szerint a járása, megint másokat szomorú, sötétbarna szeme babonázott meg. Ezeket a véleményeket a hódolói osztották meg vele. Az ifjú védőnő azt is megtapasztalta, hogy milyen kegyetlenek tudnak lenni főleg az idősebb férfiak, ha kikosarazzák őket. Az egyik nős pedagógus azt híresztelte a falu kocsmájában, hogy a védőnő az ablakon engedi ki-be az udvarlóit. Nevetséges állítás volt az egész, ám Totyám később, mármint vőlegénye, mégis rákérdezett. Zsógáb méltán háborodott fel a kérdésen úgyannyira, hogy Totyámra bízta a híresztelés valóságtartalmának megítélését.

Totyám később megfejtette a kérdést. Rájött, hogy konkrétan neki címezték a pletykát, aki ekkor már nem titkolta, hogy feleségül kéri a védőnőt. Nos, a házasság esetleges gondolata megfosztotta a férfiakat eddig is törékeny reményeiktől.

Ám gondozottjai – akikkel nap mint nap találkozott – úgy tűnt, jobban ismerték segítő védőnőjüket, mert nem hittek a rágalmazásban. A visszautasított férfiak is lassan elkullogtak, belátták tévedésüket. A rágalmazás lassan alább hagyott, majd teljesen megszűnt.

Egyébként az első, labdázós-kerékpáros találkozás után hamarosan adódott alkalom a személyes találkozásra. Az egyik pedagógus névnapi partit adott – Sándor napot ünnepelt –, ahová természetesen hivatalos volt az ifjú védőnő és a srác is, pedagógus édesanyja révén.

Amint a zene megszólalt, a fiatalok táncolni kezdtek.

A 30 éves mérnök-tanár – aki szintén vonzódott a védőnőhöz – udvarias meghajlás közepette nyomban táncba vitte őt. Még javában tartott a szédítő keringő érzelemdús zenéje, ám a magabiztos „Sugárzó Jókedv" elragadta Zsógábot partnerétől. Ezzel a nappal megpecsételődött a lány élete, mert a srác már nem tudott, s mint később kiderül, nem is akart lemondani róla. Hősünk nagyon meglepődött, mivel most sem gondolt komoly kapcsolatra, csak egy jó barátra, s eddig ismeretlen, felhőtlen, napsugaras vidámságra.

Nem is vette komolyan a srácot. Egy volt azok közül a fiatalemberek közül, akik megkörnyékezték. Nem tartozott tervei közé a házasság, a szerelem szele sem érintette meg. Élvezte a naponta megújuló, különböző alakban megjelenő hódítás örömét. Miközben a hozzá hasonló korú srácoktól a meglett férfiakkal bezárólag egyre többen ostromolták, ő a halakra jellemző mozgékonysággal, biztosan siklott ki a komolynak ígérkező kapcsolatok elől.

Zsógáb változatlanul sokat dolgozott. Főnöke egyre több és újabb feladattal látta el a határozott és nagy átéléssel dolgozó védőnőt. Gondoskodott róla, hogy hősünk ne unatkozzon. Néhány hét után rábízta a betegszobában fekvő gyermekek teljes ellátását (kötözés, injekciózás, védőoltás, torokecsetelés, váladéklevétel), a területi fekvőbetegek kúra szerinti injekciózását. Hősünk örömmel teljesített minden kérést, mivel a gyakorlati tudás megszerzésének lehetőségét látta benne, és különben sem volt más dolga, pontosabban szórakozásként élte meg munkáját. Mint korábban már szó volt róla, az intézet ebédlőjében ebédelt és vacsorázott az ott dolgozókkal együtt, igen kedvező feltételek mellett.

A kastély kerítésén kívül és belül mindenki kedvét kereste, leste. Kedvességéért és szolgálatkészségéért nemcsak a falu lakói zárták szívükbe, de a kastély lakóinak többsége is. Néhány kivétel akadt, akik irigyelték ifjúságát, karcsú derekát – később ezek az emberek bevallották rosszmájúságukat.

Zsógáb persze hálából megbocsátott nekik. Nos, köszönetképpen segítették is mindenben, amiben csak tudták. A kismamáktól, nagyszülőktől, akár az intézet dolgozóitól is segítséget kapott hiányos ismeretei elsajátításához. Ily formán új és hasznos tapasztalatra tett szert a sütés-főzés tudományának elsajátításában.

A kollégium miatt már 14 éves korában elkerült a szülői háztól, édesanyjától csak hétvégeken leshetett el egy-két praktikus, a lányok részére fontos háziasszonyi teendőt.

A gondozottak gyakran megajándékozták a sütéshez-főzéséhez szükséges nyersanyaggal és a hozzá tartozó tudással, gyakorlati tanácsokkal. (Csigatészta, zöldségfélék, konyhakész baromfi, disznótoros stb.). Ezek jelentették falun a borravalót, amit köszönetük jeléül adtak annak, akit érdemesnek tartottak rá.

A falusi ember mentalitására jellemző gondolkodást tükrözi az alábbi eset, ami ugyan időben később történt, de tartalmában ide kívánkozik. A történetet a főszereplő, a védőnő maga mesélte el.

– 8 hónapos terhesként látogattam meg az erdész feleségét egyéves gyermekével, a gyönyörű környezetben fekvő erdészlakban. A konyhában gyakorta tapasztalt sütés-főzés közepette érkeztem. Bár az erdészfeleség a diplomás háziasszonyok táborát gazdagította, mégis ragaszkodott a hagyományokhoz.

A kismama sajnálatát fejezte ki, hogy miután a kacsahúsból még csak a húsleves készült el, csupán ezzel tudja megkínálni vendégét. Egyúttal jelezte, hogy tisztában van vele, miszerint az áldott állapotban lévő nők kívánósak.

– Udvariasan visszautasítottam a levest azzal a valós indokkal, hogy nem vagyok kívánós, nem is voltam a terhesség elején sem. Ugyanakkor az időm sem engedi, hogy nekilássak az ebéd elfogyasztásának. Az erdészlakban tett látogatást követően a tanyaközpontban még meglátogattam néhány családot, azután fáradtan elhelyezkedtem a lovas kocsi számomra fenntartott ülésén. Hazaérve zuhanyozás után hirtelen mély álomba merültem, majd a bejárati ajtón erőszakos dübörgésre ébredtem. A kémlelőn kilesve óvatosan nyitottam ajtót, s a szürkületben egy kucsmás idős embert fedeztem fel, aki motyogás közben egy csomagot nyújtott át. A jól bebugyolált csomag még kívülről meleg volt, amit óvatos gyanúval bontottam ki. Az illatos kacsasült a még kívánatosabb kacsamájjal rögvest elárulta a csomag küldőjét.

Ilyen és hasonló jellemű, jószívű emberek vették körül Zsógábot nemcsak gyermekkorában, de később, dolgozó nőként is. Ezek után nem véletlen, hogy a védőnő imádta munkáját, és gyakran napi 10–11 órát dolgozott. Élvezte a földszagú tanyaközpontokban – a hajdan urasági majorokban – tett látogatásokat, nemcsak az emberek sajátos karaktere miatt. Üdítően hatott rá az odavezető út mellett hullámzó búzamezők látványa, télen pedig a hófehér parcellák tiszta levegőt párolgó illata. Noha mindez léleküdítő volt, ám az sem volt mellékes, hogy – a majorságban – egyszerre sok családot tudott meglátogatni.

Gyermekkorára emlékeztették, és újra meg újra megérintették – a már majdnem elfelejtett az unokákat gondozó nagyszülők ízes tájszólással panaszkodó, ám sorsukat mégis békésen elfogadó sirámai. Szókimondó gondolkodásukra jellemzően az egyik nagymama – bár előre is bocsánatért esedezett – mégis feltette a következő kérdést.

– Egy csinos, fiatal leányzó hogy adhatta a fejét ilyen foglalkozásra, ahol meztelen emberekkel (értsd: férfiakkal) is foglalkoznia kell? No meg azt is suttogják, hogy a védőnők előbb-utóbb az orvos ágyában kötnek ki.

Zsógáb is hallott már ilyen előítéletekről, de hosszabb beszélgetések után mindig sikerült meggyőznie a kételkedőket, most a nagymamát is.

– Ebből a szempontból mi a különbség az orvosi és a védőnői foglalkozás között? – tette fel a nagyon is helyén való kérdést a védőnő. A nagymama elgondolkodott, s végül hümmögött egyet, majd beismerte tévedését.

– Bi'on', igaz, ami igaz, orvos is lehet férfi is meg nő is. Ne haragudjon, kedves, nem akartam lejáratni, de a buta fejemmel sehogyan sem tudtam ezt megérteni – szégyenkezett a nagymama.

– Semmi baj, Zsuzsi néni, mindig kérdezzen meg mindent, amit nem ért, vagy ami érdekli, szívesen válaszolok – mondta a védőnő.

Faluhelyen általában előbb kezdődnek a mulatozások, bálozások. A rendezvényeket összekötik a zárszámadással, termelési értekezletekkel. Érthetően ilyenkor jobban ráérnek a falusi emberek, mint kora tavasszal vagy nyáron. A Növényvédő Állomás évzáró bált rendezett karácsony előtt. Természetesen a védőnő is hivatalos volt az ünnepségre. Zsógáb az igazgatóval táncolt, amikor egy riadt férfi a védőnő felé nyomult a tömegen keresztül. Habár a védőnő felismerte az egyik áldott állapotban lévő gondozottjának férjét, mégis testével-lelkével próbált tiltakozni gondolatai ellen. A sors iróniája, hogy partnere is ugyanarra gondolt, és meg is kérdezte: csak nem szüléshez hívnak? Az izgatott férj súlyos gondtól megnehezült fejével úgy bólogatott, mint a párjáért aggódó mén, s közben türelmetlenül topogott.

– Ugye, védő néni, nem lesz gond? Hiszen a szülésig még két hónap van hátra – szipogta.

Zsógáb úgy, ahogy volt, kisestélyiben, körömcipőben, a vállára erőltetett, súlyos irhabundával rohant a sínek között, miközben a biciklivel érkezett, aggódó papát utasításokkal látta el.

– Siessen az első, közeli tanyasi házhoz, kérjen ollót, cérnát és alkoholt vagy benzint, illetve meleg takarót. Szükség lehet rá.

Az ifjú férj kerékpárját megnyergelve hamar visszatért a kért eszközökkel. A védőnő pedig gondos előkészület után hozzákezdett a már megszületett – habselyem bugyiban, a sínek között, havon fekvő – újszülött ellátásához. Miután sikerült a mamát és az újszülöttet biztonságosan elválasztani egymástól, a babát tollpárnába csomagolva a védőnő vitte karjaiban, a kismamát pedig édesanyja és férje két oldalon támogatva – a még a hasában lévő placentával – kísérte a legszélső faluvégi házhoz. A háziak segítségével nyugalomba helyezték az újszülöttet és édesanyját, a védőnő pedig mentőért telefonált. Izgalommal teli, bő egy óra után a koraszülött intézetbe került. Zsógáb pedig – immár megkönnyebbülve, eddig ismeretlen cselekedetével a háta mögött – újra a zenétől és az érdeklődők kérdéseitől zajos, kíváncsi báli tömegben találta magát. Az estély hátralévő részében a védőnő lett az ünnepelt sztár. Mindenki szerette volna tudni, hogyan oldotta meg a körülmények által nagyon is körülhatárolt, befolyásolt, életeket mentő helyzetet. Az egész faluban, sőt a járásban is híre ment a védőnő nem mindennapi, veszélyes akciójának. A szülőotthon orvosa és főnöke telefonon mondott köszönetet bátorságáért, a nem mindennapi helytállásáért. A kislány szülei, évekkel később is – amikor találkoztak – boldogan mutogatták a védőnőnek koraszülött kislányukat, aki időközben erős, jól fejlett, egészséges kamaszlánnyá érett.

Az alig 6 évvel idősebb orvos megbecsülte védőnőjét, aki hasonló – gyermekszoba nélküli – gyermekkorral dicsekedhetett. Nem annyira a főnök és beosztott között megszokott kapcsolat jellemezte munkájukat. Együttműködésük nem az ismert függőségi viszonyra, inkább a kölcsönös bizalomra és tiszteletre épült. A környezetéből minden irányból feléje sugárzó bizalom, amellyel megajándékozták, nos, megduplázta erejét. Gondtalanul boldog volt Zsógáb, mint a még alig eszmélő, sok mindent meg nem értő gyermekkorában.

Szűk 4 hónap elteltével gyökeresen megváltozott a főszereplő élete. Totyám egyik kora esti órában – munkahelyéről hazatérve – karikagyűrűvel lepte meg a tanácsadóban munkáját végző védőnőt. Zsógábnak tetszett az ujjára próbált csillogó ékszer. Mi történt vele? Maga sem értette. Ő, aki mindig határozott volt, s mindenben egyedül döntött, most bizonytalannak tűnt.

Szerelem terén nem volt kellő tapasztalata. Eddigi kapcsolatai inkább rövid életű, futó kalandok voltak, s mint ilyenek, nagyon is felületesnek bizonyultak, mégis igent mondott. Egyetlen érv támasztotta alá döntését. Bár a testi szerelmet nem ismerte (így nevelték), meg volt győződve arról, hogy Totyám valóban szereti, szerelmes belé. Nos, a jelek alapján abban is bízott, hogy becsülni, tisztelni fogja őt. Úgy érezte, ha most elmulasztja a kínálkozó lehetőséget, talán sohasem talál többé férfit, aki ennél többet adhatna neki. A felnőtté válás folyamán elszenvedett sérelmek sérülékennyé tették, félt a megaláztatástól, a csalódástól. Ugyanakkor bízott abban a férfiban, aki őt nagyon akarta, és igent mondott.

Totyám lovagiasan tapintatos viselkedése meggyőzte arról, hogy ő az a férfi, aki félelmeit segít legyőzni, s minden kellemetlenségtől meg fogja óvni. Lelkében győzött a feltétel nélküli szeretetet nyújtó férfi iránti hála, amely az óceán végtelen mélységére hasonlított. Kérőjének édesanyja nem vette komolyan fia nősülési szándékát.

– Hogy hányszor hallottam a fiam szájából, hogy anyukám, megnősülök? Szinte minden hónapban egyszer – mondta Totyám édesanyja. Fia fellángolását a csinos védőnő iránt most is komolytalannak tartotta.

– Ettől én még nyugodtan alszom – hangoztatta kollégáinak. Ebben az esetben tévedett, fia hajthatatlan maradt, és ezt Zsógáb a zsigereiben érezte. Az aranykarika az ujján maradt.

Másnap este vacsorára volt hivatalos Totyám édesanyjához. Az idősödő, mindig elegáns, kedves tanárnőt az intézet udvarán közlekedve, néha étkezések alatt is, látásból már ismerte. Szűrővizsgálatok alkalmával személyesen is találkoztak, de pár udvarias szóváltáson kívül – a többi pedagógustól eltérően – egyéb kapcsolat nem volt köztük. Hivatalosan nem lettek egymásnak bemutatva. A védőnő nem is rejtette véka alá zavarát, amikor Totyám átadta édesanyja vacsorameghívását. A „vőlegény" magabiztossága felbátorította az ifjú leányt, és megtörtént a kölcsönös bemutatkozás. A megismerkedés a vártnál kedélyesebbnek, lazábbnak bizonyult. Hamar asztalhoz ültek, és elfogyasztották a falusi rántott csirkét, a tulajdonképpeni eljegyzési vacsorát.

A könnyű és finom vacsora elfogyasztása után nem is anynyira könnyű, inkább gondokkal terhelt, komoly beszélgetésre került sor az anyósjelölt és a menyjelölt között. Totyám édesanyja fiának minden rossz tulajdonságát felsorolta. Hangjából mégis érezni lehetett a mindent elsöprő édesanyai szeretetet, és féltő aggódást.

A fiú láthatóan tisztelte az anyját, és csak akkor szólt közbe, amikor veszélyben látta őszintén áhított elhatározásának megvalósítását. Anyagi gondok is szóba jöttek. Totyámot és testvérét (aki még főiskolás volt) egyedül nevelte, taníttatta özvegy édesanyjuk, az akkor is kevés tanári fizetésből. Totyám éppen, hogy leszerelt a katonaságtól, állása még nem volt. Zsógáb körülményei a korábban ismertetett okok miatt szintén nem voltak rózsásak. Magyarul, a fiatalok anyagi segítségre egyik szülőtől sem számíthattak. Ezt a tényt az anyósjelölt őszintén és határozottan tudomásukra is hozta. Ekkor szólalt meg Totyám, ellentmondást nem tűrő hangon, szúrós tekintettel.

– Rendben van, ha Zsógábnak nincs hat váltás bugyija, akkor nem veszem feleségül.

A túlságosan is őszintére sikerült nyilatkozat után mindnyájan elnevették magukat. Nos, valóban kitört belőlük a nevetés, ám a nevetés hangján, tónusán érezni lehetett a komoly és sorsdöntő elhatározást. Az édesanya belenyugvón mondta a lánynak:

- Velem csak jót teszel, mert ezután Totyám gondja nem az enyém, hanem a tiéd lesz.

Zsógáb mélyen elgondolkodva, rá jellemző felelősséggel válaszolt:

- Valakinek mégiscsak kell gondoskodni róla.

(A néhány mondatos párbeszéd sokszor eszébe jutott Zsógábnak, különösen a férjével kapcsolatos hullámvölgyekben. Ám úgy az anyósának tett ígérete, mint férjének tett esküje, mindig átsegítették sérelmein.)

A nagy dilemma megoldódott, a két fiatal immár felelősséggel vállalta egymást. Zsógáb szüleit kellett még meggyőzni döntésük helyességéről. A következő hétvégét a lány szüleinél töltötték.

Az egyszerűbb körülmények között élő szülők - annak ellenére, hogy meglepődtek a gyors elhatározáson - szeretettel fogadták lányukat és választottját. Az ünnepkor megszokott gőzölgő, házi tyúkhúsleves és töltött káposzta várta őket ebédre. Desszertként a Zsógáb által jól ismert, ízletes, frissen sült lekváros kiflit tálalták.

Totyám hamar feltalálta magát - választottja persze előzőleg őszintén beszámolt családjáról -, az elvárt udvariassággal és tisztelettudóan viselkedett Zsógáb szüleivel. A gyerekek pedig felnéztek nővérük vőlegényére, különösen a fiúk, amikor megmutatta nekik, hogy az édesanyjuk által zárva tartott szekrényt hogyan lehet kinyitni egy meghajlított dróttal. A legkisebb fiút, aki már hatodik éves volt, de még nem ismerte a gyerekkerékpárt, meglepte Totyám ígérete:

- Hamarosan hozok neked egy igazi kerékpárt.

Az ígéret rövid időn belül kézzelfoghatóvá vált, megérkezett a kerékpár, amellyel Totyám kitörülhetetlenül belopta magát a fiúk szívébe. Az édesanyának is volt - élettapasztalaton nyugvó - véleménye: majd a gyakorlat igazolja lányom döntésének helyességét - mondta. Zsógáb édesapja közvetlenül nem nyilatkozott, de később az ifiasszony fülébe jutott, hogy jobban örült volna, ha nem értelmiségi családba kerül a leánya. Ennek ellenére a téma soha sem került szóba, szülei és férje a legjobb kapcsolatban voltak szülei haláláig.

Az események gyorsan követték egymást, megismerkedésük után 4 hónapon belül megtartották az esküvőt. Gyönyörű nyári nap volt, szikrázó napsütés, amint a nászné-pet szállító néhány autó tovagurult az egyetlen főutcából álló sárréti településen. Az útszéli, árnyat adó, dús lombú eperfák szerényen kínálgatták mézédes, fekete-fehér, szív alakú gyümölcseiket. Hősünk ellágyulva gondolt vissza gyermekkorára, mikor ez a gyümölcs gyakran éhüket is csillapította.

Az anyakönyvvezető előtt tartott, egyszerű szertartás utáni vacsora Zsógáb szüleinél zajlott. A két szülő egymás között megosztotta a költséget. Az ifjú ara csak később tudta meg, hogy szülei bizony banki kölcsönt voltak kénytelenek igénybe venni. Sajnálattal fogadta a hírt, de hiszen ő is minden tőle telhetőt megtett. Saját fizetéséből futószőnyeget vásárolt a szülői ház nagyszobájába – amit ilyen formán sikerült kissé felújítani –, mennyasszonyi ruháját (a keresztanya szerény hozzájárulása mellett) és cipőjét is maga finanszírozta. Ennél többre nem tellett nyolc hónapi munkaviszony után, mivelhogy a stafírungját és megélhetését is önerőből finanszírozta.

Az ifjú párral kapcsolatos utózöngék hamar eljutottak az újdonsült házaspárhoz. Az emberek arról suttogtak, hogy régen láttak ilyen szép mennyasszonyt és összeillő párt a faluban, de még a környéken sem. Lehetett benne igazság, mert az autóból kiszállva kíváncsi emberek tömege kísérte őket. Zsógáb boldogságtól átszellemült arccal, sugárzó, nyílt tekintettel lépdelt vőlegénye mellett. Szokásához híven felemelt fejjel sétált a községháza emeleti helyiségében lévő hivatalba. A megható szertartás után kimondták a boldogító igent az anyakönyvezető előtt.

Bár Gazsit – a volt diákkori egyoldalú szerelmét – nem látta az utcán leselkedő tömegben, barátját, Jánost – talán előörsként bevetve – igen. Az ifjú pár a jó döntés bizonyosságával –immár mint férj és feleség – magabiztosan, a számukra feldíszített autóba ülve fordult vissza az alvégen lévő szülői házhoz. Cigányzenével kísért esküvői vacsora után a kötelező menyasszonytáncot követően a meglepett násznépet faképnél hagyva, autó röpítette őket a vasútállomásra.

Férje munkahelye nászajándékként a Mátra egyik üdülőjében foglalt szállást az ifjú párnak. Az üdülőben a nászutasok minden igényét kielégítő kényelemmel és odafigyeléssel ellátott szobával várták őket. Az ismerkedési esten Zsógáb egy idős házaspárra lett figyelmes, akik korukat meghazudtoló, gyengéd öleléssel lejtették a táncot. Tekintete reménykedő, jóindulatú irigységgel kísérte őket, évtizedek múltán saját magukat gondolva helyükbe.

Nos, a vidék természeti szépségével köszöntötte az ifjú párt. A vegyes fenyőfafélék által borított erdős hegyoldal, mint a távolabbi aranykalászos búzamező, a termékenységről árulkodott a július első felét kísérő nyári napsütésben. Mindezt játékosan pajkos madárdal fűszerezte és a hegyoldalban kora reggel megrekedő, párás-puha levegő. A hétköznapok gondjaitól távol életre szóló, csodálatos tizennégy napot töltöttek itt együtt. A körülményből fakadó természetes bájjal, kedvességgel, egymást becézgetve csak a mának éltek, mintha a nászút örök valóság lenne. Gyorsan elröpült az utólag már nagyon is rövidnek bizonyult, soha vissza nem térő gyengédséggel fűszerezett két hét. A hatalmas szobában szétdobált holmikat lassan, ám biztosan csomagolni kellett. Eljött az ideje, hogy az ünnepnapokat követő hétköznapok sűrűjében is megismerjék egymást.

Hazafelé tartva az utolsó átszálló állomáson, nehéz bőröndöket cipelve, a hőségtől és a fáradtságtól elpilledve a főhősnek egy pillanatra földbe gyökerezett a lába. Látott valakit, ám nem akart hinni a szemének.

Miféle játékot űz vele a sors? Próbatétel, vízió, vagy valóság, amit lát? Félrehúzódva, de mégis jól látható helyen előtte állt életének első s egyben utolsó, kérészéletű, ám mindent elsöprő szenvedélyes szerelmének alanya, Mathyas. Zsógáb meglepődött érzésén: nem jelentett számára semmit az a férfi, aki valaha a mindent. Mintha nem is élő embert látna, csak az egyetlen őrzött emléket egy sima, roppant jóképű, mégis élettelen, kétdimenziós férfiarcot, egy megkopott fényképen. A buszon rázkódva, elszenderedve azon vette észre magát, hogy emlékeiben kutatva elmosolyodik a múlton. Hogyan tudta megkínozni az az ember, aki számára most egy sajnálatra méltó, árnyékban tolvajként megbújó, érzelmeket kiváltani nem tudó senki?

Hazaérkezve feltűnt, hogy a kastélypark lakói alig ocsúdtak fel a hirtelen megkötött nász után. A boldogságtól sugárzó ifjú párt ismerőseik kérdésekkel halmozták el. Aztán megunták a semmitmondó válaszokat, és várták a fejleményeket. Sokan úgy gondolták, hogy sürgős volt az egybekelés, különösen a pórul járt fiatalemberek körében. Szinte már látni vélték az ifjú védőnő egyre gömbölyödő hasát. Tévedtek. Hiába számolgatták a hónapokat, heteket, a védőnő sokkal később, mint gondolták, 10 hónapra, éretten született, gyönyörű, gömbölyded kislánynak adott életet. A várakozás és esetenként a rosszízű pletyka ellenére nem volt sürgős az esküvő.

Az édesanya boldogságát tetézte az is, hogy a szokástól eltérően férje már elsőszülöttként is kislányra vágyott. Az újszülött második közös otthonukba, már igazi zöldkeresztes házba született. Zsógábnak ebben is szerencséje volt, bár ehhez munkájával maga is hozzájárult. Főnöke – aki helyettesként dolgozott előző munkahelyén – a 7. hónapos, áldott állapotban lévő védőnővel közölte, hogy saját körzetében megüresedett a védőnői státusz, s azzal együtt a minden igényt kielégítő védőnői szolgálati lakás. Szeretné, ha mindkettőre rábólintana. Nos, Zsógáb nem sokat töprengett az ajánlaton, mert egyértelmű volt, hogy ez a megoldás lakás szempontjából a teljes függetlenséget jelentené. Nem kellene többet osztozkodnia a szolgálati lakáson a jobb híján időszakonként különböző klinikákról kiküldött (helyettesítő feladatot ellátó) orvos házaspárral.

Igent mondott, annak ellenére, hogy nagyon jól érezték magukat a kastélykertben lévő első otthonukban. Kérdésként vetődött fel az is, hogy a járási vezetéstől megkapja a szükséges engedélyt a körzetváltáshoz. Tudniillik még nem telt el az első állás betöltésekor kötelezően vállalt, egy helyben letöltendő, három évre szóló gyakorlati idő. Noha izgalommal vegyes napok következtek, ám felhőtlen boldogságukat ezek a gondok nem kisebbítették.

A pedagógus anyós nagyon kedves volt menyéhez, látszott rajta, hogy minden tekintetben elégedett vele. Szerető gondoskodásával vette körül a most már gyermeket váró fiatalasszonyt. Fiát is erre ösztönözte, bár erre semmi szükség nem volt. Az ifjú férj továbbra is vidám, gondtalanul jókedvű, gyengéd Kedvesnek bizonyult. Amikor tehette, a buszmegállóban várta feleségét kitárt karokkal, fülig érő szájjal, ölébe kapva emelte le a lépcsőről. Nem törődött a bámészkodókkal, össze-vissza csókolta, úgy viselkedett, mintha rajtuk kívül nem létezne senki. A kívülállókban olyan érzést keltettek, mintha utoljára hetekkel ezelőtt látták volna egymást, holott csak reggel váltak el. Totyám a védőnői adminisztrációban is gyakran besegített, főleg a hónap végi jelentéseknél vagy a védőoltások alkalmával szükséges idézők írásakor. Minden tekintetben úriemberként, igazi férfiként viselkedett. Gyengédséggel, melegséggel halmozta el gyermekét váró feleségét. Kézcsókkal köszönte meg, amikor felesége anyósától ellesett gondossággal vasalta ki és hajtogatta össze kikeményített ingjeit.

Nos, a feleség is kiváló társnak bizonyult. Nem esett nehézére – hiszen otthon is ezt látta édesanyjától –, hogy minden tekintetben kiszolgálja férjét. A napi 8–10 óra munkában töltött idő után meleg vacsorával várta haza. Mosott, takarított, cipőt bokszolt és fényesített. Kávéfőzőt bekészítve leste hazatérő kedvesét, hogy frissen párolgó kávé mellett beszéljék meg az aznapi eseményeket.

Tervezgették a költözködést, bár fejük fölött bizonytalanul lebegett a körzetcsere, amit a járási vezetés megakadályozhatott volna. Az aggódással vegyes érzés hamar feloldódott, rövid idő alatt megjött a kedvező válasz – kinevezik az új körzetbe, ha átmenetileg vállalja előző körzetének helyettesítését. Boldogan vállalta.

Alig telt el 2–3 hét, az ifjú házaspár beköltözött a csodálatosan szép és komfortos új otthonukba. Minden megvolt benne, amire egy családnak szüksége lehetett. Tágas nappali, előszoba fűthető cserépkályhával, kicsi, barátságos hálószoba és az óriási – zöldkeresztes házakra jellemző – fürdőszobából leválasztott konyha. A szolgálati lakás előszobájából közvetlenül lehetett átjutni a tanácsadó helyiségbe, a védőnő helyhez kötött munkahelyére.

A ház előtt hatalmas fenyőfa díszlett, olyan érzést keltve, mintha mindig karácsony ünnepe lenne. A ház mögött a falvakra jellemző, hatalmas udvar terebélyesedett. Hátsó részében fáskamra, baromfi- és disznóól tátongott, egyelőre még üresen. Közvetlenül a ház mögött gyümölcsöskert illatozott színpompás virágaival, hogy aztán beérjen várva várt zamatos gyümölcsük.

A házat, pontosabban, anyagiak hiányában csak a hálószobát lakta be az ifjú pár. Először a szülőktől és barátoktól kapott bútorokat rendezgették, csinosítgatták. Később a leendő újszülött bútorait – az anyós által készítetett hófehér darabokat (polccal, pólyázóval, szekrénykével) és a rácsos ágyat helyezték el hálószobájukba. Ettől kezdve gyorsan teltek a hetek, már csak 2 hét volt hátra az újszülött érkezéséig. A házaspár boldog várakozással utazott fel Budapestre a kilenc hónap alatt összegyűjtött pénzzel.

A hatalmas nappalit akarták bebútorozni, amelyben csak az ablakokat takaró függöny jelezte a lakók jelenlétét az utca felől. Nos, mint oly sokszor, most is szerencséjük volt, kedves eladónő foglalkozott velük, akinek elmondták óhajukat. Segített kiválasztani a kombinált szobabútort (akkor még valódi fából készült darabokkal, amelyhez komplett ebédlőasztal is tartozott), már csak egy nagyobb csillár hiányzott. A pénzük viszont már elfogyott. Most is felcsillant Zsógáb szemében az örömteli hála, amikor elbeszélte, hogyan csettintett ujjával az eladónő miközben odasúgta: megoldjuk.

Az áruházban dolgozó személyzet jutányos áron juthatott árukhoz. A hölgy rábökött egy csillárra és megkérdezte tetszik-e. Naná, hogy tetszett, de miből fizessék ki?

Az eladónő pajkosan cinkos mosollyal az arcán árulta el a megoldást:

– A bútor árában megkapják a csillárt is. Ritkán találkozom ilyen bájos és felelősen gondolkodó fiatalokkal, legyen teljes az örömük.

Ezek után becsomagoltatta az egyetlen 5 ágú, mennyezeten lógó csillárt. Zsógáb és férje a jól sikerült nap után egymásba kapaszkodva, röpülve rohantak a Keleti pályaudvarra, ahova Totyám elkísérte feleségét. Biztonságban akarta tudni asszonyát, amint elfoglalja helyét a hazafelé tartó vonat fülkéjében. Totyámnak még feladatai voltak a bútor bevagonírozásával.

A kényelmes elhelyezkedés után befelé mosolyogva, hasát simogatva nyugtatta gyermekét Zsógáb, hálát adva a Mindenhatónak a minden tekintetben remekül végződő napért. Mire „türelmes" kislányuk megérkezik (mert férje biztos volt benne, hogy lány lesz, az édesanyja hasonmása), a hófehér babaszoba mellett mohazöld plüss kárpitozott garnitúra díszíti nappalijukat. Az ifjú férj, miután Budapesten, a tehervonaton biztonságba helyezte a megvásárolt árut, kísérőként ő is vonatra szállt, majd az utolsó vasútállomáson a tehervonatról (amely már nem közlekedett tovább) Totyám teherautóra pakolva szállíttatta haza vásárolt „kincsüket".

Igen, ebben az időben kincset ért egy nappalit betöltő garnitúra, hiszen az ifjú pár saját erőből, kölcsön nélkül, rövid idő alatt spórolta össze az árát. Ismerősök, rokonok, barátok mind csodálták az ifjú párt, hiszen csekély közalkalmazotti, illetve alkalmazotti fizetésükből, önerőből vásárolták meg az első, nem is akármilyen minőségű szobabútort.

Amíg a nappalijuk üres volt, addig a szomszédban lakó orvos-orvosírnok házaspárnál töltötték az estéket, gyakran vacsoravendégként is. Már kezdett kínos lenni az örökös szomszédolás, annak ellenére, hogy a házigazdák megnyugtatták őket, miszerint szívesen látott vendégek, kollégák, barátok. Azt is őszintén elmesélték, hogy néhány éve ők is így kezdték közös életüket. A vacsora különben sem került semmibe, mert a nyersanyagot a hálás betegek hordták össze a dokinak. Az elkészítés sem jelentett gondot a csupán napi 4 órát dolgozó feleségnek, akinek segítsége, bejárónője is volt. Mégis óriási megnyugvást jelentett a védőnőnek, hogy most már ő is vacsorával egybekötött römi-partira hívhatja főnökét és feleségét. Viszonozhatja mindazt a kedvességet és baráti fogadtatást, amellyel szomszédai elhalmozták.

Vacsora után esténként néha éjfélig kártyáztak egy-egy pohár vörösbor mellett, közben jókat beszélgettek. Sok közös témájuk volt, hiszen – a védőnő férjét kivéve – mindennap együtt dolgoztak. A védőnő szűrővizsgálatok alkalmával gyakran besegített főnökének ugyanúgy, ahogyan az orvos vagy felesége is segített tanácsadásokon a védőnői munkában. Arról nem is beszélve, hogy a kimondottan férfierőt igénylő teendőket (Totyám városi munkahelye miatt, aki csak estére tért haza) a körzeti orvos végezte a zöldkeresztes házban is.

Megrendelte és hazaszállíttatta a tűzifát, a szenet belapátoltatta a szeneskamrába. Tavasszal megmetszette a gyümölcsfákat a védőnőnél ugyanúgy, mint a saját kertjében, kifőzette a szilvapálinkát mindkét helyen. Disznótor idején a saját füstölőjében füstölte a védőnő gondozottaktól kapott kóstolóját is. A védőnőhöz korban és gondolkodásban is közel álló körzeti orvos vezette be az ifjú párt a helybéli társaságba. A község orvosa, védőnője, a patikus, a pedagógusok, az iskolaigazgató, a vadászház „úrnője" egy társaságot alkottak. Minden névnapot megünnepeltek, együtt szilvettereztek, és a húsvétot is közösen töltötték. Sok munkával és ugyanannyi szórakozással teltek mindennapjaik. Fiatalok, egészségesek voltak, óriási teherbírással rendelkeztek. Jó kedvvel és a jövőbe vetett hittel élték életüket.

Zsógáb nyitott, igazi közösségi embernek bizonyult, akinek mindenről volt saját véleménye. Valószínűleg ezt fedezték fel benne új lakóhelyén is. Átköltözésük után néhány hónappal – 23 évesen – a község vezető testületébe egyetlen nőként VB tagnak választották. Ebben a csapatban a pedagógusokat képviselő szakemberként találkozott újból a mindent elsöprő szenvedélyének alanyával. Mathyast, mint új ismerőst mutatták be. Zsógáb úgy viselkedett, mintha valóban ismeretlen emberrel hozta volna össze a sors. Ez az ember ekkor már csak egy volt a sok közül, akikkel különböző okok miatt együtt kellett dolgoznia. A helyzetet Mathyas is kénytelen volt elfogadni, minthogy Zsógáb érintetlensége, megközelíthetetlensége egyértelműnek bizonyult. Hősünk szívesen vett részt a falu ügyeinek intézésében, mint olyan ember, aki munkája révén szoros kapcsolatban állt a település lakóival. Nos, jól ismerte gondjaikat, problémáikat, így az adott körülmények között az egészségükkel kapcsolatos tanácsain kívül egyéb javaslatokkal is segíthette az itt élők életét.

Lakóhelyi, közéleti tevékenysége mellett helyettesítendő körzetében – TIT tagként – a gyógypedagógusokkal továbbra is járta a tanyaközpontokat, egészségügyi előadásokat tartva. Ezeket a munkákat a téli hónapokra tartogatták. A község hálás vezetői lovas szánkót, sofőr-irhabundát biztosítottak az előadók részére. Az utakon jól szórakoztak, beszélgettek, vitatkoztak, és közben élvezték a hófehér szántóföldek friss levegőjét. Csodálták a dűlőutakon suhanó szánkókat húzó lovak természetes szépségét, izmaik feszülését, csillogó sörényük szárnyalását. Látták és átélték a terheléstől prüsszögő, fejüket meg-megrázó állatok nemtetszését a nehéz, göröngyös utakon.

11. fejezet

Noha teendőiktől zsúfolt, mégis gazdag életet éltek falujukban. Előző munka- és lakhelyükre előrehaladott terhessége miatt már csak ritkán mentek. Ilyenkor látogatták meg Totyám édesanyját is. Egyedül élő anyósa kimondhatatlan büszkeséggel készült a még meg sem született, első unokája fogadására. Picurka réklit, sapkát, cipellőket kötött többféle színben. Akkoriban nem járt még GYES, GYED a szülő nőnek, mindössze 12 hét a szülés után. Zsógáb praktikus okokból, hogy többet lehessen újszülött gyermekével, az utolsó pillanatig dolgozott, persze ebben az állapotában is bírta a gyűrődést. A kelengyét előkészítve, bőröndbe csomagolva a legfontosabb babaholmikat, várták a kicsi megérkezését. Hétvége lévén, a zöldkeresztes házban, otthonukban römiztek az orvos házaspárral. Ilyenkor gyorsan telt az idő, pillanatok alatt éjfélt ütött az óra. Már éppen készülődtek a vendégek, amikor Zsógáb kisebb fájásokat észlelt. A doki elemében volt, mindjárt megvizsgálta hősünket és megállapította, hogy bizony ezek szülési fájások. Az időpont is stimmelt, április 18-ra várták a babát és alig éjfél után, de már 16-át írták. Megérkeztek a mentősök, és tétován néztek körül, hogy hol van a kismama. Zsógáb tűsarkú cipőben, háromnegyedes kosztümben egyáltalán nem keltette a szülni készülő nő látszatát. A két markos mentős segítségképpen pillanatok alatt karon ragadta a kismamát, mire ő erősen tiltakozott.

– Még mit nem – mondta Zsógáb –, nincs nekem semmi bajom, hozzák a bőröndöt. Kisebb hezitálás után végül elindult a mentő. Hajnali 5 órakor Zsógáb a szülőágyon feküdt.

Bízott önmagában, s annak reményében, hogy hamarosan túl lesz a nehezén, derűsen fogta fel helyzetét. Férje 6 órakor elbúcsúzott bátor feleségétől, mennie kellett a munkahelyére. Vagy inkább menekült a számára nem éppen vidámnak tűnő helyről? Totyám munkahelyére érkezve egyfajta „férfiúi büszkeséggel" óránként hívta a szülőszobát. Tulajdonképpen a munkahelyén volt, ám nem sok vizet zavart. Nos, az eseménytelenül telt néhány óra után kezdett türelmetlenkedni, ám a védőnőnek is meg kellett szenvednie az első szülésre jellemző, 6 órán át tartó vajúdás kellemetlenségeit.

Április 16-án délelőtt végre megszületett várva-várt, gyönyörű kislányuk. A szülők nem tudtak betelni a gömbölyded, selymesen barna hajú, csillogó szemű, a világ legszebb újszülöttjével. Ez a semmihez sem hasonlítható, csodálatos érzés minden kellemetlenséget, fájdalmat elhomályosított. Ezt az érzést – a később előforduló problémák, fájdalmak ellenére is – minden nőnek meg kellene tapasztalnia. Ez az érzés teszi igazán a lányt valódi nővé. Nos, nem testi-biológiai értelemben alakul át nővé, hanem lelkileg olyan emberré, aki önzetlen szeretetre, megbocsátásra képes újra és újra, amíg remény van rá. Megbocsátja gyermekei bizalmatlanságát, férje hűtlenségét, a család összetartásának reményében. Olyan nővé, aki családját óvja-védi, áldozatot tud hozni értük anélkül, hogy kérnék rá. Bár az első gyermek születésekor még nem tudatosul mindez a nőben, ösztönösen érzi, amikor először ölelheti magához gyermekét.

Zsógáb úgy gondolt vissza erre a napra, mint addigi élete legszebb, legboldogabb pillanatára. Kezében tarthatta szerelmük gyümölcsét, aki egészségesen, teli torokkal jelezte, hogy most már ő is itt van, vele is számolniuk kell. Csak éppen megpillanthatta gyermekét, már el is rabolták tőle, de szívébe örökre berajzolódott a rúgkapáló, élni akaró s egyben oltalmat kereső csöpp kis teremtés. Másnap hozták először szoptatni a vele egy napon szült nők újszülöttjeit. A madám négy babát tartott a hóna alatt, hármat odaadott mamájuknak, és a negyedikkel az ajtó felé tartott. Zsógáb az ágyból kipattanva, kétségbeesett hangon kiáltotta:

– Ő az enyém, hová viszi?

A madám megtorpanva, ajkán halvány mosollyal nyújtotta át anyjának az éhségtől oázó, követelőző kisbabát. Nem négy közül, de száz közül is megismerte volna megszenvedett és általa megszenvedtetett gyermekét, akit a világ legszebb, legformásabb újszülöttjének tartott. Az ifjú apa estefelé hazatartva, szokásos jókedvvel, fülig érő szájjal, szemében jól ismert, huncut mosollyal nyújtotta át a friss virágcsokrot gyermeke anyjának. A szülést követő napon megérkezett Totyám édesanyja, aki elsőként hozta szóba a névadással kapcsolatos teendőket. Az anyós még a szülőotthoni tartózkodás alatt – a pappal előre egyeztetett időpontban, a lakásán – titokban megkereszteltette elsőszülött unokáját. Természetesen saját vallásukat megtisztelve tartotta keresztvíz alá pár napos újszülöttet.

A kismamának kisebb gondja is nagyobb volt annál, hogy a keresztelő valláson töprengjen, amiért később édesapja neheztelését kellett elszenvednie.

– Elárultál, kislányom, bennünket – mondta.

Noha Zsógáb értette szülei megnyilvánulását, azt is jól tudta, hogy egyik család sem gyakorolja vallását. A kereszteléssel csupán a hagyománynak kijáró tisztelettel adóztak.

Nos, így mentek ezek a dolgok a hatvanas években. Állami alkalmazott nem követhette el nyíltan ezt a „bűnnek" számító, bűnös magatartást. A keresztelést minden olyan család, amely valamilyen oknál fogva fontosnak tartotta, az újszülött hazavitele előtt, titokban ejtette meg. Totyám, munkából hazatartva, mindennap meglátogatta családját. Türelmetlenül várta az időpontot, amikor végre saját otthonukban tudhatja őket.

Április második felében, gyönyörű kora tavaszi napon a ház előtti fenyőfa körül gyöngyvirág fehérlett, fejüket lehajtva, üdvözölve a hazatérőket. Már kissé kókadtan, ám még büszkén sárgállott az aranyeső, magamutogatón ontotta rikítóan rózsaszínű virágait a japánbirs, és méhecskék dongták körül a fehér és lila orgonát. Mindezek mellett helyet követelt magának az édeskés illatú, fehér-fürtös virágú akác is a belső kerítés mentén. A kert legmélyén tarka színekben pompázó, gazdag illatokat árasztó cseresznye-, alma-, barack- és birsfa ontotta szirmait. A természet elbűvölő szépségével körülvett kedves hajlékba hazaérkezett a „Csodával", azaz Mancsival megszaporodott ifjú pár. Most már egy igazi család vagyunk – ismételte boldogan vigyorogva Totyám. Kislányuk, Mancsi nagyon szerette a hasát, addig szopott, amíg ki nem buggyant szájából az anyatej. A mohóság megbosszulta magát, sokat fájt a hasa. A szülők teljesen kikészültek, éjszakákat nem aludtak a csöppségtől, állandóan üvöltött. Eleinte okkal oázott a baba – fájt a hasa –, később már megszokásból. Kikövetelte, hogy körülötte ugráljanak szülei. Mindketten lefogytak, sápadoztak, hiszen éjszaka pesztráltak, nappal pedig már dolgoztak. Bár egyre nehezebben, de ment ez egy darabig, ám a 12 hetes szülési szabadság letelte után Zsógábnak is dolgoznia kellett. Némi pihenőre a szülőknek is szükségük volt.

Úgy döntöttek, hogy felváltva éjjelenként egyikük átköltözik a nappaliba, a másik pedig tartja a frontot a hálószobában. Totyám – praktikus ember lévén – megunta az ágyból való ki- és bebújást, egyszerűsítette a pesztrálást. Kislányát maga mellé vette, a cumit Mancsi szájába tette úgy, hogy karikájába ujját beledugva nem engedte, hogy a cumi elhagyja a baba száját. Csoda történt, ezen az éjszakán nem volt oázás. Reggel Zsógáb átment a hálószobába, hogy megszoptassa gyermekét, akit sehol sem talált. Kétségbeesve ébresztette férjét.

– Hol van Mancsi? – kérdezte. Eltűnt gyermekük után kutatva riadalom lett úrrá a szülőkön. Sehol sem találták alig három hónapos gyermeküket. Miután mindent átkutattak, Zsógáb csak úgy, automatikusan alánézett az ágynak és ott találta édesdeden alvó kislányukat. Konstatálták a szokatlan helyzetet, ami abban nyilvánult meg, hogy a szülők fekhelyéül szolgáló, alacsony sezlon óvta meg gyermeküket a sérüléstől. Nos, a csecsemő megúszta a szökési kalandot horzsolás nélkül. A nagy ijedelem után reggel megérkezett a 15 éves kislány, Jutka, aki napközben gondozta a babát. Természetesen Zsógáb minden alkalommal elkészítette csecsemőjének a szopás pótlására szolgáló elemózsiát, a szülők pedig nyugodtan mentek dolgukra. Ám az esti szoptatásnál Zsógáb különös dolgot fedezett fel gyermeke arcán. Az egyik oldalon vékony ujjnyomokhoz hasonló, lila foltok éktelenkedtek. Kétségbeesetten latolgatták, mi történhetett gyermekük arcával. Kifaggatták a kis pesztrát is, aki kezét tördelve – nyomatékul szolgálva igazmondásának – tagadta, hogy bármit is tett volna kedvencével. Mindenesetre ettől az éjszakától kezdve mindkét szülő visszaköltözött a közös hálószobába, hogy együtt védjék kislányuk álmát. Másnap megérkezett Totyám édesanyja, s miután megszemlélte unokája arcán lévő foltokat, sejtelmesen elmosolyodott. Gyere csak, fiam, mutasd a bal kezed – mondta. Rátette fia kezét a kislány arcára, akinek ujjai pontosan illeszkedtek az arcon lévő elváltozásra. Megoldódott a rejtély, amit a cumival elkövetett trükk okozott. Mancsi arcán nem más, mint édesapjának ujjnyomai éktelenkedtek. Hálát adtak a Mindenhatónak, hogy ennyivel megúszták, ugyanakkor eldöntötték, hogy leszoktatják csemetéjüket az éjszakai ribillióról. Megbeszélték, hogy nem kelnek fel éjszaka pesztrálni, bármi is történjen. Gyötrelmes „birkózás" következett.

Két éjszaka alig aludtak a szülők – egymást felváltva nyomkodták vissza a másikat az ágyba, ám végül győztek. Hagyták gyermeküket sírni anélkül, hogy bármit is tettek volna. Harmadik éjszaka alig sírt fel a baba – rájött, hiába erőlködik –, nyomban álomba merült. Soha többé nem okozott álmatlan éjszakát szüleinek, elmaradt az éjszakákat kísérő „műsor", mukkanás nélkül aludták át az éjszakát.

Jelentős változást hozott a védőnő életében a motorkerékpárra megszerzett vezetői engedély. A jogosítvány birtokában ezen túl motorral járta az úttalan utakat, a falutól több kilométerre fekvő tanyaközpontokat. Szerette a véget nem érő dűlőutakat, melyek térbeni és időbeni távolságával kielégítették szabadságvágyát ugyanúgy, mint a motorsuhanás okozta, szellő bolygatta, rakoncátlan hajtincseinek fuvallatát. Érezte a kátyúkba zökkenő motor kerekének fájdalmát ugyanúgy, mint eső után az életet adó nedves föld illatát. Csodálta a kéklő égen, nyári eső után mindig megjelenő tarka szivárványt. Ám nemcsak az érzékeire ható szépség miatt szerette új járművét.

Tavasztól őszig időt mentett szűkebb és tágabb családjának a jármű használata. Mi tagadás, gyorsabb volt a sima kerékpárnál. Az sem zavarta, ha nyári zápor idején az esőáztatta dűlőutakon meg-megcsúszott kedvencével, mert még mindig könnyebbnek bizonyult az óvatosság, mint a vállon cipelt, motor nélküli kerékpár. A megspórolt szabadidejét arra is felhasználta, hogy kedvenc motorkerékpárjával 15–20 perc alatt hazarepüljön a sárréti szülői házhoz. Szerette az út mentén elsuhanó fákat, a székfűvirágzás idején aranylón illatozó rétet, amely gyermekkorára emlékeztette. Maga előtt látta az alig öt-hétéves copfos gyereklányt, aki székfüt gyűjtött a helybéli patikának aprópénzért, a szűkös családi kasszába.

Nos, most érezte igazán, hogy mennyire jó döntésnek bizonyult a körzetváltás. Néhány hét alatt megismerte új gondozottjait. A község vezetőivel is sikerült jó kapcsolatot kiépítenie. Alig 23 évesen – mint már szó volt róla – a Végrehajtó Bizottság tagjává választották. Bár meglepte a döntés, nem szabadkozott, hiszen a közügyek mindig foglalkoztatták, még akkor is, ha így konkrétan nem fogalmazódott meg benne. Valahogy mindig a gyengébbek, a gyámoltalanok oldalára állt. Azok mellé, akik bár nem féltek a munkától, ám nem tudták megfogalmazni problémáikat. Azok mellé, akik ily módon kiszolgáltatottak lettek.

Ez nem mond ellent annak, hogy a lusta embereket nem becsülte. Az értéket teremtő közösség iránti elkötelezettségét ismerhették fel azok az emberek, akik a jelenlegi és a későbbi munkahelyein is felkérték bizonyos közösséget szolgáló feladatokra. Nos, abban az időben sokkal több munkája volt a körzeti védőnőnek, mint az napjainkban tapasztalható. A családlátogatások száma kötelezően előírt volt (200 alkalom/hónap), ám emellett az óvodai, bölcsődei vizsgálatok, a felvilágosító előadások is a körzeti védőnő feladatai közé tartoztak. Ilyen teendőt jelentett az iskolaorvosi tevékenység is, amire ma már külön védőnői munkakört hoztak létre.

Éppen ilyen iskolaorvosi vizsgálatra mentek főnökével az egyik tanyaközpontba. Miután végeztek a nebulók vizsgálatával, az igazgató-tanító felesége szokásához híven kedves figyelmességgel invitálta egy gőzölgő kávé melletti tereferére. Zsógáb büszke volt az idős pedagógusnő barátságára, aki anyáskodó tapintattal, érezhetően finom modorával próbálta kifaggatni az ifjú védőnőt a községben zajló életről, pletykákról, történésekről. Zsógáb az orvosi titoktartást meg nem sértve – míg a férfiak különvonulva tárgyaltak – igyekezett kielégíteni öreg barátnője kedves kíváncsiságát.

Beszélgetés közben a nyíló ajtóra pillantva a védőnő legnagyobb megdöbbenésére a kávéval megrakott tálcát egyensúlyozó férfiban hajdani szerelmét, Mathyast fedezte fel. A ház úrnője, ahogyan illett, bemutatta a két embert egymásnak. Munkája végeztével útjára bocsátotta a tanító bácsit. Mindketten úgy viselkedtek, ahogyan ez várható volt, hiszen nem először tették. Udvariasan kezet fogtak, mintha valóban most látták volna először egymást. A főhős nem kis elégtételt érzett akkor, amikor az egykoron oly sok szenvedést okozó férfi – főnöke kérésére – pincsi módjára kénytelen volt kiszolgálni a hajdanában megigézett, tapasztalatlan diáklányt.

Zsógábnak már korábban megálmodott álomélete valósult meg a faluban, mégis hiányzott valami. A község vezetői bármennyire szerették volna, Totyámnak nem tudtak végzettségének megfelelő munkát felajánlani. A naponkénti városba utazás viszont sok viszontagsággal járt. Leginkább az hiányzott, hogy jóformán csak aludni járt haza. Így esett meg, hogy az egyik piaci bevásárláskor egy ismerős nagymama, miután megdicsérte a babát, egyenes kérdést szegezett a védőnő felé.

– Védő néni, van apja ennek a gyönyörű kislánynak? Zsógáb megnyugtatta a nagymamát, mégis kínosan érintette a kérdés. Kínos volt annak ellenére, hogy megértette a nagymama kíváncsiságát. A férjével gondozottjai napközben nem találkozhattak, így nem is ismerhették a faluban. Totyám létezéséről csak azok az emberek tudtak, akikkel hétvégeken egy társaságba jártak.

Közel egy éves volt Mancsi, amikor Totyám azzal a hírrel jött haza, hogy telefonon beszélt a barátjával, aki meghívta mindkettőjüket hozzájuk nyaralni. A volt technikus barát, egyben osztálytárs az egyik megyeszékhelyen, nagyvárosban élt.

Zsógáb először hallani sem akart az utazásról. Nem tudta elképzelni, hogy megváljon csöppnyi gyermekétől. Férje, mint később hosszú évtizedeken át legtöbbször, most is meggyőzte feleségét.

– A védőnőképzőt és a gyakorló helyeket kivéve szinte alig mozdultál ki, nem ismered az országot, éppen itt az ideje elkezdeni – érvelt.

Zsógáb nagy dilemmában volt, végül rávette kedvese, hogy kérdezzék meg a két nagymamát, mit szólnak hozzá. Legnagyobb meglepetésükre a nagyik boldogan igent mondtak, azzal a kikötéssel, hogy a pesztra – akit jól ismer Mancsi – segítségükre lesz. A nagymamák úgy egyezttek meg, hogy egy-egy hetet töltenek kedvenc unokájukkal. Nos, miután gyermeküket biztonságban tudták, augusztus közepén oldalkocsis motorkerékpárjukat felpakolva elindultak a 180 kilométeres, kalandos útra. Zsógáb élvezte az idegenbe röpítő, rendkívüli szabadsággal kecsegtető kirándulást, amellyel nászútjuk óta először ajándékozták meg magukat. Lelkiismeretét csendesítve arra gondolt, hogy közel két év után újra a gondtalan együttlét vár reájuk, lesz a kísérőjük. Nem zavarta a vakító napsütés, amely világos szőkére szívta amúgy sötétszőke haját, ahogyan a langyos szél fuvallata sem, amely összekuszálta mindig jólfésült frizuráját.

Megérkeztek férje barátjához, ahol az egyszerű, városi vendéglátó ebéd után nem kis meglepetésre tovább kellett állniuk. Kiderült, hogy a másfél szobás, 3. emeleti panellakás alkalmatlan vendégfogadásra. Zsógábnak feltűnt a szegényesen berendezett otthonszerűség, a házastársak közötti nem éppen felhőtlen – inkább a vihar előtti csendre emlékeztető – feszültséggel terhes házastársi kapcsolat. Egyértelművé vált, hogy szállás után kell nézniük. Vendéglátójuk megoldotta a problémát, kész lakáscímmel kedveskedtek. Vagy Totyám nem tudott róla, vagy a barát-házaspár volt a ludas, mindenesetre Zsógáb elfogadta a helyzetet. Nos, miután beköltöztek a részükre kiadott szobába , kellemes belvárosi sétára indultak. Az augusztus közepi, enyhet adó esti órákban a nagyvárosi nyüzsgés az újdonság erejével hatott. Zsógáb kimondottan jól érezte magát. A két asszony együtt, a két jó barát szintén együtt fagylalt-nyalogató, gofrit nassolgató séta után ült be az egyik hangulatos kiskocsmába. Forró grogot szopogatva négyesben, hosszan beszélgettek. Másnap a tapolcai strandon találkoztak ismét. Totyám a barátjával megyei újságot lapozgatott, miközben gépésztechnikusokat kereső hirdetésre lettek figyelmesek. A két haver elhatározta, hogy felkeresik a mindössze 35 kilométerre fekvő, állást hirdető nagyvállalatot. Másnap délelőtt meg is tették. Ez a hirdetés örökre megpecsételte Zsógáb és férje hátralévő életét. Totyám munkát kapott, azzal a feltétellel, hogy szeptember elsején el kell foglalni a helyét. Totyám igent mondott. Megkötötték a munkaszerződést, a már szeptemberi munkakezdéssel. Nos, a feltételek között szerepelt még, hogy november közepétől 2,5 szobás összkomfortos lakást, a feleségének pedig állás is biztosít a nagyvállalat. Zsógáb meglepődött a hirtelen és nélküle hozott döntésen, de férje ismét meggyőzte. El kellett fogadni, hogy ezzel a döntéssel minden a helyére kerül. Mindkettőjüknek helyben biztosított munkahely, ajándékba kapott, nem is akármilyen lakás – nem elvetendő lehetőség. Sajnos munkanélküli barátját nem alkalmazták, ámbár nagyon nagy szüksége lett volna rá. Munkanélküli volt, és anyagilag le voltak égve.

12. fejezet

Ettől kezdve gyorsan peregtek a napok. Totyám szeptember elsejével munkába állt egy épülő szocialista város nagyvállalatánál. Munkásszálláson lakott, és mindennap elment „sürgetni", hogy minél gyorsabban haladjon az építkezés. Mindennap elment abba a háromemeletes, három lépcsőházas házba, amelyben a harmadik lépcsőház harmadik emeletén készült az új otthonuk. Kimondhatatlanul hiányzott a családja. Később őszintén elmesélte, hogy komolyan hitt benne, ha mindennap elmegy, és sürgeti az építkezést, hamarabb befejezik.

Bár kéthetenként, hétvégeken hazautazott, a velük töltött röpkének tűnő idő nem pótolta azt az űrt, amit szűkebb és tágabb családjának távolléte okozott. Zsógáb az első hónap szabad estéit még barátaival töltötte, de a második hónaptól kezdve megkezdte a csomagolást. Szisztematikusan, használati gyakoriságtól függően, a bútorokat kivéve végül bedobozolt. Soha nem szerette a búcsúzkodást, olyan véglegesnek tűnő, vissza nem térő dolognak érezte, amely elszomorította. Nem is igen búcsúzkodott, csupán a főnökétől, aki állandóan a sarkában volt, és az utolsó pillanatig próbálta meggyőzni, hogy maradjanak. Kézcsókkal búcsúzva, hosszan tartotta kezében Zsógáb kezét, miközben bevallotta, nemcsak egy kitűnő védőnőt veszít el, hanem mint nő is sokat jelentett a közelsége. Főnökének vallomása zavarba ejtette, meglepte hősünket, bár tudat alatt mindig is érezte a kölcsönös vonzalmat. November közepén, hajnali órákban elindult a 1,5 éves kislányával a nagy útra, férje pedig már megérkezett a bútorszállítóval, hogy estére berendezett lakással lepje meg feleségét. Így is történt. A meglepetés – ki nem mondott – mérhetetlen csalódást okozott Zsógábnak. Az új, harmadik emeleti 2,5 szobás lakás erkélyével együtt belefért volna a Zöldkeresztes Ház tágas nappalijába, a magasságáról nem is beszélve. Az ígért központi fűtés sem készült el karácsonyig. Ideiglenesen elhelyezett vaskályhával fűtöttek. Mielőtt munkába állt volna Zsógáb, igénybe vette az őt arányosan megillető szabadságát – majd praktikus okokból – egy hónap illetmény nélküli szabadságot kért munkáltatójától. Ezzel megkezdődött a véget érni nem akaró csalódások sorozata.

Kislányát nem vették fel bölcsődébe.

– Csak nem gondolja, hogy a maga gyereke miatt kidobjuk más gyerekét? – rázta le a tanácstitkár. Védőnői állás nem volt, körzeti ápolóként kezdte meg munkáját. Leendő főnöke desztillált vízzel telt fecskendőt nyomott a kezébe, feltűrte ingujját, és a vénás injekciótól kezdve a bőr alatti injekcióig saját magán tapasztalta meg új munkatársának gyakorlati rátermettségét. A jól sikerült bemutatkozás után főnöke azzal nyugtatta Zsógábot, hogy ő viszi és hozza mindennap kislányát a saját, 2 évvel idősebb óvodás fiával együtt a szomszéd település családias vállalati bölcsődéjébe. Lassan minden megoldódott. A lakást belakták, kislányuk jó helyen volt, Zsógáb elkezdett dolgozni. Hamarosan ígéretet kapott arra is, hogy egy év múlva megkapják a védőnői státuszt, és képzettségének megfelelő munkát végezhet. A nappalok – zsúfolásig tele teendőkkel – gyorsan teltek, ám az éjszakai álmok az eltűnt, boldog-békés életüket idézték.

Álmában újra a tágas, zöldkeresztes házban laktak, a karácsonyi díszbe öltözött fenyőfával a nappali ablaka előtt. Csalóka ábránd képében megjelentek a huncutul mosolygó gyümölcsfák az illatot árasztó, virágzó bokrokkal, a gazdasági épületekkel a ház mögött. Záró képként maga előtt látta az aranyló búzamező övezte dűlőutakat, amint a szabadság levegőjét szippantva száguld motorjával. Leizzadva, levegő után kapkodva, csalódottan riadt fel álmából, majd lábujjhegyen kilopózott a csöppnyi erkélyre – férje talán kellemesebb álmát őrizve –, hogy a valóságban is levegőhöz jusson. Ugyanakkor a csillagok ragyogásától remélt jobb sorsra érdemes jövőt. Miután megnyugvást nem talált, újra visszabújt ágyába. Férje békés, nyugodt arcát látván magát türelemre intette, és oldalán megpihenve már biztonságban érezte magát. Nem panaszkodtak egymásnak, de a változás mindkettőjüket megviselte. Hiába volt minden, a munkatársak aggódó szeretete, főnökeik megértő segítsége, mindez nem pótolhatta a 180 kilométer távolságban lévő szeretteiket. Fájdalmasan hiányzott a bár megértő, mégiscsak cserbenhagyott szülők, testvérek, barátok, iskolák testközelben lévő szeretete. Nem pótolhatta senki és semmi a mind erősebben lelkébe mardosó, távolság okozta űrt. (Az '56-ban disszidált hontalan magyarok érezhették ezt) Gyökerei ellentmondást nem tűrő mélységben hatoltak a látóhatár nélküli, Viharsarok sziksó borította legelők és a földbuckák által tarkított, talajnak nem nevezhető kopárságába. Zsógáb szomorú szemei mégis felvidulva fedezték fel az élet jeleit igenlő múltat. Mintha valóság lenne, lelki szemei előtt megjelentek a területet uraló kolompoló gulyák, a messzi távolban panaszosan bégető birkák. A porfelhőkön átszűrődő napfényben újra látta a múltat idéző, jelenleg is hasznos gémeskutakat, melyeknek itatóit tolongó jószágok lepték el a déli harangszóra. Nos, ezek a képek egyre ritkábban, de még évekig – el nem homályosodva – kísérték Zsógáb álmait.

Lassan a körülményekhez edződve mindketten megnyugodtak, de ennek ára volt. Egy év múltán az ifjú házaspár – eredendő karcsúságuk ellenére – a mérlegen egyenként 8–9 kilóval kevesebbet nyomott. Ugyanakkor a kilók fogyásával párhuzamosan lélekben és testben megerősödve, új barátokra lelve, lassan otthon érezték magukat. A második idegenben töltött, megélt karácsony a jövőbe vetett hittel ajándékozta meg őket. A karácsonyfa előtt térdeplő gyermekük (fényképen is megörökítve) ezüstösen csillogó, göndör fürtökkel a jelent idézte, míg fürkésző mélybarna szemei a jövőben való hitet erősítették. Ugyanúgy a jövő biztos zálogát vetítette eléjük gyermekük karácsonyfa előtti önfeledt játszadozása, ahogyan tágra nyílt szemeinek világra csodálkozása és énjének mindinkább tudatára ébredő, szülők észlelésében megnyilvánuló csodálata.

A nagy távolság ellenére a szülők és testvérek is látogatták idegenbe csatangolt gyermekeiket, testvérüket, ez mégis valahogyan más volt. Zsógábnak igazi élményt jelentett, és komoly feltöltődést, az éves szabadság ideje alatti hazalátogatás. Újra érezte a falusi otthon melegét, az egyenes beszédű, szűkszavú emberek természetes, tiszta, őszinte érdeklődését. Mindig megérintette a rokonok, ismerősök feléje sugárzó, jóindulatú közeledése, érdeklődő közlékenysége. Kislányuk jól érezte magát a baromfival benépesített udvaron, ahol apróra csipegetett palacsintával csalogatta a csibéket, és nyitott szívvel figyelte a kecskét fejő nagymama szorgos kezei alatt a flaskában szaporodó friss tejet.

Nos, az új élmények mellett mindenáron segíteni akart nagyszüleinek. Nagyapja sietett kerékpárra szállni az aratásban részt vevő nagybácsinak szánt finom ebéddel, de az unoka minduntalan megakadályozta. Csöpp kis kezeivel a kerékpárba kapaszkodott, jelezve, hogy ő is menni akar az arató-cséplőgéphez. Papája már késve volt, és türelmetlenül kérdezte unokáját: mért nem fogadsz szót, kislányom?

– Mert nem az van, amit én akarok – válaszolta a dackorban lévő leányzó. Ilyenkor az apró házi jószágok itatásával-etetésével sikerült másra terelni gondolatát.

Az egészségügy vezetői betartották ígéretüket, egy év múltán Zsógáb megkapta az újonnan kialakított 2. sz. védőnői körzetet. Minden úgy kezdődött, mint első kinevezésénél, a nulláról indult. Egymás után adták át a panel épületeket, ám a beköltözöttekről nem volt csecsemő-, sem terhesnyilvántartás. A szülők bevallása szerint legtöbbször nem is jelezték volt lakhelyük egészségügyi szolgálatánál elköltözésüket, lakcímváltozásukat. Egyetlen megoldás kínálkozott. Üres törzslappal a táskában emeletről emeletre, ajtóról ajtóra sorra járni a családokat a hiány pótlására. Testi-lelki erőt igénybe vevő, kíméletlen munka volt a javából. Míg szeme előtt lebegtek a napi teendők, Zsógáb fáradhatatlan volt, ám mikor délután fel kellett mennie a saját lakásába, III. emeletre, a lépcsőzés már nehezére esett. Gyermekét és férjét megpillantva nyomban felélénkült, készítette a vacsorát és végezte a még rá váró egyéb háztartási teendőket. Még arra is jutott ideje, hogy minden este mesével búcsúzzon kislányától. A családja körében eltöltött idő után újabb erőre kapott, ment vissza a tanácsadóba, hogy a napi információk alapján lekörmölje, elkészítse a nyilvántartásokat. Hetekig tartott ez az embert próbáló, megfeszített munka, amikor is éjfélnél előbb nem került ágyba. Mindezt hogyan viselte férje? Megértő, elnéző, szeretettel és saját igényét kielégítő, számára szórakoztató munkával. Gondosan elkészített tervek alapján, fotelban ülve, vörösrézből használati- és dísztárgyakat kalapált (kiállításon is megjelentek zsűrizett darabjai). Máskor garázst épített, majd használt autót csavarokra szétszedve újat varázsolt belőle. Mikor mindezzel elkészült, saját maga által tervezett és legyártott kézi szerszámmal sóskúti mészkőből csiszolt burkolóanyaggal díszített házat épített. Nyugdíjba vonulásuk után (már csak magánvállalkozókként) az így elkészült ház lett a várostól 3–5 km-re fekvő családi otthonuk. A hófehér burkolóanyaggal felépített (Zsógáb keze nyomán) fekete fugával díszített házat Zsógáb „ékszerdoboznak" becézve nagyon megszerette, melynek sokan csodájára jártak. Totyám igazi ezermesternek született. Korábban a munkahelyén sem tétlenkedett. A napi monoton munka mellett újításokkal elismerést és a háztartáshoz pedig kiegészítő jövedelmet szerzett. Mindezt hogyan bírta Zsógáb? Ugyanúgy, mint férje az ő állhatatosságát. Zsógáb munkája új lakóhelyén is kiváltotta környezete elismerését. Öreglány kolléganője sokszor kifejezte őszinte megdöbbenését. Egymás tetejére, keresztbe helyezett két tenyerét (bátyja pap volt) szegycsontjára szorítva, csodálkozva kérdezte: hogyan bírod a gyerek és a férjed mellett? A kérdés maga az elismerés volt egy olyan embertől, akinek minden örömét a munka jelentette. A baj akkor és ott kezdődött, amikor nemcsak a szakmabeliek, de a város politikai vezetői is felfigyeltek az ifjú védőnőre. Az egészségügyi pártszervezet titkára néhány hónap után tágra nyílt szemekkel vetette fel, hogy nem akar-e belépni a pártba. A lelkében, agyában már régen feledni vélt, ám idegeiben mélyen nyomot hagyó félelem újra éledezni kezdett. „Én meg a Párt?"

Zsógáb gondolatában, de terveiben is a kettő olyan messze állt egymástól, mint kéklő égen a csillogó csillagok és a feketén mélyülő, koromfekete föld. „Hogyan képzelik?"

Visszatértek a régi emlékek, az édesapját és családját ért fájdalmak, nélkülözések, megaláztatások. Újra fel kell vennie a tőle merőben idegen álarcot? Minden megnyilvánulásánál figyelni arra, hogy el ne árulja magát? Vagy talán mindent tudnak múltjáról, csak így akarják próbára tenni vagy becserkészni? Mit tehetett mást? Megpróbálta újra elhessegetni, felejteni az elfelejthetetlent, a már múlandóba vesző múltat. Ennek reményében éveken át késleltette a végső döntést azzal, hogy különböző társadalmi funkciókat vállalt. Szolgált mint tanácstag, majd vöröskeresztes és szakszervezeti titkár. Ez leginkább arra volt jó, hogy a sok munkájára hivatkozva elodázta a pártba való belépést. Eszébe jutott az előző munkahelyén lévő járási vezető védőnő, aki azzal próbálta maradásra bírni, hogy „városi védőnőként csak egy lesz a sok közül", nem úgy, mint falun, az elismert, a kitüntetett ember.

Sorsa vagy végzete, vagy veleszületett, génjeiben hordozott adottságai, vagy mindezek együtt juttatták oda, hogy előbb-utóbb újra komoly döntéseket kellett hoznia. Újra megkísértette a dilemma, döntenie kellett a jó és a rossz között, vagy legalábbis a rossz és kevésbé rossz között.

13. fejezet

Kislánya már közel 3 éves volt, amikor hirtelen elemi erővel tört fel benne egy második gyermek utáni vágy. Lehet, hogy ösztönösen úgy érezte, egy újabb gyermekáldás, egy csöppnyi élet, amely az ő odaadó gondoskodását igényli, leköti. Valójában ez csak az idegek játéka volt, mindig tudta, hogy kell egy kis testvér. Úgy okoskodott, hogy ha a szülők már nem lesznek, kellenek a testvérek, akik mindig számíthatnak egymásra. (Ennek a tiszta szívből, felelősséggel áhított vágynak élete alkonyán lesz még jelentősége.) Bármilyen nehéz időket is élnek, úgy gondolta, nem foszthatják meg lányukat egy olyan embertől – a testvértől –, aki a legközelebb áll hozzá. Férje is biztatta, hogy kell még egy gyermek, aki szintén kislány lesz. Érzik a különbséget? Míg elsőszülött gyermekük várásakor a gyermek nemére vonatkozó kérdésekre Totyám úgy nyilatkozott, hogy leánynak kell lennie! Most pedig azt mondta, ő is leány lesz. Lapozgatták a naptárt, ízlelgették-kóstolgatták a neveket, míg végre döntésre jutottak. Nos, ha fiú lesz, feleségét illeti a névválasztás joga, ha mégis leány lesz, Totyám fogja elnevezni.

A következő év februárjában megszületett másodszülött leányuk, Csurka. Két centiméterrel hosszabbként, 100 grammal kisebb súllyal, mint Mancsi, csodálatosan formás fejével, hosszú, vékony lábaival erőteljesen kapálózva az ég felé követelte helyét a családban. A szintén spontán szülés után már az ötödik napon hazavihették újszülött gyermeküket a III. emeleti városi lakásba, ahol nővére örömmel fogadta húgát szobájában. Idilli kép elevenedett meg a gyermekszobában alig pár hét után. Mancsi csöppnyi, gömbölyű karjaival rátámaszkodva a rácsos ágy tetejére, fejét lágyan a karjára hajtva, szemében valami titokzatos áhítattal szemlélte az akkoriban divatos angolpólyába bugyolált, mozgó életet. A pihe-puha ágyacska szinte megelevenedett, amint Csurka ide-oda futkosó, eleven gombszemeivel, selymesen csillogó, pejbarna hajával arcát keretbe foglalón, még öntudatlan kíváncsisággal csodálta testvérét.

Miután most is rövid volt a szülési szabadság (20 hét), Zsógáb igyekezett minél több időt tölteni gyermekeivel. Bőrápolás közben össze-vissza puszilta Csurka illatosan bársonyos bőrét, miközben arra lett figyelmes, hogy Mancsi szomorú szemekkel figyeli az előtte zajló jelenetet. Bár Zsógáb nem tartozott a bújós majomszeretetűek közé, mégis azonnal kapcsolt – idősebbik lánya féltékeny húgára, hiszen közel négy évig kizárólag ő volt az anyja szeme fénye. A jelenet mélyen bevésődött Zsógáb agyába, és ettől a pillanattól tudatosan figyelt minden mozdulatára és idősebb gyermeke reakcióira. Ahányszor a Csurka körüli teendőket végezte, és az ehhez kapcsolódó szeretet-megnyilvánulását kifejezte, annyiszor fordult gyengéden Mancsi felé, hogy odaadó szeretetéről megnyugtassa. Ahány simogatással vagy puszival érintette Csurka bőrét, ugyanannyiszor érintette Mancsi pofikáját. Mindenesetre helyre állt a családi béke a két gyermek között. Mancsi nem mutatta féltékenységének legkisebb jelét sem. Zsógáb mint édesanya képes volt arra, hogy a szeretet-kifejezés hiányát jelző legapróbb rezdüléseket észrevegye és mély átéléssel pótolja.

Egyik oldalon megoldódott a probléma, hogy más területen újabb kihívással találja szembe magát. Egyre elkeseredettebben vette tudomásul, hogy a kezein észlelt kellemetlen, viszkető vízhólyag mindinkább makacs bőrelváltozássá alakult. A környezetében lévő orvosok minden próbálkozása, kezelési kísérlete ellenére most már egész testére kiterjedt, a múlni nem akaró, váladékozó bőrelváltozás. Már nem tudott kenyeret szelni, de még egy kávét sem bekészíteni, ugyanis a gyulladt kézfej feszes bőréből a legkisebb mozdulatra csurgott a genny. Bár maga is butaságnak tartotta, ám mégis féltette gyermekeit a fertőzéstől. Kénytelen-kelletlen el kellett fogadnia a korábban megfogalmazott orvosi javaslatot, a kórházi kezelés gondolatát. Hozzálátott a lelkiekben kemény munka megszervezéséhez, mivel tudta, hogy – nagyszülők híján – távolléte alatt a hathetes csecsemő és a négy éves óvodás gyermek gondozása, teljes ellátása kizárólag a férjére hárul. Bízott a férjében, aki eddig is anyákat meghazudtoló ügyességgel bánt leányaival. Tisztába tette, fürdette, etette Csurkát, mosta és kivasalta pelenkáit. Öltöztette, illetve óvodába, balettre vitte-hozta, minden tekintetben felügyelte Mancsit. Megtöltötte a kávéfőzőt, elkészítette a szendvicset feleségének – mindezt, mielőtt munkába ment. Nos, ezen ismeretek birtokában Zsógáb aprólékosan megszervezte távollétére a gyermekei ellátásával kapcsolatos teendőket. Egyik gondozottja esténként a védőnő lakására vitte az általa lefejt, összegyűjtött női (más anya)tejet. A bölcsőde vezetője az üresen álló betegszobába fogadta az egészséges újszülöttet, férje főnöke pedig rugalmas munkaidőt engedélyezett az apa részére. Nos, a legnehezebb teendő még hátra volt. Csurka a két szopás között már gyümölcsöt és főzeléket kapott – ebben az időben a protokoll szerint hamarabb kezdték a hozzátáplálást –, amit el is kellett készíteni. Nem volt más megoldás, Zsógáb magnóra mondta a pótlásra szánt ételek elkészítésének csínját-bínját és egyéb, fontosnak vélt feladatokat. A magnószalag futott, Zsógáb gondolatai pedig egy helyben topogtak: családja körül, akiket elhagyni készült. Szemeiből szemerkélő esőként eredt a könny, hogy aztán megállíthatatlan zuhatagként hulljon alá. Hangja el-elcsuklott a fárasztó, hosszú időt igénybe vevő felvétel alatt. Másnap reggel férje gyermekeivel, Zsógáb pedig magányosan indult a helyzet megoldását jelentő, mégis bizonytalanságot hordozó ismeretlen út, a kórház felé. A megyei kórház bőrgyógyászati osztályán az idős főorvos – a körülményeket ismerve – megértő kedvességgel fogadta a kismamát. Egy hét alatt rendbe hozzuk, kislány, hangzott a biztató válasz. Zsógáb és férje közösen megegyeztek abban, hogy Totyám nem látogatja feleségét, csak telefonon tartják a kapcsolatot. Egyetértettek abban is, hogy minden lehetséges időt a gyermekek jobb ellátása érdekében használjanak fel. Ez a megállapodás a beteg kismamára is vonatkozott, aki mindent megtett azért, hogy minél előbb szoptató anyaként térhessen haza.

Három óránként kínok közepette fejte le sós könnyel hígított tejét, mialatt távoli, más tejét pohárból ivó csecsemőjére és szomorú barna szemű, érzékeny lelkű gyermekére, Mancsira gondolt. Nos, a megállapodás ellenére pár nap után kórházi ágyánál váratlanul megjelent a férje. Kiderült, hogy a Zsógábbal együtt dolgozó gyermekgyógyász meggyőzte a férjet arról, hogy mégis látogassa meg feleségét. A munkatárs készséggel vállalta az otthon maradt gyermekek ellátását. Nem is történt semmi baj azon kívül, hogy az orvos, minden próbálkozása ellenére, nem tudta pohárból megetetni, itatni Csurkát. A gyermekgyógyász a rutinos ifjú papa megérkezésekor szomorúan számolt be a sikertelen vállalkozásáról. Totyám az ismert, mindig magabiztos mosolyával bal karjába kapta gyermekét, jobb karjába a tele poharat, s az orvos legnagyobb meglepetésére Csurka abban a minutumban kihörpintett a főzeléket. A lélegzetelállító bravúr után az orvos magához tért, amint felfedezte sikertelenségének valódi okát. Rájött, hogy nem változott semmi, csak az édesapa másképpen tartotta karjában a – csecsemőt. Az élmény olyan hatással volt az orvosra, hogy ezen túl, ha egy kismama panaszkodott, hogy pohárból nem hajlandó enni-inni csecsemője, az orvos arra biztatta őket, hogy kérjenek tanácsot a védőnő férjétől.

Tíz nap alatt valóban meggyógyult Zsógáb, és újra együtt volt a család. Mi okozta a makacs bőrgyulladást? Egyértelműen nem derült ki. Feltételezték, hogy mosópor-allergiáról lehet szó, amit ráfertőzéssel súlyosbított a kézzel mosott pelenka. A kórház után még maradt néhány boldog hét, amit Zsógáb két gyermekével együtt tölthetett.

Míg végezte a házimunkát, Csurka – gyakori ellenőrzés közepette – az erkélyen napozott, egy lavór víz mellett. Mancsi pedig az erkély alatt homokozott. Később együtt mentek ki az árnyat adó lombos fákkal, bokrokkal és virágcsodákkal tarkított, a kismamák találkozóhelyéül szolgáló parkba. A környékről összesereglett kismamák nem kis irigységgel csodálták a védőnő napbarnított csecsemőjét. Ugyanakkor kifejtették véleményüket, amely szerint ők többet tartózkodtak a parkban és a friss levegőn, mégsincs olyan barna a gyermekük. A védőnő felfedte titkát, az erkély beiktatását, ami több szempontból is hasznosnak bizonyult. A gyermekei levegőztetésével párhuzamosan elvégezhette a házi munkát, megtisztította férje másnapi cipőjét, bekészítette a kávéfőzőt, s várta a munkából hazatérő párját. Nyár közepéig teljes volt a családi idill, ám ezt követően Zsógábnak vissza kellett menni munkahelyére.

Nos, elkezdődött a megszokott taposómalom, ami rövid adaptáció után nem jelentett gondot. Hősünk mindig is jól bírta a gyűrődést, nagyfokú teherbíró képességgel rendelkezett, és örömét lelte a jól végzett munkában. Ehhez most is minden feltétel adott volt. Férje továbbra is kivette a részét a házi munkából. A 4 hónapos Csurka az előzmények birtokában jól bírta a bölcsődét, Zsógáb pedig új körzetében közel 3 év után úgy ismerte gondozottjait, mint a tenyerét. Minden adott volt ahhoz, hogy jól érezzék magukat már nem is annyira új lakóhelyükön. Baráti körük is állandósult, elsősorban szakmai berken belül. Az ünnepeket, névnapokat 8–10 fős társasággal ünnepelték. A házban, melynek lakói egyébként is körzetéhez tartoztak, jó szomszédokra, segítő emberekre találtak. Amikor hetenként egyszer, leginkább hétvégén elmentek szórakozni, egy, az épületben lakó megbízható asszony vigyázott gyermekeikre. Óriási előnyt jelentett a szomszédasszony segítsége azért is, mert házhoz ment pesztrálni, ami egyben azt is jelentette, hogy a gyermekeket nem kellett kimozdítani saját, megszokott környezetükből.

A lakásukhoz közeli exkluzív szálloda bárjában halk zeneszó mellett, kényelmes fotelokban szívesen töltöttek 2–3 órát. Ilyenkor egy üveg vörösbor mellett vagy édes-fehér martinit kortyolgatva beszélték meg a hét eseményeit. Külföldi sátorozás esetén az ismert bölcsődei gondozónő saját otthonában látta el kisebbik lányukat, Mancsi pedig már 3 éves korában megízlelte a Fekete-tenger sós vizét. Együtt szívhatták magukba a Magas-Tátra üdítően friss levegőjét, és csodálhatták a Zsil folyó haragoszöld, sebes folyását. Mancsi végigaludta a szerpentin utak kanyargós vonalát, hogy aztán az új élmény kíváncsiságával fogadja a szórakoztatni akaró, medvebőrbe öltözött emberek elmésen koreografált táncát. Alkonyatkor apa és leánya sátrat vertek, ezalatt Zsógáb elkészítette a bográcsban főtt vacsorát. Míg a száraz gallytól ropogó tűz fölött főtt az éhséget gerjesztő, illatot terjesztő étel, addig apa és lánya valahol az erdő mélyén szedret és áfonyát gyűjtött desszertnek a vacsorához.

Egész évben beosztással éltek, hogy a nyári szabadság alatt kiszabadulhassanak a panelrengetegből. Zsógábnak a felelős gazdálkodás nem jelentett gondot, hiszen édesanyjától ezt látta egész életében, no meg mindig is előrelátó volt. A legtöbb emberhez hasonlóan szerényen, ám nyugodtan élték mindennapjaikat. Elégedettségében csak megkésve érzett rá, hogy valahonnan a távolból újra szivárogni kezdenek, és polipként menthetetlenül közelednek a nyálkásan folyó, csúszó-mászó árnyak.

Az egészségügyi párt-alapszervezet titkára – aki a Városi Tanács Egészségügyi Osztályának alkalmazottja volt –, bár már többször elutasítást kapott, újra és újra felvetette a védőnőnek, hogy nem szándékozik-e belépni az MSZMP-be? Noha eddig különböző társadalmi munkavállalással elodázta a választ annak reményében, hogy végleg megfeledkeznek róla, csalódnia kellett. A várakozással ellentétben a párttitkár részéről egyre erőszakosabban vetődött fel a kérdés. Zsógáb eddig jó szívvel tekintett a szakmabeli hölgyre, ám a kérdésre, hogy „mikor lépsz be"?, elakadt a lélegzete. Kétszeresen meglepte a kérdés. Egyrészt végre sikerült maga mögött hagyni a diákkori meghurcoltatások élményeit, pályájának derékba törését, másrészt a fájdalmas – családját ért – sérelmek, megaláztatások végképp kiölték belőle a netán esetleges vonzódást egy ilyen vagy hasonló ideológiát hordozó alakzat iránt. Félelmében elkezdett dadogni, majd hadarni, aminek az volt az értelme, hogy még nem készült fel a megtiszteltetésre. Tudatalattijába befészkelte magát a gondolat, hogy távol kell tartania magát az efféle kényszerlépésektől. Ennek az elhatározásnak érdekében tudatosan tervezte eljövendő életét. Előbb, mint már szóba került, tanácstagként szolgálta a település lakosságát. Majd amikor a tanácstitkár megkérdezte, miben lehetnek segítségére, kérhet bármit, rosszat sejtett. Azzal hárította el a kérdést, hogy mindene megvan, nincs szüksége segítségre.

A következő ciklusban nem jelölték újra.

Nos, alig egy év múlva megválasztották a Vöröskereszt egészségügyi alapszervezetének titkárává. A település vezetői meg lehettek elégedve munkájával, mert felajánlották a városi vöröskeresztes titkári állást. Kedvező válasz esetén a védőnői fizetésének dupláját ajánlották, nem is beszélve a rangról, ami a település első számú vezetői közé emelhette volna. Az elhúzott mézesmadzag nem hozta meg a kívánt hatást. Zsógábot nem olyan fából faragták, hogy egy tessék-lássék funkcióért megváljon tanult szakmájától. Nem mintha nem jött volna jól a magasabb fizetés, de főhősünket ettől magasabb szempontok vezérelték. Nem tisztelte csupán magáért a rangot, különben is szakmán belül képzelte el a továbbtanulását. Miután szakmai téren ebben az időben nem kínálkozott lehetőség, beiratkozott a Marxista-Leninista Középiskolába, majd ennek elvégzése után az Esti Egyetemre. Különös vonzódást érzett a filozófiai ismeretek iránt. Mindkettő elvégzését vörös oklevéllel jutalmazták. Eredeti terve az volt, hogy filozófia szakon megszerzi a politikai főiskolai diplomát. Ezt az óhaját – csodával határos módon – a pártvezetés is örömmel fogadta. Az oklevélosztó ünnepi vacsora után a település párttitkára biztosította továbbtanulásának támogatásáról. Ám Zsógáb elképzelése megváltozott. Eleve azzal a szándékkal kezdett a tanuláshoz, hogy legyen az bármilyen ismeretszerzés, ha komolyan veszi, csak gazdagodhat vele. Ebben az esetben is ez történt. A szocialista és polgári filozófia tanait összehasonlítva rá kellett jönnie, hogy a kettő csak szavakban különbözik egymástól, de a valóságban nem. Az elmélettel szemben a gyakorlat azt mutatta, hogy a tőke mindig tőkét vonz, és ahol a gazdasági, ott a politikai hatalom is. A kizsákmányolás pedig úgy a szocializmus, mint a kapitalizmus sajátja. Kijelentette, hogy most már nem akar ezen a területen továbbtanulni. A pártvezetés – nem is titkoltan – kifejezte csalódottságát. Évfolyamtársai is csodálkoztak a döntésen, mivel az együtt töltött négy év után jól ismerték Zsógáb képességit. Egyik férfi padtársa Zsógábot magát is meglepő véleménnyel illette:

– Kár magáért, mert ha nem az lenne a férje, aki, magából miniszter lehetne.

Nos, amikor házi feladatként az amerikai alkotmányból kellett beszámolót tartania, a férfi évfolyamtársai – saját bevallásuk szerint – elámultak „lexikális képességein". Zsógábnak jól esett a dicséret, de csak kacagott rajta, és csak annyit válaszolt, hogy nincsenek ilyen nagyratörő álmai.

Mégis lehetett volna sikeres ember az egyszerű védőnőből? Valószínűleg igen. Meg kellett volna tanulni saját érdekeit képviselni, elveit megtagadni. Ám minderre ő akkor, ifjú fejjel képtelen volt ugyanúgy, mint most, idős korában, bölcsebben is, noha a válaszadást mégis sikerült ismét elkerülnie.

A lányokkal kapcsolatos szülői teendők (különórák, szülői értekezletek, munkaközösségi szerepvállalás, fogadóórák) továbbra is Zsógáb reszortjai közzé tartoztak. A ház körüli teendőkben, a házi munkában pedig most is számíthatott férje támogatására. A tanulást segítő feladatok megoszlottak a két szülő között. A reáltantárgyak területén az apára, a humán és zenei tantárgyak területén inkább az anyára támaszkodhattak a leányzók. Ezen a téren nem volt vita, mindegyik fél abban segített, amihez jobban értett. A szakszervezeti munkát szívesen végezte Zsógáb, hiszen a dolgozók érdekeit képviselhette, míg egyre több támadás nem érte. Gyakran előfordult, hogy a megyei titkár mosollyal az arcán, ám az asztal alatti lábrugdosással fejezte ki nem tetszését. „Nem kell feltétlenül minden esetben hangoztatnod valós véleményedet."

A megyei vezető később megmagyarázta tettének okát, amivel Zsógáb – természetesen – nem értett egyet. Néhány év szakszervezeti elkötelezettség után hiába jelölték, nem vállalt többé társadalmi munkát. Úgy érezte, hogy rengeteg energiáját fecsérelte el, ám gyakorlatilag nem sok értelme volt. Kollégáiért, a település közösségéért vajmi keveset tehetett, mert minduntalan akadályokba ütközött. Gyermekeire hivatkozva próbálta elfogadtatni, hogy kamaszodnak és ezért, más szempontból ugyan, ám egyre nagyobb szükségük van édesanyjukra. A valódi ok mégis az volt, hogy Zsógáb belátta, képtelen beállni a sorba, így viszont kilógott a sorból.

14. fejezet

A megérzés, hogy nincs vége a megpróbáltatásnak, a sötét, szürke gondolatok, amelyek időnként álmában is megjelentek, nemcsak álmok és gondolatok voltak, hanem igenis a kiábrándító valóság. Egyik reggel a munkahelyén üzenet várta, hogy ebéd után feltétlenül keresse fel főnökét, az osztályvezető főorvost, irodájában. Zsógábnak nem tetszett a hirtelen berendelés, ugyanakkor a legvadabb álmában sem gyanította azt a megaláztatást, amellyel szembesülnie kellett. A főorvos utasítása szerint még aznap meg kellett látogatnia egy családot. A kényelmetlenséget az okozta, hogy délelőtt már felkereste a családot csecsemőlátogatás céljából. Hogyan, milyen indokkal kopogjon be újra? Azt is tudta, hogy a kismama öcscse valahol Nyugaton él, disszidens. A család előtt nem akarta lejáratni magát, ám a bizalom elvesztését magában rejtő gyanúba sem szeretett volna keveredni. Hiába méltatlankodott, a főorvos nem tágított.

– Védőnő, értse meg, ez most nem kérés, hanem parancs (a főorvos sem volt párttag)! – mondta, egyik lábáról a másikra támaszkodva.

Zsógáb érezte, hogy főnöke kínos helyzetben van, tehetetlen, ám azzal is tisztában volt, hogy a közalkalmazottnak a parancsot végre kell hajtani. Most már csak az volt a kérdés, hogy milyen mértékű presztízsvesztéssel vagy anélkül úszhatja meg az ügyet. A feladat egyértelműnek tűnt. Nyitott szemmel és füllel járjon, és mindent jegyezzen fel. A megbízók arra volta kíváncsiak, hogy kik és hányan voltak a lakásban. Zavarban volt-e valaki, esetleg feltűnően vagy gyanúsan viselkedett? Mindent, amit észlelt, a kartonon rögzíteni kellett. Kora gyermekkorától gyakran került megoldhatatlannak látszó feladat elé, de édesanyjától megtanulta, hogy „lehetetlenség nincs, csak tehetetlenség". Most is ez járt a fejében azzal az előnnyel, hogy évek alatt megedződött, és a védőnői munka során szerzett tapasztalatok tükrében komoly emberismeretre tett szert. A kiszemelt család lakásához vezető úton átgondolta, mit s hogyan fog tenni.

Már a lépcsőházban gondoskodott arról, hogy észrevegyék közeledését. Akivel találkozott, mindenkivel leállt pár szót váltani. Ez nem keltett gyanút, hiszen mindenkit ismert, és viszont ismerték. Mikor végre felért a harmadik emeletre és becsengetett az adott lakásba, „véletlenül leejtette" kulcscsomóját a földszintre. A kismama kidugta a fejét, mire Zsógáb lefelé szaladva kiabálta vissza: azonnal jövök! Gondoskodott róla, hogy ha van valaki, vagy valami rejtegetnivaló a lakásban, legyen idő elrejtőzni, eldugni. Szentül meg volt győződve arról, hogy akinek érdekében állt, az értette a jelzést, mert amikor kifulladva felért a harmadikra, a nyitott ajtóban álló mosolyogva tessékelte be a „lelkiismeretes" védőnőt. A kismama kinyitotta a baba szobáját, Zsógáb lábujjhegyen, csendben közeledett a kicsihez, és miután megtapintotta alvó arcát, megnyugtatta az anyukát, hogy gyanúja nem igazolódott. A konyhában leülve elvégezte a szükséges adminisztrációt, közben elmesélte jöttének okát. Délelőtt gyanúsan pirosnak találta a pici pofiját, s attól tartva, hogy netán valami kiütéses fertőző betegség van kialakulóban, újra visszajött azt szemrevételezni. Miután eldöntötték, hogy semmi baj nincs, a kismamával együtt jóízűen kortyolgatták a konyha levegőjét is átjáró zamatú, illatosan finom feketét. Lehet, hogy valaki munka közben figyelte Zsógábot? Nem volt kizárható ez a lehetőség sem, ám a lényegen mit sem változtatott. A következményeket is számba véve főhősünk nem is akárhogyan, a maga módján elégedetten, megoldotta a hatalom által rápa-

rancsolt „piszkos" feladatot. Félig-meddig megnyugodva tért haza családjához. Elvégezte az ilyenkor szokásos család körüli teendőket, egy kávé és cigaretta mellett (ez hozzátartozott a napi események megbeszéléséhez) elmesélte férjének a délután történteket. Totyám szokásához híven, mint aki szólás előtt gondolatban megrágja mondanivalóját, válaszolta:
– Nem tetszik ez nekem.

Feleségével egyetértettek abban, hogy zsarolás ízű üzenete van a történteknek. Az is egyértelműnek tűnt, hogy ez már korántsem tréfa, és nem zárható ki, sőt valószínű, hogy összefüggésben áll a párttagság negligálásával. Dönteniük kellett. Most már nemcsak Zsógábot, hanem családját is érintette a dolog, s ami még fontosabb, gyermekeik jövőjét is. Visszaemlékezve a történtekre, úgy a '60-as évek végét, a '70-es évek elejét írták. Zsógábot mégis utolérte a kitörölhetetlen múlt?

Ismét választania kellett a rossz és a kevésbé rossz között. A kevésbé rosszat választotta, úgy döntött, hogy belép a pártba. Férje egyetértett a döntéssel. A gyerekek érdekét kell szem előtt tartani – hangoztatta. Totyám, mint eddig, s mint a későbbi évtizedekben is, elfogadta asszonya döntését, csak neki ne kelljen állást foglalni. Neki ne kelljen kompromisszumot kötni. Pedig a családért időnként kell! S ki hozná meg ezt az áldozatot, ha nem az asszonyi, az anyai lélek? Az az ember, akinek legfőbb hivatása a család szolgálata és öszszetartása. Zsógáb ösztönösen érezte, közvetlen környezetében pedig naponta tapasztalta a család fontos szerepét úgy az egyén, mint a társadalom szempontjából. Később Csíkszentmihályi Mihály (pedagógus, pszichológus, író) kutatásai alapján a következő megállapítást olvasta: „A család akkor hullik szét, ha azt a tagjai hagyják. Nincs olyan külső erő, még a halál sem, ami erre önmagában képes lenne." Bár Zsógáb még e sorok ismerete előtt hozta meg családjáért a „kötelező" döntést, ám az idézett sorok később is befolyásolták tettét. Belépett a pártba. Az elhatározás után még gyakran felvetődött a kérdés, hogy melyik családja érdekében cselekedett. Természetesen a szűkebb családjáért, hiszen most már elsősorban értük volt felelős. Nem volt kétséges, hogy tágabb családja (akik iránt szintén felelősséggel tartozott), főleg édesapja nem fogja díjazni döntését, de azt is tudta, hogy meg fogja bocsájtani. Zsógáb nem tévedett.

Szülei szó nélkül végighallgatták vallomását, édesapja ajkáról pedig elhangzott a fájó ítélet: „Kislányom, elárultál"! Zsógáb szeméből most is kicsordult a visszatarthatatlanul megjelenő könnycsepp a két szó hallatán, pedig számított valami hasonló véleményre. A legfájóbb mégis az volt, hogy őszintén nem mondhatta el, nem tárhatta fel, magyarázhatta meg döntésének szomorú történetét. Akkor még nem. Mégsem volt harag apa és leánya között, eléggé jól ismerték egymást ahhoz, hogy érezzék, átéljék, mi játszódik le a másik lelkében. Ez a kapcsolat jellemezi az igazi családot, az összetartozás elválaszthatatlan szent kötelékét, amely mindig is alapvető kérdés volt Zsógáb életében. Ez a kötelék akkor és azóta is sorsát meghatározó, vezérlő erőként működött.

Az alapszervezeti titkár örömmel fogadta a hírt, hiszen ezzel az ő vegzálása is véget ért a városi pártvezetés részéről. Ám Zsógáb megfogadta magában, hogy párttagságát környezete érdekében és nem ellene fogja kamatoztatni. Biztos volt benne, hogy ha munkáját a jövőben is következetes felelősséggel végzi, a párttagság bizonyos fokú védettséget jelent majd számára, s ez a védettség megvédi környezetét is. Megérzése beteljesült, ettől az időtől kezdve kisebb konfliktusoktól eltekintve hosszú ideig nyugodtan élte mindennapjait. Örömét lelte családjában, munkájában. Azt hiszem, boldog volt. Persze az ő életfelfogásában nem volt nehéz boldognak lenni. Örült, ha aznap elvégezte a tervezett feladatot, ilyenkor úgy ment haza: *jó napom volt.*

Örült a férje iparművészeti kiállításon elért eredményeinek, egy-egy befutott újításának. Örült és büszke volt lányaira tanulásban, sportban, illetve az egyéb területen elért legkisebb eredményeik miatt is. Mindketten a jó tanulók közé tartoztak. Büszkén hallgatta Zsógáb a tanárok dicséretét, amikor lányairól elismerő szavakkal szóltak. Méltányolta viselkedésüket azért is, mivel megfogadták tanácsát. Azt kérte tőlük, ha bármilyen butaságot követnek el, azonnal neki szóljanak. Csak az anyai szeretet képes minden áldozatra, többek között gyermekeinek megvédésére is. Mégis becsúsztak bakik lányai életében. Alig tudta Mancsit megvigasztalni, mikor egy iskolai szünnapon csoportos vétséget követtek el. Nos, cigarettáztak egyik osztálytársnője lakásán úgyannyira, hogy a szomszéd lakásban figyeltek fel a kitóduló füstre. Az illető odaszólt az iskolába, és Zsógáb leánya – a többiekhez hasonlóan – igazgatói megrovással az ellenőrzőben tért haza. „Csak az fáj, hogy nem neked mondtam el, mástól tudtad meg vétkemet" – zokogta idősebb lánya. Az anyát meghatotta gyermeke őszintesége, akit ezt követően megölelt, könnyeit letörölte, és csak annyit kért tőle, hogy legközelebb jobban bízzon benne.

Csurkának is volt hasonló esete. Ő sem úszta meg megszégyenítés nélkül. A barátnőjének mamája elárulta az osztályfőnöknek, aki lebőgette Csurkát a fiú osztálytársai előtt. „Bűnük" annyi volt, hogy a barátnője lakásának ablakából illetlen szóval szórakoztatták az éppen ott elhaladó járókelőket. A gyermeket az bántotta a legjobban, hogy a huncutságot barátnőjével együtt követték el, akinek pedagógus édesanyja viszont úgy mesélte el kollégáinak, mintha kizárólag Csurka lett volna a felelős. Az önérzetében megsértett gyermek zokogva rohant be anyja munkahelyére, és kezét tördelve – jobb híján – a WC előterében mesélte el a történteket. Nem volt más megoldás, mivel Zsógábnak, aki ekkor már főnővéri beosztásban dolgozott, vendégei voltak irodájában. Kisebbik lányát is megvigasztalta. Nem dőlt össze a világ, de az ilyen barátnőtől meg kell szabadulni, javasolta.

Zsógábnak könnyű volt örömöt szerezni, boldogság töltötte el, ha csak egyszerűen jó napja volt, amire számtalan lehetőség kínálkozott. A már említetteken kívül egyéb apró dolgok is megörvendeztették. Örült és boldog volt, ha karácsonyra banánt kapott az üzletben, vagy ha nyáron sikerült 2–3 hétig gondtalanul sátorozni családjával. Örült, ha elvihették lányaikat a szomszédos országok magyarlakta területeire, megmutatva azokat az értékeket, szépségeket, amelyek még nagyszülei idejében hazájukat gazdagították. Szóval minden apró dolognak örült, ami nem az igénytelenséget hordozta magában, hanem a Zsógáb számára elengedhetetlenül fontos élményt, a boldogság titkát. Elsőként kapta meg a védőnők, de valamennyi intézeti dolgozó közül a „Kiváló egészségügyi dolgozó" című miniszteri kitüntetést. Nos, hogy ekkor már párttag volt-e, vagy sem, nem emlékezett rá, ám nem is tartotta fontosnak. Mindig a saját lelkiismeretének hangja volt a döntő. Nem volt beképzelt ember, de álszent sem, tudta, hogy megérdemelte. Megérdemelte még akkor is, ha ez neki nem jelentett külön erőfeszítést, vagy legalábbis nem érezte súlyát. Alkatából adódott, hogy mindig saját magától követelte a legtöbbet, amiért a sors nem izzadságtól szagos nehézséggel büntette, hanem boldog elégedettséggel jutalmazta. Így volt ez akkor is, ha, mint minden ember életét, az övét is tarkították hullámvölgyek. Míg fiatal volt, azzal vigasztalta magát, hogy az idő neki dolgozik, idősebb korában pedig azzal álltatta magát, hogy sok mindent elért, amiért hálás a sorsnak. Ugyanakkor azt is tudomásul vette, hogy nem kaphat meg mindent az élettől. Idősebb korára elég bölcsesség szorult belé ahhoz, hogy a legnehezebb óráiban is vigaszra találjon. Bár küzdött nehézségekkel, mégis azt vallotta, nem hibáztathat senkit, mindig volt bizonyos választási lehetősége, ezért a döntéseiért vállalta a felelősséget.

Nos, a kitüntetést követő napokban újabb meglepetés érte. A szakorvosi rendelőintézet igazgatója azzal a javaslattal állt elé, hogy szeretné, ha az új intézetben elvállalná az intézetvezető főnővéri teendők ellátását. Nagyon váratlanul érte a felkérés. Korábban is megkeresték hasonló ajánlattal, amit akkor visszautasított. A városban ekkor már 5-6 védőnői körzet működött, s ezek koordinálása, ellenőrzése megkívánta a vezető védőnői státus megszervezését. Ennek a státusznak betöltésére kérte fel a megyei vezető védőnő. Zsógáb nemet mondott. Két okból nem vállalta. Részben nem voltak vezetői ambíciói, másrészt erkölcstelennek tartotta, hogy idősebb kolléganőjét megelőzze. Most mégis egy sokkal nehezebb feladatra mondjon igent? Vállalja a nagyobb létszámú szakdolgozói és technikai személyzet irányítását? Gondolkodási időt kért és kapott. Az igazgató őszintén elmondta, hogy a városi főorvos feltételként szabta, hogy csak akkor kapja meg az intézet a státuszt, ha azt az általa megnevezett védőnő vállalja. Az állásra pedig úgy az intézetnek, mint személy szerint az igazgatónak is szüksége volt. Mindketten belátták, hogy az igazgató egyedül nem, vagy legalábbis nagyon nehezen tudja megoldani a 160 főt foglalkoztató intézet vezetését. Egy olyan intézet vezetését, amelyhez a szakorvosi rendelők mellett 6-7 felnőtt körzet, ugyanennyi gyermekkörzet, üzemorvosi és fogorvosi rendelő, valamint a város környéki (volt járási) körzetek és még a területi tüdőgondozó is tartozott. Nem beszélve arról, hogy a város fejlesztése további cél volt. Ezzel viszont együtt járt a lélekszám rohamos növekedése, amelyből értelemszerűen következett a rendelőintézet feladatkörének további bővülése. Zsógáb megértette az igazgató dilemmáját, és tudta, hogy segítenie kell, és – ha fájó szívvel is – valószínűleg el fogja vállalni a felajánlott munkakört.

Óriási teher nyomta a vállát. Nagyon szerette a védőnői munkát, élvezte annak minden pillanatát, betéve tudta a csecsemők, sőt a gyermekek többségének születési dátumát. Ismerte társadalmi, gazdasági körülményeiket, szellemi, kulturális felkészültségüket. Ilyen feltételek birtokában az átlagosnál könnyebben, kisebb ráfordítással végezhette feladatát, azaz nem volt oka változtatni. Ám megsajnálta a gyámoltalannak tűnő igazgatót, akit rövid idő alatt mély érzésű embernek ismert meg. Jó ember volt, ugyanakkor az alapellátás területén nem volt semmi tapasztalata. Eddig csak kórházban dolgozott osztályvezető főorvosként. Könyörtelenül nehéz napok következtek. Gondozottjainak nem merte elárulni, hogy a következő alkalommal már nem ő jön tanácsot adni. Attól félt, elsírja magát, azt pedig nem akarta. Eddigi életében mindig erősnek látszott, még akkor is, ha valójában nagyon is sebezhető volt. Nem tudta elviselni, nem akarta, hogy gyámoltalannak tűnjék, szerinte ez kiszolgáltatottságot feltételezett, amitől mindig is óvakodott. Az utolsó héten a házak között elbújva ment a családokhoz. Egyik háztól a másikig hullottak szégyellni való könnyei. Nem tudta elképzelni, hogy körzetében úgy jöjjön világra egy gyermek, hogy ne ő gyámolítsa, segítse át az első hetek, hónapok nehéz napjain.

A gyászos hét véget ért, megjelent az igazgatónál, bejelentette igenlő válaszát. Ám feltételei voltak. Azt kérte az igazgatótól, hogy 2 hétig ne vegyenek fel új védőnőt a körzetébe, hogy szükség esetén visszatérhessen. Amennyiben saját elvárásainak nem tud eleget tenni, vagy a főnöke úgy ítéli meg, hogy nem alkalmas a feladat elvégzésére, szeretné visszakapni volt gondozottjait.

Az igazgató elfogadta feltételeit, és elégedetten a következő megjegyzést tette:

– Tudom, hogy nem lesz könnyű dolgom magával, de a várható eredmények reményében vállalom.

Az első napokban a dolgozók kedves kuncogással súgtak össze a háta mögött, amikor reggel belépett az intézetbe. Zsógáb alvás nélkül álmodta a napi teendőit. Attól félt, mi lesz, ha egy váratlan feladatot nem tud megnyugtatóan megoldani. Kezdetben volt is erre példa. Előfordult, hogy valamilyen váratlan ok miatt kiesett szakdolgozó helyett hirtelen nem tudott helyettest biztosítani. Ilyenkor maga állt be aszszisztálni. A dolgozóknak tetszett a megoldás. A gyermekorvosok között az a szóbeszéd járta, hogy „mindig a legjobb védőnőt veszítjük el, illetve veszik el tőlünk". Ezt a véleményüket ugyan kedvesen, de probléma esetén később is gyakran hangoztatták. A két hét letelte után úgy érezte, mintha mindig ezt a munkát végezte volna. Magabiztos volt, minden akut feladatot kezelni tudott. Beosztottjai készségesek voltak, ott segítették, ahol szükség volt rá. A főnővér felé megnyilvánuló lojalitást elsősorban magának köszönhette. A dolgozók megérezték, hogy olyan ember irányítja és kéri számon munkájukat, aki szükség esetén a konfliktusokat is vállalva kiáll mellettük. Olyan ember a főnökük, aki elsősorban önmagától követeli a legtöbbet. Zsógábnak ez nem esett nehezére, hiszen 17 évig ő is beosztottként dolgozott. Csak azokat a főnököket értékelte, akik minden tekintetben példát mutattak beosztottaiknak.

Noha eleinte adódtak problémák elvárásait illetően, hamarosan belátta, hogy nem mindenki képes mindig a maximumot nyújtani, azaz nem minden embertől várható el, amit magától mindig megkövetelt. Ez a felismerés a családjára is vonatkozott. Teherbíróbb volt gyermekeinél, férjénél, amihez valószínűleg hozzájárultak gyermekkori, ifjúkori megpróbáltatásai, amelyek edzetté tették. Belátta, ahogyan a fájdalomküszöb sem egyforma az embereknél, úgy a teherbíró képesség sem. Minden embertől a képességeinek megfelelő teljesítmény várható el. Persze voltak alapkövetelmények, amit minden embertől elvárt. Nem volt elnéző a notórius későkkel szemben, de a betegek iránti tiszteletet is megkövetelte. Az egészségügyben dolgozók mindig a gyengén fizetett alkalmazottak közé tartoztak, de Zsógáb szemében ez nem indokolta a hanyagság elfogadását. Tapasztalta, hogy a társadalmi munkamegosztásban két olyan – emberrel foglalkozó – terület létezik, ahol a legtöbbet segíthetnek vagy árthatnak az embereknek. Ez a munkakör vagy inkább hivatás az egészségügyi, illetve a pedagógusi pálya. Következésképpen ezeken a munkahelyeken csak megfelelő szűrőkön átesett emberek dolgozhatnának. Ennek a szűrőnek működnie kellene már a továbbtanulásnál is, azaz a felvételi vizsgákon pszichológiai alkalmassági vizsgára lenne szükség. Véleményét, elvárásait a szakdolgozókkal ismertette, s azt is, hogy aki bármilyen ok miatt (esetleg kevés munkabér) ennek az elvárásnak nem tud eleget tenni, az nem alkalmas az egészségügyi munkakör betöltésére. Nincs más alternatíva, keressen más munkakört. Csodák csodájára a beosztottainak többsége ezt megértette, sőt elfogadta. Beigazolódott az a feltevése, hogy az emberek többsége szereti azokat a munkahelyeket, ahol rend és fegyelem uralkodik. A vezetői következetesség feltétele annak, hogy az elvárásoknak meg tudjanak felelni. Aki ezeket a normákat nem képes vagy nem akarja elfogadni, az válasszon affinitásának, képességeinek megfelelő munkakört. Tizennyolc évi főnővéri tevékenysége alatt ilyen okok miatt két dolgozó ment el az intézettől, akik a végén könyörögtek, hogy visszajöhessenek. Zsógáb a kérésnek nem tett eleget. Ez is a következetességét igazolta. Beosztottai mellett főnökei is értékelték vezetői stílusát. Nem egyszer kifejezték azon elismerésüket, hogy az általa irányított területre jellemző a legjobban megszervezett és fegyelmezett munka. Ilyen munkahelyi légkörben az amúgy kényelmetlennek tűnő problémákat is meg tudta oldani.

Az egyik karácsony előtt főnöke arról tájékoztatta, hogy nincs elég pénz a szokásos év végi jutalmazáshoz, ezért azt csak szűk körre korlátozva tudja megoldani, ami egyet jelentett a legnagyobb dolgozói rétegnek – a főnővér hatáskörébe tartozó dolgozók – jutalmazásból való teljes kizárásával. Természetesen Zsógáb ezzel nem tudott egyetérteni. Helyette azt a javasolta, hogy idén ne legyen karácsony előtt jutalomosztás. Főnöke feltette a nagyon is evidens kérdést:

- Főnővér, te ezt el tudod fogadtatni a dolgozóiddal?

Mire Zsógáb magabiztosan igennel válaszolt.

- Vállalom, de csak abban az esetben, ha az intézet területén senki sem kap év végén jutalmat.

Így is tett, rendkívüli munkaértekezletet hívott össze, ahol elmagyarázta dolgozóinak az intézet anyagi helyzetét és a jutalmazás elmaradásának okát. Beosztottai nem örültek ugyan, ám nagyon helyeselték a döntését, azzal az ígérettel, hogy a megmaradó összeget hozzáteszik a következő év Semmelweis-napi jutalmazásra szánt összeghez. Ebben maradtak. Az ilyen és hasonló jellegű intézkedések tovább növelték a főnővér tekintélyét. Dolgozóinak elismerése, döntéseinek elfogadása megerősítették vezetési stílusának helyességéről. Határtalanul jól érezte magát munkahelyén, a városban, ahol anyagi igényeinek korlátot szabva, adott körülmények között, adott időszakban mindene megvolt.

Milyen kevés is elég az ember boldogsághoz! Vagy ez nem is olyan kevés? Legalábbis nem mindenki számára?

Családját útnak engedve, trillázó jókedvvel szedte a lépcsőfokokat a harmadik emeletről a földszintre. A lépcsőházból kilépve verőfényes, vidám reggel fogadta. A napfénytől kissé hunyorogva remek hangulat lett úrrá rajta. Milyen szép az élet s minden körülötte.

Lépteit lassítva nyújtani próbálta az amúgy rövid távolságot a lakásuk és a munkahelye között. Élvezte testének minden rezdülését, lábai egymás utáni lépteit, miközben csípője ritmikus mozgást írt le, mintha a legkéjesebb táncot járnák a leglírikusabb zenére. A hangulathoz jól illett az anyósa által leutcázott - „mindig ebben az egy ruhában látlak" - len-fehér vászon, egyenes vonalú, végig piros gombokkal díszített, karcsú derekát kiemelő ruhája, amit kiegészített a szintén piros szandál, tizenöt centis ezüst sarokkal. Hangulatát tovább táplálta a portás, majd a betegváró folyosók felé kanyarodva kollégáinak egymást követő, mosolygó üdvözlése, amit Zsógáb hasonló jókedvvel viszonzott. Többségében így kezdődtek a reggelek, melynek hatására, ha voltak is korábban bosszantó gondolatai, az intézet területére lépve nyomban szertefoszlottak.

Gyermekeinél is észrevehető volt a lassú önállósodási törekvés. Elsőszülött lánya már gimnazista lett, másodszülött gyermeke az általános iskola felső osztályába lépett. Mindketten tudták kötelességüket, így csak néha fordultak elő kisebb baklövések, amiket édesanyjukkal legtöbbször megbeszéltek. Később kiderültek másoktól megtudott turpisságok, amelyek fájtak ugyan anyai szívének, de Zsógáb megértette, hogy felnőnek a lányai, lehetnek titkaik. Ezekben az esetekben is örömmel segített, ha végül hozzá fordultak, sőt olyankor is, mikor lányai ugyan nem szóltak, s talán nem is tudták, hogy anyjuk keze van a megoldásban.

15. fejezet

A mindennapi, szívvel-lélekkel végzett munka mellett Zsógáb előtt már nem remélt, mégis váratlan lehetőség kínálkozott. Tavasszal vette át új munkakörét, és ősszel felvételt nyert az OTE főiskolai karának 4 éves intézetvezető képző szakjára. A felvételi vizsgán azt kérdezte a professzor, hogy védőnői képesítés mellett miért akar főnővér lenni? Zsógáb elmesélte felkérésének körülményeit, ugyanakkor hozzátette, hogy nem lát lényeges különbséget a két foglalkozás között. Mindkettőben emberekkel kell foglalkoznia. A prof kénytelen volt elfogadni Zsógáb érvelését, sőt tetszett neki a volt védőnő frappáns válasza. Természetesen felvételt nyert az óhajtott szakra.

Megkezdődött a még szigorúbb időbeosztást követelő életritmus kialakításának időszaka, amely komoly szervezettséget igényelt. Havonta 1 hetet Budapesten, a főiskolán töltött, napi 8 órán át előadásokat hallgatva. Miután a szakrendelőben még ebben az időben nem volt főnővér-helyettes, sűríteni kellett a teendőket. Indulás előtt minden esetben három hétre kellett beosztani az előre látható, szükségszerűen elvégzendő feladatokat. Ugyanez vonatkozott a család körüli teendők szervezésére: előre elkészített ételek spájzolása, egyéb teendők ellátása.

A fővárosban töltött heti, kimerítően nehéz időszak után (órahallgatás, Zh-k, beszámolók, szigorlatok) hazatérve az intézeti és családi környezetben is előfordultak az anyára, főnővérre váró, megoldását igénylő akut problémák. Nem beszélve arról, hogy a következő három hétre jócskán kaptak házi feladatot is a hallgatók. Még nagyobb lett a teher a diplomamunka témájának kiválasztása után. Zsógáb a „Munkaköri leírások" kidolgozása mellett döntött. Tudta, hogy nagy fába vágta a fejszét. A téma hiánycikknek számított az egészségügyben nemcsak hazai viszonylatban, de a külföldi szakirodalomban is. A témával csak az ipar területén találkozott. Kénytelen volt ezt a lehetőséget tanulmányozni és részben adaptálni az egészségügyre, elsősorban saját intézményére. A legnagyobb hiányosságok a hatáskörök, jogkörök, illetve a feladatkörök megosztása tekintetében jelentkeztek. Nem kevesebb problémát jelentett a szakmán belüli, alá- és fölérendeltségi viszony bizonytalansága, fedése. A szakdolgozók és a technikai dolgozók körében fordult elő, hogy ugyanabban a feladatkörben több főnök utasításait kellett teljesíteni. A szerencsétlen dolgozó nem tudta eldönteni, kinek a parancsát hajtsa végre. Az ebből fakadó frusztráció idegessé, feszültté tette az embereket, mivel képtelenek voltak teljesíteni a különböző helyekről érkező kívánalmakat. A feladat, bármennyire nehéznek tűnt, a témaválasztással a főnővér ezeket a problémákat kívánta véglegesen megoldani. A munkát befektetésnek szánta. Úgy okoskodott, hogy ezzel mind a dolgozók, mind a saját feladatát megkönnyíti, s a vitás kérdések nyugvópontra kerülhetnek.

Hat munkakört választott, olyanokat, amelyeket mint védőnő a legkevésbé ismert (labor, fizioterápia, röntgen, fogászat, segédasszisztens, üzemápoló). Ily módon a frissen kinevezett intézetvezető főnővérnek a munka egyben továbbképzést is jelentett. Ugye, hogy nem mondható el, hogy a főnővér a munka könnyebb végét választotta volna?

A 12 hetes, napi 8 órás munkanap-tanulmány készítése közben új ismeretekkel gazdagodott. Az adatokat feldolgozta, táblázatokkal és grafikonokkal szemléltette. Ezek alapján reprezentálta a vizsgált szakmák munkaköri leírásait. A napi felmérések eredményeit minden esetben otthon, nyugodt körülmények között tisztázta, majd az összefüggéseket megállapítva formába öntötte. Az összegyűjtött anyag, mint a dolgozat melléklete, 100 gépelt oldalra terebélyesedett. Mire a szakdolgozat végleges formában összeállt, Zsógáb megtanult írógépen dolgozni. Ezek után nem volt szüksége segítségre, az egész kéziratot saját maga gépelte készre. Nos, a táblázatok, grafikonok szerkesztésében viszont férje műszaki tudása és segítőkészsége nagy könnyebbséget jelentett. A Zsógáb részére is megerőltető munka úgy maradt meg lányai emlékezetében, hogy a hálószobájuk közelsége miatt gyakran zavarta őket édesanyjuk billentyű-ütögetése. Nem egyszer csak a fejükre húzott takaróval tudtak elaludni. Utólag is meghatotta az anyát, hogy gyermekei annak idején nem panaszkodtak, csak később, felnőtt korban árulták el titkukat.

Hogy milyen kapcsolat fűzte egymáshoz a család tagjait? Itt is érdemes megállni egy pillanatra. Zsógáb és Mancsi egy időben készültek szigorlatra. Hogy az anya megkönnyítse leánya tanulását, teljesen kiszolgálta, úgy annyira, hogy a fehérneműjét is naponta kimosta. Ugyanakkor lánya távozása után már nem főzött, a szűkösre szabott időt úgy használta ki, hogy konzervet ebédelt. A rakott káposztát megmelegítette, és félig elfogyasztva jutott el tudatáig, hogy valami nem stimmel. Röpke pillanatig elgondolkodott, a dobozra meredt tekintete, és meglepődve olvasta az utasítást. Felbontás után dobozostól 20 percig kell főzni az ételt, azután fogyasztható. Zsógáb hangosan felkacagott, és tovább folytatta az evést. Azzal vigasztalta magát, hogy a nyers káposztában több a vitamin. Ebből is lemérhető Zsógáb karaktere. Mindennek megpróbálta a pozitív oldalát nézni, amit őszintén tudatosított is magában. Eszébe sem jutott áldozatnak tekinteni magát. Ugyanakkor azt is vallotta, hogy a továbbtanulás, annak végeredménye az egész családot kedvező helyzetbe hozza.

A főiskola elvégzését – saját igénye mellett – jövőbeni befektetésnek szánta. Tanulmányainak befejezésével – a két diploma birtokában – komoly fizetésemelésre számíthatott, amit a diploma bemutatása után meg is kapott. A magasabb jövedelemre pedig igen nagy szükség volt, miután idősebb gyermeke, Mancsi már főiskolás, a fiatalabbik pedig szakközépiskolás volt, más-más város lakosaként. Nos, kollégiumi elhelyezésben reménykedtek ugyan, de nem jött össze. Az elutasításban az egy főre jutó „magas jövedelem" szerepelt indokként. Persze, volt olyan évfolyamtárs, aki autóval járt kollégiumi szobájába, a kimutatható jövedelme mégis alatta volt a limitnek. Az illető papája téeszelnök volt. A gyerekek ugyanakkor szolidárisak voltak egymással. Mancsi nem egyszer az autóval közlekedő barátnője kollégiumi férőhelyén hajtotta álomra a fejét, miután főbérlője – akár 10 perc késés miatt is – kizárta bérelt szobájából.

Zsógáb diplomamunkáját az államvizsgán megdicsérték. Az elismerésnek – amire titokban számított – azért is nagy jelentősége volt, mert opponense átolvasás után azzal adta vissza, hogy dolgozza át. Kérését azzal indokolta, hogy őszintesége, kritikus hangvétele miatt alul fogják értékelni. Hősünknek megütötte a fülét, az „alul" kifejezés. A vélemény azt jelentette számára, hogy nem fogják visszadobni. Ezek után úgy döntött, nem változtat rajta. Már idő sem volt a terjedelmes anyag átdolgozására, s ugyanakkor bízott ösztöneiben és dolgozatának egyediségében. Úgy okoskodott, hogy ha egy haladó gondolkodású szakember kezébe kerül a munka, az értékelni fogja. Nos, amennyiben mégsem, legfeljebb gyengébb osztályzattal kell beérnie. Intuíciói most sem hagyták cserben. Szakdolgozata kitűnő osztályzatot kapott.

A Szakdolgozók Továbbképző Intézetének főigazgatója, aki – többek között – tagja volt a vizsgabizottságnak, egy évre felhasználás céljából kölcsönkérte a 41 éves hallgató kitűnő munkáját. Elmondása szerint a mellékletben olyan szakmai anyagok, adatok szerepeltek, amikkel a továbbképző intézet nem rendelkezett. Zsógáb a kérésnek szívesen eleget tett.

Ugye, hogy mennyire másképpen ítélnek meg emberek egy-egy teljesítményt, avagy cselekedetet? Jól tette, hogy nem hallgatott opponensére. A főiskola befejezése után Zsógáb saját munkahelyén minden dolgozónak (orvosoknak is) elkészítette a munkaköri leírást. Boldogan cserélte fel a meglévő, szinte csak a feladatok felsorolását tartalmazó, munkaköri leírásnak nevezett dokumentumokat. A főnővér óriási terhet vállalt magára ezzel, de megérte. Mint mindig, most is kimondhatatlan örömként élte meg a munka befejezését.

A szakdolgozat témája futótűzként terjedt a megyében. A hír hallatára az egyes intézmények ápolási igazgatói Zsógáb segítségét kérték, ő pedig szívesen adta át mintapéldányait, amelyek segítségével korszerűsíthették munkaköri leírásaikat. Szakmája területén egyedül is, de más megye főnővéreivel közösen is publikáltak kutatási eredményeket. A Pesti Vigadóban megrendezett nemzetközi konferencián angol nyelven előadott, „Az intézetvezető főnővér helye az egészségügyi rendszer hierarchiájában" című dolgozatuk igen nagy tetszést aratott. Szóval a főnővér sikert sikerre halmozott.

Családi életében is változás történt. Elsőszülött lánya férjhez ment, és egy év után, már munka mellett, megvédte első diplomáját. Másodszülött lánya édesanyja legnagyobb meglepetésére az egészségügyi szakközépiskola elvégzése után – anyját követve – védőnői diplomát szerzett. Férje eközben csendben, ám rá jellemző biztos elszántsággal építgette a városhoz közeli telkükön korábban már említett otthonukat. Neki nem voltak munkahelyi, szakmai ambíciói, azt sem tudta, mennyi a fizetése. Nos, ha mégis rákérdeztek, borravaló, válaszolta. Totyámnak igazi barátai nem voltak, inkább munkatárs haverjai. Diákkori egyik legjobb barátját egyszer hívta meg, még a menyasszonyát bemutatni. El volt ragadtatva választottjától, ám soha többé nem találkoztak. Az esküvőjére sem hívta meg. Felesége hiába kérlelte, válaszoljon osztálytársának, aki a látogatás utáni levele szerint nagyon jól érezte magát. Talán ez volt a baj? Második barátjával is egyszer találkozott, nősülése után, amikor együtt mentek állásinterjúra. Zsógáb nem értette férjét, hiszen akkor már csak alig 30 kilométer volt a kettőjük lakhelye között. A felesége kollégáin kívül szinte senkit sem engedett családja közelébe. Amikor csöngettek a lépcsőházi bejárati ajtón, Totyám kinyitotta az ajtót, két karjával megtámasztotta az ajtófélfákat, jelezve, hogy átlépni tilos. A póz, amit testhelyzetével produkált, nem kívánt magyarázatot, szinte üvöltötte: csak a testemen keresztül!

Munkahelyén soha semmi sem történt, mindig csak Zsógáb mesélt, akinek – az orvosi titok megőrzése mellett is – bőven volt mondanivalója. Zsógáb számára minden nap hozott valami új élményt, kedves ajándékot, rácsodálkoznivalót, amiből tanulni lehetett, s amitől bölcsebb és okosabb lett. A befogadásnak ezt a kivételes képességét idős korára is megőrizte.

A főnővér nemcsak saját ismereteinek bővítésére figyelt, munkatársainak képzésére, továbbképzésére is gondot fordított. Amikor már helyettesi státuszt is kapott, egy általa minden tekintetben vezetésre termettnek tartott kolléganőjét választotta helyetteseként. Hogy ez így volt, évek múltán bizonyítást nyert – erről később még bővebben esik szó. Nos, ez azt is jelentette, hogy a szakmai féltékenység ismeretlen volt számára. A legértékesebb, gazdag empátiával bíró, tiszta erkölcsű embereket gyűjtötte segítőként maga köré. Minden döntésével az emberek, a város érdekét tartotta szem előtt akkor is, amikor ennek a városnak vezetői méltánytalanul bántak vele.

16. fejezet

Míg a szemnek kedves látványt nyújtó, békés bárányfelhők borították a délutánba hajló, kéklő eget, Zsógáb lelkében valami felismerhetetlen sejtés kezdett kibontakozni. Szokásától eltérően korán este tért nyugovóra. Biztosan fáradt vagyok, jól kialszom magam – gondolta. Végül már tudatosan ásítozott, összeszorította szempilláit, mégsem jött álom a szemére. Nem értette, hogy a jól végződött nap után miért nem tud elaludni. A csillagok csillogón messzi fényei mindig megnyugtatták. Ha a távolban is, vagy talán éppen azért, állandóságról árulkodtak. Amikor zaklatott volt, gyakran, ahogy most is, kiment a csöppnyi erkélyre. Idegeinek jól esett a nyárvégi, éjszakára hűvösre forduló, hívogató szellő. Az égboltra tekintve úgy tűnt, valami megváltozott. A nyárestére jellemző tiszta, csillagos égbolt helyett valami olyasmit látott, ami felkavarta. A kéklő eget mintha eddig ismeretlen színű festékbe mártott ecsettel rútították volna, amiért szégyenkeznie illik: epés zöld színében csillagtalan volt. Ha a kémlelő, történetesen Zsógáb, sokáig erőltette szemeit, a távolban elszórtan felfedezhetett néhány soványan pislákoló, csillagnak csúfolt égi jelet. Könnyű köntösét – megfázástól félve – öszszébb húzta magán, még mindig az eget kutatva, hogy aztán elborzadjon a gyenge fényt adó, alig megtapadt csillagok hullásán. Míg végül körös-körül minden sötétségbe borult. Megnyugvást nem lelve visszabújt a férje által melegen tartott ágyba, kinek ajkán békéről árulkodó, derűs mosoly ült. A biztató nyugalom a feleségre is átterjedt, aki ily módon, Totyám görbéjébe kucorodva, mély álomba merült.

Reggel kissé bágyadtan ébredt, de a készülődés és a napi teendők hevében optimistán futott le a harmadik emeletről. Könnyed léptekkel, de sietősen közeledett a rendelőintézet felé. A kapun áthaladva semmi szokatlant nem érzett, a portás – akit most jobban szemügyre vett – köszönését mosolyogva viszonozta.

Az irodájában éppen a naptárt böngészte, amikor megcsörrent a telefon. Az osztályvezető főorvos kereste, aki körülírta ugyan, de lényegében azt kérte, hogy az egyik falusi párttitkár feleségét alkalmazza asszisztensi munkakörbe.

– Megnézem, mit tehetek – válaszolta a főnővér. A név ismerősen hangzott neki, nem jelentett nehézséget utánanézni jelenlegi munkahelyén. Kiderült, hogy az egyik bölcsődében gondozónőként foglalkoztatják. Érdeklődésére a vezetőnő elmondta, hogy nem egyszer ittasan jelent meg a munkahelyén, ahol hideg vizes zuhanyterápia után engedték a gyerekek közé – másodmagával. Zsógáb az osztályvezető főorvosnak elmondta, hogy védencének (hiteles információ birtokában) nem tud munkát ajánlani. Másnap a pártbizottságról kereste X elvtárs, ugyanannak a dolgozónak az elhelyezése ügyében. Zsógáb megismételte véleményét, hogy nem tudja alkalmazni az asszisztensnőt. A telefonkagyló süketen, ám hangos csörömpölés közepette a helyére került. Néhány nap múltán – az intézet folyosóján – az ismerős elvtárs fagyos mosollyal az arcán az igazgatót kereste. A főnővér a kérdezőt udvariasan útba igazította, miközben ő, meg sem állva, fogai között sziszegte:

– Elvtársnő, nem kell mindenáron fejjel menni a falnak.

Zsógáb megértette nyugtalan álma jelzését, a békétlen idők jövendölését. Mai szóval azt mondanánk, bevonzotta a rosszat. A valóság viszont az, hogy nem azzal vonzotta a rosszat, mert éppen arra gondolt, hanem azzal, hogy elvtelen alkukra nem volt képes. A szakrendelőket nem hozhatta lehetetlen helyzetbe azzal, hogy egy alkoholista dolgozót a fejükre ültet. Nos, nem tehette azért, mivel a legtöbb rendelőben csak egy asszisztens segítette az orvos munkáját. Felvetődött a kérdés, hogy mi történik akkor, ha az az egyetlen ember leissza magát. Az orvos egyedül nem hajlandó dolgozni – nem is igen tud –, aminek a végén a betegek isszák meg a levét. Ezt a luxust az intézet, illetve annak főnővére nem engedhette meg magának.

Újra eltelt néhány nap, s az igazgató az irodájába kérette a főnővért. Meglepetésére a süppedő kanapén ott terpeszkedett az osztályvezető főorvos. Főnöke szokatlanul nyers vagy inkább idegesen vibráló hangon – hellyel sem kínálva – előadta óhaját. Alkalmazza az egyik tanácsi dolgozó feleségét iksz szolgálati idővel a háta mögött, iksz összegű fizetéssel. A főnővér dermedten állt egy darabig, majd kibökte:

– Ezt nem tehetem.

Az igazgató pulykavörös lett, és szó nélkül kitessékelte az irodából. Másnap anélkül, hogy ránézett volna, epésen megjegyezte:

– Leégettél a főorvos előtt!

Ettől a naptól kezdve Zsógábnak pokol lett az élete. Főnöke átnézett rajta, állandóan keresztbe tett neki, gyakorlatilag ellehetetlenítette munkáját, létét. Nem kapott béremelést, jutalmat, de ami a legfájóbb volt, szóba sem állt vele. Hónapokig ment a huzavona, Zsógáb testileg-lelkileg összeomlott. Körzeti orvosa táppénzre vette, de az otthoni magány még rosszabb volt. Beosztottjai nem tudták, mi történt vele. Ám Zsógáb nem világosíthatta fel őket – erkölcstelennek, inkorrektnek, árulásnak tartotta volna főnökével szemben. Férje hiába próbálta megértetni vele már nem először, hogy nem hordozhatja a világ összes baját a vállán, mit sem segített. Bár idegeiben érezte, de nem akarta megérteni főnöke ilyetén viselkedését. Tudnia kellett, hogy lehetetlent kért a főnővértől, ugyanakkor ő, mint első számú vezető, hozhatott volna ellenkező döntést. Miért nem tette? A kérdés költői volt, a választ Zsógáb is tudta, hogy mindezt az igazgató csak presztízsveszteséggel tehette volna. A nyilvánvalót az igazgató is felismerte. Mégis hogyan változhatott meg ennyire főnöke, tette fel magában számtalanszor a kérdést Zsógáb. Mi késztethette ilyen pálfordulásra azt az embert, aki pár héttel korábban agyba-főbe dicsérte? Aki akkor – a megyei vezető főnővér előtt, félreérthető módon percekig két kezében gyengéd melegséggel tartva beosztottja jobb kezét – méltatta munkáját, rátermettségét. Zsógáb akkor, hogy mentse a helyzetet, mosolyogva kérdezte:

– Főnök, mi van?

Közben alig észrevehetően kiszabadította jobb kezét. Nem akarta elhinni, hogy néhány vitás kérdés ennyire tönkretehet egy bizalmon alapuló kapcsolatot. Szétzúzhatja, kétségbe vonhatja egymás iránti lojalitásukat. Kérdéseire ekkor nem kapott választ. A körülményekhez képest hamarosan meglepetés érte. Korábbi főnöke meglátogatta otthonában, és segítő kezet nyújtott. Két nap múlva jelentkezni kellett egy kastélyparkban elhelyezett, minden igényt kielégítő szanatóriumba. Az osztályvezető főorvosnő hihetetlennek tűnő tapintattal és kedvességgel fogadta az egyágyas szobában. Nem kérdezett semmit, csak annyit mondott, ha bármire szüksége lenne, értesítse. Napokig csak egyetlen emberrel találkozott a főnővér, azzal az ápolónővel, aki az ételekkel együtt bevitte a napi egy tabletta gyógyszerét. Sokat aludt, és végtelen nyugalom lett úrrá rajta. Olyan békesség költözött szívébe, amire már alig emlékezett. Társaságra vágyott. Üzent a főorvosnőnek, hogy szeretne vele beszélni, aki még aznap meglátogatta. Mosolyogva nyújtotta Zsógáb felé kezét.

– Ki van cserélve, főnővér – mondta megindítóan kedves hangján. – Miben lehetek segítségére?

Olyan hitelesnek tűnt a főorvosnő kérdése, hogy Zsógáb biztosra vette, ismeri a betege problémáit, körülményeit – volt főnöke tájékoztathatta.

– Nem akarok tovább egyágyas szobában maradni, társaságra és levegőre vágyom – felelte Zsógáb.

Még aznap este átköltöztették egy kétágyas szobába, ahol a korban hozzáillő óvó-pedagógusnő lett a szobatársa.

Hamar megkedvelték egymást, egy asztalnál étkeztek, együtt sétálgattak a remekül rendben tartott kastélyparkban, sőt a közeli cukrászdába is el-ellátogattak, esténként pedig kézimunkával tarkított beszélgetéssel szórakoztatták egymást. Észre sem vették, eltelt a három hét, és Zsógáb kicserélve, tele energiával távozott a szanatóriumból.

A hétvégét már a családja körében töltötte, és alig várta, hogy munkahelyén is jelentkezhessen. Bár férje és lányai még marasztalták volna, de elfogadták érvelését, miszerint jobb lesz neki az emberek között, mint itthon egyedül.

Hétfőn mosolygósan, vidáman jelentkezett az igazgató főorvosnál. Irodája mellett elhaladva észrevette, hogy a szobáját a titkárnő foglalta el.

Főnöke zavart kedvességgel fogadta, és kínos magyarázkodásba kezdett. Bár valószínűleg értesült a főnővér hazaérkezéséről, ám láthatóan nem volt felkészülve fogadására. Meglepte a főnővér azonnali munkába állása.

A költözködést azzal próbálta indokolni, hogy a titkárnőre minden percben szüksége lehet, ezért költöztette a szomszédba. A főnővér nem várta meg a kétségtelenül nevetségesnek induló beszélgetést, hiszen a titkárnő eddig is a szomszédban volt, csak a másik oldalon.

– Hol az új irodám? – kérdezte a legnagyobb természetességgel. Az igazgató a titkárnőre mutatott.

– Kísérje a helyére a főnővért.

Zsógáb boldogan vette birtokba új irodáját. A szoba lényegesen nagyobb, világosabb, ezzel együtt kényelmesebb is volt. Amellett különösen örült, hogy régi ismerősök, védőnő kollégák közé került. Irodája közvetlen szomszédságában a városi vezető védőnő irodáját tudta, átellenben pedig a védőnők közös, hatalmas irodája helyezkedett el. Meghatottan gondolt vissza a tizennégy évre, amikor hűtlenül elhagyta kollégáit, akik most kitörő örömmel fogadták. Bár más minőségben, ám most újból együtt kezdik a napot, akár régen. Együtt kávéznak reggelenként, mielőtt a védőnők szokás szerint nyakukba veszik a várost. Hajdani kollégái körében felvértezve, védve érezte magát, mint aki átesett egy újabb próbatételen, és sikerrel vette az akadályokat. Jóleső érzés töltötte el a kissé távolabb lévő igazgatótól, nem kevésbé a gazdasági-pénzügyi csoport dolgozóitól, akik valahogy mindig, minden igazgató főorvos kiváltságosai közé tartoztak. Relatíve magasabb fizetéssel bírtak, ők kapták a legtöbb jutalmat, és beosztástól, iskolai végzettségtől függetlenül mindegyikük rugalmas munkaidőben dolgozhatott. A pozitív diszkrimináció miatt – érthetően – mindig is bögyükben voltak a szakmabelieknek.

Zsógáb egy alkalommal az okot kutatva – mintha nem tudta volna – megkérdezte egyik főnökét, hogy miért.

– Azért, mert nagyon felelősségteljes munkát végeznek, hiszen milliók sorsáról döntenek – felelte az igazgató.

– S azok, akik emberek sorsáról döntenek? – kérdezte a főnővér.

Erre már nem volt válasz. Néhány eredménytelenül végződő négyszemközti beszélgetés után az igazgató taktikát változtatott. Saját döntését igazolandó a személyzetis jelenlétében megpróbálta bebeszélni a főnővérnek, hogy azért nem tudnak együtt dolgozni, mert nem bírja a kritikát. Zsógáb ezzel nem értett egyet, a személyzetis pedig – aki a párttitkár is volt egy személyben – kitérő választ adott.

– Nem ismerem a főnővér szakmai munkáját, nem tudok állást foglalni – mondta.

Nos, miután úgy tűnt, hogy nem változott semmi, a szekatúra kezdődik elölről, a főnővér komoly döntésre szánta el magát. Bejelentette az igazgatónak, hogy lemond a főnővéri

pozícióról. Noha az igazgató láthatóan meglepődött a bejelentésen, mégis feltette a kérdést:
- Mit akarsz tenni?
- Üres az iskolavédőnői állás, megvan hozzá a képesítésem, mint senki másnak a házban, ezt szeretném megpályázni - válaszolta.
Az igazgató gondolkodási időt kért.
A legközelebbi, s egyben utolsó beszélgetésre hivatalos volt az igazgató orvos-helyettese is, akinek jelenlétében újra feltette a régi lemezt. A főnővér kitűnő szakmai munkát végez ugyan, de nem tudja elviselni a kritikát, ezért nem tudnak együtt dolgozni. A nem várt válasz mellbe vágta az igazgatót.
- A főnővér, ha hibázik, beismeri, mi több, elnézést is tud kérni. Az is igaz - folytatta -, hogy nagyon ritkán hibázik.
A megbeszélés ezzel véget ért, amit azzal zárt le az igazgató, hogy halasszák el a döntést 6 hónapra. A főnővér kálváriája véget ért. Nyugodtan végezhette munkáját, újból kapott béremelést, jutalmat, sőt megkapta a „Kiváló munkáért" miniszteri kitüntetést.

17. fejezet

Zsógáb betöltötte a 45. életévét, de csoda könnyűnek, fiatalnak érezte magát. A madarak dalától hangos lett a harmatos hajnal, a gyümölcsfák kezdték kibontani színpompás szirmaikat, a langyos tavaszi szél szárnyaira kapta az orgonavirág – diákkorára emlékeztető – bódító illatát. Talán vigasztalón, ám nem véletlenül mondják az öregek, hogy nem a kor számít, hanem a szív és a lélek üdesége. Zsógáb úgy érezte, hogy csak kitárja karját, és minden szépségével, jóságával együtt „ölébe hullik újra az egész világ". Beosztottai is észrevették, hogy főnöknőjük kivirult, munkatársai azt suttogták, a főnővér megfiatalodott.

Mindig is kedves és türelmes volt, de a mosolya most természetesebbnek tűnt. Semmelweis-ünnepen újra ő töltötte be a levezető elnöki tisztet.

Magánélete is kiegyensúlyozott volt. Elsőszülött lányának leánygyermeke született, ezzel együtt Zsógábnak az első unokája. Neki nem adatott meg, hogy ismerje a nagymamáját, ami bizonyos fokú hiányérzettel párosult, ezért elhatározta, hogy nagyon jó nagymamája lesz unokáinak. Ma is hittel vallja, hogy testileg-lelkileg mindent megtett ezért – talán sokszor még többet is, mint ami lelkileg és fizikailag is elvárható lett volna. Ez elsősorban nem az ő véleménye volt, hanem az őt körülvevő környezetéé, munkatársaié. Teherbírása most is meghaladta alkatát, az 50–52 kilójával jól bírta a strapát.

Lánya szülésére meghagyta összes szabadságát, hogy maximálisan kiszolgálja gyermekét. Híres volt tapintatáról is. Megkérdezte gyermekét, hogy náluk vagy saját otthonában főzze meg az ebédet, és készételként vigye el hozzájuk. Lánya megbeszélte a segítség módját férjével, és meghozták a döntést. Férje elvégzi otthon a házimunkát, a kész ebédet kérik. Zsógáb két hétig mindennap vitte a háromfogásos ebédet. Ottléte alkalmával megmutatta néhányszor a baba fürdetését, a vele kapcsolatos egyéb teendőket és megtanította a lányát, hogyan fejje le kézzel a mellében maradt tejet. Minden rendben ment. Ugyanakkor megegyeztek abban, ha bármilyen egyéb segítségre szükségük lesz, csak szóljanak. Bár a szülőkhöz gyermekeik mindenféle előzetes bejelentés nélkül mehettek, a szülők ezt sohasem tették. Váratlanul nem jelentek meg, a látogatást előre megbeszélték. Felelősségteljes beosztása mellett Zsógáb támogatására gyermekei, unokája minden tekintetben, minden időben számíthattak.

Nos, egy fájdalmas foghúzásra úgy emlékszik vissza, mintha tegnap történt volna. Amikor a második érzéstelenítő injekció után sem zsibbadt el unokája ínye, és az iskolai fogorvos immár a harmadik érzéstelenítőt akarta beszúrni, a főnővér megálljt parancsolt. Zsógáb tudta, hogy ez milyen veszélylyel járhat, ugyanakkor már nem volt mit tenni a vérző, s félig-meddig lógó foggal, és az ezzel együtt járó fájdalommal. Ki kellett húzni. Beült a fogorvosi székbe, unokáját ölében tartva – akinek élvezte bizalmát – erősen magához szorította. Megbeszélte vele, csak egy pillanat türelmet kér, és megszabadul az egymás mellett növő, felesleges dupla fogától. Azt is elmesélte, mi fog történni vele. Megkérte az orvost, hogy injekció helyett, érzéstelenítő befújással – bár tudta, hogy ez nem sokat ér – szabadítsa meg csöppséget vérző-lógó fogától. Végül sikerrel jártak.

Ugyanilyen fájdalmas eseményként élt a nagymama emlékezetében az úszásoktatás első napja. A medence előterében átöltöztek, s az oktató engedélyével – mivel ismerte a védőnő-főnővért – az unoka és nagymama beléptek a tanmedencébe. Ám az ötéves kislány a kéklőn áttetsző víztömeg láttán pánikba esett. Erősen kapaszkodott mamijába, és sehogyan sem akart a medencébe menni. Az oktató szép szóval próbálta engedelmességre bírni. Miután nem ment, erőszakhoz folyamodott. Kitépte a nagymama öleléséből remegő unokáját, és a visító gyermeket a mély vízbe dobta. Az erőszakos cselekedet nem hagyott maradandó nyomot, mivel ez a gyermek lett később, iskolás korában az egyik legjobb, versenyeken is sikereket elérő ifi úszónő.

Zsógában csodálatos emlékként él, amikor boldogan röpült karjaiba, a szülők által rábízott unokája. Ilyenkor a rendelőintézet folyosóján, apró karját a nagymamája derekára fűzve, büszkén lépdelt mellette. Vagy amikor együtt nyaraltak a Balatonon – fénykép által is megörökítve –, s vacsora közben puha-meleg kis karjaival, szemének mindent eláruló csillogásával fonta karjait mamija nyaka köré. Az is emlékezetes maradt, hogy amikor meglátogatták a nagymamát, szinte kivétel nélkül mindig a fotelben ülő nagymama ölébe fészkelte magát. Szerette a nagymamáját. Ugyanakkor feltűnt, hogy az apai nagymamáját nem kedvelte leányunokája. Zsógáb őszinte kíváncsiságtól vezérelve rákérdezett, miért nem. Az alig 5 éves gyermek gondolkodás nélkül rávágta:

– Mert nem őszinte.

Válaszát meg is magyarázta. – Gügyög-gagyog hozzám, de szemeinek hideg tekintete mindent elárul. – Te rám szólsz, ha rosszat teszek, de szemeid akkor is melegen mosolyognak. Zsógábot, bár értette, mégis meglepte unokájának korát meghazudtoló, őszinte vallomása.

Tizenegy év múlva született meg másodszülött lányának első gyermeke, a fiú unoka. Mint az eddigi elbeszélésből kiderült, Zsógábnak lányai voltak, ugyanúgy, mint elsőszülött unokája. Nehezen tudta elképzelni a fiúgyermeket. Talán mégsem lesz olyan nehéz – gondolta. Nos, ösztönösen érezte, hogy egy gyermek nemétől függetlenül mindig egy csoda. A gyermek kíváncsian kedves, őszintén érdeklődő és remény-

kedve ragaszkodó. Észre sem vette, fiú unokáját is ugyanúgy kényeztette. Másfél év után megszületett a kistestvér, a második fiú unoka. Édesanyjukat segítendő Zsógáb magához vette a családjától 200 km-re lévő otthonába másfél éves, idősebb fiú unokáját. Amint megérkeztek, a gyermek első kérdése az volt:
– Mami, hol fogunk aludni?
Zsógáb ajka most is mosolyra fakad fiúunokája meglepő válaszán. Zsógáb kitárta a hálószoba ajtaját, és rámutatott a nagy franciaágyra, mire unokája kerekre nyílt szemével elámulva mondta:
– De szép!
Ezt a kedves, meglepett gyermekarcot Zsógáb sohasem felejtette el.

Igaz, hogy ekkor már nyugdíjas volt, de családi vállalkozásuk vezetőjeként mégis nagyon elfoglalt. Volt munkatársai kétkedve fogadták, meg tud-e birkózni a feladattal. Részben a rá nehezedő teher, másrészt az unoka kora miatt.

– Hogyan lehet felelősséggel vállalni egy nyugdíjas korú nőnek a csecsemőkorból alig kinőtt gyermeket? – kérdezték.

Emlékeznek? Zsógáb édesanyjától még gyermekkorában megtanulta: „lehetetlenség nincs, csak tehetetlenség".

Unokájával – aki ezt nagyon élvezte – mindent együtt csináltak. Amikor piskótát sütöttek, unokája (a konyhaasztalon ülve) adogatta a tojást a mami kezébe, aki azt feltörte és kettéválasztotta. A csöppség habverővel verte a fehérjét, ha a nagymami „elfáradt".

Esténként, míg Zsógáb könyvelt a vállalkozásnak, az unoka színes ceruzával – ugyanannál az asztalnál – rajzolt és festett. Azt is megbeszélték, ha a délelőtti munkát sikeresen elvégzik, bemennek a közeli városba a játszótérre, illetve a halas dísztó partjára portyázgatni. A végtelenül intelligens és figyelmes gyermeknek az ötlet nagyon tetszett, hiszen nap mint nap tapasztalta, hogy a mami mindig betartja ígéretét. Így telt el a néhány hét, hihetetlenül boldog egyetértésben, felbecsülhetetlen egymásra találásban, amely hosszú időre – reménye szerint egy életre – meghatározta az unoka és a mami kapcsolatát. Ez a kapcsolat jó hatással volt a második fiú unokára is, aki a bátyján keresztül, és természetesen a nagymama szeretetét élvezve, szintén erősen kötődött Zsógáb mamihoz. E szoros kötelék egy szomorú eseménnyel összefüggésben még erősebbé fonódott. A fiúk, édesapjuknak gyógyíthatatlan betegsége és korai (38 éves volt) távozása miatt, még többet találkoztak a mamival. A 3,5 és 5 éves fiúk biztonságérzetét erősítette, hogy édesanyjuk mellett mint szerető támogatót ott láthatták a nagymamát. Erre annál is inkább szükség volt, mert az apa szülei (a nagyon is érthető fájdalmuk mellett) menyük fájdalmát, de unokájuk veszteségét sem érezték át. A kimondhatatlanul nehéz hónapok alatt (az apát otthon ápolták) az unokák édesanyja is támogatásra szorult. Zsógáb tőle elvárhatóan testben és lélekben erősítette lányát. Emellett mindent megtett azért, hogy a fiúk mind kevesebbet érezzenek a fájdalmasan fájó valóságból. Történt egyszer, hogy az ötéves unoka szokás szerint felment a szülők hálószobájába az ott tartott kedvenc játékáért. Az ekkor már morfiumfüggő apa – akinek víziói, hallucinációi voltak – artikulálatlan hangon rákiáltott gyermekére. Az ötéves kisfiú rémülten szaladt le a lépcsőn a nappaliba. A földszinten tartózkodó Zsógáb mami hallotta az esetet, és sietett unokája megnyugtatására. Egyszerű szavakkal elmagyarázta unokájának, hogy édesapja nem őt akarta bántani, csupán a gyógyszerek hatása alatt cselekedett. A gyermek – úgy tűnt – megértette a nagymamáját, de míg élt az édesapa, soha többé nem ment fel egyedül a hálószobába. Ha mégis fel kellett mennie, a mami kezét erősen szorítva, az ágytól elfordított fejjel közeledett a játékgyűjteményhez.

Az apa halála után az édesanyjuknak munkát kellett vállalnia. Felvételt nyert a közeli kórház szülészeti osztályára, ahol mint kórházi védőnő dolgozott. Reggelenként vitte gyermekeit óvodába, utána ment a munkahelyére, hazafelé jövet felszedte félárva csemetéit. A nagymama úgy segített lánya és unokái helyzetén, hogy minden hónapban egy hetet náluk töltött. A lánya ilyenkor végezte a nagytakarítást, a nagymosást, a nagymama pedig odaadó gondoskodásával kényeztette unokáit. Vitte őket óvodába, hozta ebéd után haza. Mentek a játszótérre, ahol együtt fedezték fel a természet csodáit. A ligetszerű játszótéren titokzatos csendben figyelték meg a madarak mozgását. Összegyűjtötték kora tavasszal a hófehér, illatos hóvirágot, majd csokorba kötve – akkor még lehetett –, megörvendeztették vele édesanyjukat.

A játszóteret átszelő csendes vízfolyású patakban apró halakat, a partján pedig piciny békákat fogtak, majd tenyerükben tartva, őszinte kíváncsisággal tanulmányozták. Órákon át futkostak a tarka lepkék után, s ha néha sikerült egyet-egyet elkapni, később kegyelemből boldogan szabadon engedték.

Együtt próbáltak ki mindenféle játékszert. Bebújtak a fából készült házikóba, és a mami kopogtatására hangosan felvisítva megjátszották félelmüket. Hazafelé tartva a néhány méter alagútban hangjukat próbálgatva élvezték a betonfal visszhangját. Az idősebb fiúunokát nagyapja gyakran vitte halastavakhoz pecázni. A gyermek órákon át kuporgott a pecabot mellett, türelmesen lesve, mikor akad horogra az ügyesen ficánkoló halacska. Gyakran együtt gázoltak a Bükk hegységben kanyargó, keskeny Szinva patak vizében. Míg apró vízi rovarokat, bogarakat kerestek, figyeltek meg, az unoka órákon át lábalt türelmesen, fáradhatatlanul kicsi, zöld gumicsizmájában. Máskor a hatalmas bükkerdőben különböző fajta apró fenyőket gyűjtögettek igen nagy szenvedéllyel, amelyeket hazavittek, hogy aztán házuk udvarán elültethessék. Nagyra nőve télen-nyáron ezek a fák zöldelltek udvarukon. Ugyanakkor szintén ezek a fák díszítették hatalmas nappalijukat karácsony ünnepén.

Lakóhelyükhöz közel, a volt téeszközpontban alakítottak ki egy lovas istállót, ahová az idősebb unoka nagyon szeretett kilátogatni. Ilyenkor végigmustrálták az istállóban lévő, ott tartózkodó lovakat, ahol nevén kellett szólítani minden pacit. Ha a mének éppen a karámban tartózkodtak, ott csodálták meg az istrángjuktól patájuk kaparásával erősen szabadulni vágyó, gyönyörű jószágokat. Máskor meg órákig nézték a karcsú lábú, fényes sörényű lovak mutatványait akadályfuttatás közben. Télen, késő ősszel a mének prüszkölése melegen szállva vált láthatóvá a fagyni készülő levegőben, míg patájukkal a nedves avaron meg-megcsúszva visszanyerték egyensúlyukat. A gyep füvétől zöldellő illatos nyáron, amikor a lovak, hátukon gazdáikkal, körbe-körbe ügették a galoppozásra szánt hatalmas területet, az unoka órákon át kuporgott a mami mellett. A csöppség hosszú szempillájú szemeit az okos állatokra tapasztva, soha meg nem szűnő kíváncsisággal érdeklődött a pacik iránt. A fáradtságtól időnként már-már ásítozva, kedvesen – soha el nem felejthető –, hálás mosolyát mamira fordítva, némán mondott köszönetet türelméért.

Nos, Zsógábnak 63 évesen is volt energiája ahhoz, hogy biciklizni tanítsa unokáit. Kedves ajándékként emlékeztek a fiúk ezekre a kerékpárokra, hiszen utolsó játékként kapták ajándékba édesapjuktól, halála előtti karácsonykor.

Az idősebb fiú unokáját úszásoktatásra is a mami vitte, mint hajdanában elsőszülött leányunokáját. Nagynénjükkel és unokanővérükkel ebben az időben még ritkán találkoztak, de láthatóan nagyon kedvelték egymást. Öröm volt nézni, ahogy a nagylány unoka őszinte szeretettel babusgatta, kényeztette karjaiba font unokaöccseit. Az apa halála után a nagyszülők mellett felértékelődött nagynénjük és unokanővérük szeretete. E szűk kör jelentette a félárva gyermekek részére a családot és ezzel együtt a biztonságot.

Zsógáb leány unokáját – amennyire engedte – továbbra is kényeztette, annak ellenére, hogy már a gimnáziumi éveinek a vége felé járt. A kitűnő eredményt felmutató unoka egyre többet foglalkozott a továbbtanulással, no meg a barátnőkkel. Elfoglaltsága miatt kevésbé vette igénybe a mami pátyolgatását, inkább csak a nyári szünetben, amikor is ezt az időszakot többségében anyai nagymamájánál töltötték, családi házukban. A vakáció ideje alatt néhány hétig pedagógus édesanyjával munkát vállalt a vállalkozás telephelyén. Jól jött a kereset-kiegészítés. Zsógáb gyakran közelharcot vívott a férjével, amikor az unokája és leánya bérmegállapításáról volt szó. Az is vitát váltott ki, hogy elérje, leánya és unokája is részesülhessen ugyanannyi nyelvpótlékban, mint a vállalkozás állandó alkalmazottai. Totyám szerette gyermekeit és unokáit, leány unokájára pedig mindig is büszke volt, különösen miután sikeres felvételi vizsgát tett a budapesti Corvinus Egyetemen. Éppen ezért Zsógáb nem tudta ép ésszel felfogni, miért esett férjének nehezére szeretteinek is megadni ugyanazt a pótlékot, mint az idegen embereknek. Nos, végül minden esetben a nagymama győzött, hiszen nem kivételezett gyermekeivel, csak azt akarta elérni, hogy ne szenvedjenek hátrányt, amiért a tulajdonos hozzátartozói. Zsógáb felfogta, hogy a fővárosban folytatott egyetemi tanulmányok miatt ezentúl egyre ritkábban láthatja elsőszülött unokáját, mégis nehezére esett ezt megemészteni. Az utolsó nyarat még a szülői házban töltötték, aztán, eladva a városi lakásukat, Pest megyében telepedtek le. Most már nemcsak a fiatalabb lányuk, hanem az elsőszülött gyermekük, unokával együtt, végleg elhagyta a családi fészket.

Nehéz időszak volt ez a mami számára, annál is inkább, mert a távolság nőtt, ő pedig nem lett fiatalabb. A kapcsolatukon az sem javított, hogy Mancsi nem beszélt gondjairól, Zsógáb pedig ennek hiányában tehetetlen volt, pedig mint utólag kiderült, nem mindig a legjobb döntést hozta gyermeke és unokája.

Zsógáb és férje egyedül maradtak. Nem lett volna ez annyira vészes, ha Zsógáb idegeiben nem érzi, hogy előbb-utóbb, talán nem is olyan sokára, nagyon magányos lesz. Az ősz közeledte nem hozta el az ifjúkorban oly sokszor tapasztalt — diákkori élmények —reménykeltő várakozást. A tarka ruhába öltözött fák lombjai most nem a megnyugvást, a békés pihenést hozták magukkal, hogy aztán — elvárhatón — újult erővel törjön fel az élni akarást magában hordozó kikelet. Ellenkezőleg, valami rideg, hideg fuvallat megmásíthatatlan eljövetelét jósolták.

18. fejezet

Zsógábot túlságosan lekötötte a vállalkozásban végzett, gyakran hajnalig tartó munka, a háztartás vezetése és a heti utazgatás kisebbik lányához és unokáihoz. Érezte ugyan, hogy a férjével való kapcsolata fokozatosan lazul, ám a napi megterhelés miatt nem hallotta meg a riasztó vészcsengő hangját.

Gyakran még éjjel is dolgozott, a férje pedig békésen horkolt hálószobájukban, ami ugyan bosszantotta, ám túlfáradt volt ahhoz, hogy megemlítse problémáját. Nem is beszélve arról, hogy szinte biztosra vette, hogy férje úgysem venné komolyan panaszkodását, inkább hisztinek könyvelte el. Eredménytelen vitát pedig nem akart provokálni. Minden maradt a régiben, a sérelmek pedig egyre tornyosultak.

Totyám természetesnek vette felesége szorgoskodását, hiszen ő az ügyvezető, övé a nagyobb felelősség, vélte. Az egyezség viszont annak idején nem erről szólt. Amikor Zsógáb belement a vállalkozás beindításába, férje azzal győzte meg, hogy neki nem kell semmit sem csinálnia, csak a nevét adni a vállalkozáshoz. Totyám a vezető szerepet azért nem vállalhatta, mert egy korábban indított vállalkozásban már ügyvezetőként szerepelt. Zsógáb elfogadta a nagyon is logikusnak tűnő érvelést, de arra álmában sem gondolt, hogy ilyen terhet vesz a nyakába. Nos, eszébe sem jutott, hogy férje visszaél bizalmával. Totyám mindig kreatív ember volt, ám az ún. szocialista gazdasági körülmények között nemigen tudott érvényesülni. Termelési értekezleteken a hozzászólásaiban leginkább bírálatokat fogalmazott meg, ami a vezetőségnek természetesen nem tetszett, hiszen ehhez még hozzájárult egy nagy adag cinizmus. Sohasem tudta, hogy mennyi a fizetése. Ha valaki megkérdezte, *borravaló* volt a válasz. Eleinte újításokért kapott díjazással pótolta keresetét, de később itt is bírósági úton ítélték meg az úgynevezett eszmei díjat. A vállalatvezetésnek ezekkel a perekkel borsot tört az orra alá, végül nem volt maradása, munkahelyet változtatott. Újabb állami vállalat, újabb problémák, miután nem tudott beállni a „gyáron belüli munkanélküliek sorába", ugyanakkor a „bólogató Jancsik" sorait sem gazdagította. Ettől függetlenül sohasem küldték el, mert az egyik legjobb műszaki ellenőrnek számított, de nem is jutalmazták. Olcsó munkaerő volt, aki lényegében nem sok vizet zavart. Totyám nyugodt volt, mert bízott felesége teherbírásában, felelősségében, tudta, hogy amibe belekezdett, végigcsinálja, sohasem adja fel. Miért aggódott volna? Zsógáb viszont úgy gondolta, most jött el a férje ideje, segítenie kell a kibontakozásban, esélyt kell kapnia, hogy bizonyítson. Ezzel nem is volt baj, mert a harmadik évben a vállalkozás már nyereséget is termelt, amit jó gazda módjára visszaforgattak beruházásra, fejlesztésre. A probléma ott kezdődött, hogy a telephelyen – az alkalmazottak segítségével – ugyan helyt állt a férje, de a könyveléstől kezdve a bérszámfejtésig, a hatósággal való érintkezéstől a kapcsolattartásig, a bankügyletekig minden Zsógáb nyakába szakadt. A viták egyre gyakoribbá váltak, Zsógáb a teherbíró képessége határához ért, ami a vezetésről való lemondásához vezetett. A férje most már átvehette az ügyvezető szerepét, miután a másik, korábbi vállalkozása megszűnt. Az ügyvezető szerep vállalása azért is könnyebben ment, mert a vállalkozás most már eredményesen működött, könyvelőt is alkalmaztak. A munka dandárját illetően nem változott semmi. Ha Zsógáb azt akarta, hogy naprakész állapotban legyen a vállalkozásuk – márpedig azt akarta –, akkor a korábban vitt, felsorolt ügyekkel továbbra is neki kellett foglalkoznia. Sőt, a könyvelővel való kapcsolattartás is az ő reszortjai közé tartozott.

A kettőjük felelősségvállalását jól jellemezte a könyvelő véleménye, akivel Totyám főállásban egy munkahelyen dolgozott. A vállalati könyvelési részlegen megkérdezték a könyvelőt:
– Te magánvállalkozóként is Totyámnak dolgozol?
Nos, a könyvelő válasza mindent elárult.
– Tévedés, én nem Totyámnak, hanem Zsógábnak könyvelek. – Micsoda különbség! Zsógáb helyzetét súlyosbította az is, hogy az első 5 évben nyugdíjba vonulásáig még az intézetvezető főnővéri feladatot is el kellett látnia. Miért akart mindig mindent tökéletesen elvégezni? Költői kérdés. Erre csak egy válasz lehetséges: mert Zsógáb ilyen volt, és nem tudott más lenni.

A feleség arra lett figyelmes, hogy férje különös gondossággal készül a tőlük 30 km-re fekvő telephelyre. Körültekintőbben tisztálkodott, parfümöt használt, s eddig még nem látott arany nyaklánc fityegett a mélyen kigombolt inge kivágásában. Mikor ezt szóvá tette, Totyám mérgesen kidobta a láncot a nyakából, és szó nélkül elviharzott. Persze időnként Zsógáb is megjelent a telephelyen, különösen az egészségügyi alkalmassági vizsgálatok alkalmával, az orvos kíséretében. Feltűnt, hogy az úgynevezett gazdaasszony napokon keresztül nem vezette a jelenléti ívet. Zsógáb ezt – mint a rendelőintézetben szokta – szóvá tette, sőt piros tollal meg is kérdőjelezte. Nos, erre a férje a dolgozók előtt durván sértegette.

– Meg ne próbáld többet!

Sőt, meg is fenyegette.

– Ha még egy szót szólsz, itt hagylak, megyek haza! – mondta.

Zsógáb meglepődött az eddig ritkán tapasztalt, férjére nem jellemző, elutasító viselkedésen. Bár felfedezett néha munkatársakkal, haverokkal történt beszélgetések alkalmával hasonló magatartást, ám arra gondolt, hogy nagyon felbosszanthatták. Mégis megijesztette haragjában beszűkült szemréséből előbukkanó, szürkés-szúrós szemű fenyegetése. Vele még így sohasem beszélt. Zsógábnak ugyan volt autója, de a férje kocsijával jöttek a telephelyre, és – különösen a történtek után – nem akarta az éjszakát ott tölteni. Másrészt annyira váratlan volt Totyám kirohanása, hogy eszébe sem jutott taxit hívni, amivel kényelmesen hazautazhatott volna. Bár ekkor már megtehette részben, mint ügyvezető, másrészt anyagilag is megengedhette volna magának, eszébe sem jutott. Túlságosan megsebezte férje viselkedése, nem tudott mit kezdeni vele. Nem értette, hogy mi történt az odaadó, mindig kedves, tapintatos férjjel. A bosszú pedig, mint mozgatórugó, ismeretlen volt Zsógáb életében. Az is egyértelmű volt, hogy 51 éves kora ellenére még mindig csinos asszonynak tartották környezetében. Még a telephelyen is azt sugdosták, hogy a főnöknek nagyon csinos felesége van. Mi történt mégis?

A 31 évi házasság, a megszokás, a lányukkal azonos korú gazdasszony kacérkodón kihívó viselkedése? Valószínűleg mindez együtt. A kihívó, kacérkodó viselkedés a férfiak többségét megzavarja, megbolondítja 50 év felett. Zsógáb ennek ellenére biztos volt férje hűségében, inkább a hiúságán esett csorba. Noha átmenetileg elbizonytalanította férje szokatlanul tapintatlan magatartása, ám a napi teendők sokasága elterelte sötét gondolatait.

Mivel egész életében emberekkel foglalkozott, volt ideje és lehetősége az emberek viselkedését tanulmányozni. Arra jött rá, hogy vannak emberek, akiknek nem szabad hatalmat adni a kezébe. Nem szabad vezetői beosztást rájuk bízni, mert nem élni, hanem visszaélni tudnak vele. Bár magának is nehéz volt bevallani, úgy élte meg, hogy férje ezek közé az emberek közé tartozik. Az ilyen típusú vezetőkre a külsőségek meghatározóan jellemzőek. Névkártyát azonnal, hogy felsorolja címét, rangját! Minél többet. Kérés már nem hagyja el ajkukat, csak parancs, de az mindig, s a legtöbbször azonnal, az utolsó pillanatban és egyre hangosabban. Azt hiszik, hogy nekik már nincs is más feladatuk, csak vegzálni az embereket. A káoszt szeretik, mert ebben nem derül ki gyarlóságuk. Azt hirdetik, hogy az okos ember a káosz felett uralkodik, a buta pedig rendet teremt. (Nem pontos az idézet, de a lényeg benne van).

Sajnos a férjére nagyon is illettek a jelzők.

Ezzel szemben létezik egy másik emberfajta. Vezetőként tudja, hogy nemcsak a fizetése több, de a felelőssége is. A munkában példát mutat, csak annyit követel a beosztottaitól, amennyit magától is megkövetel. Sőt azt is észreveszi, hogy esetleg a másik ember képtelen mindig a maximumot adni. Ez még nem bűn, nem hanyagság, nem lustaság, csupán képességbeli hiányosság. Az empátiával rendelkező főnök ennek megfelelően látja el feladattal beosztottait, és ennek arányában osztja a jutalmat. Szereti a jó értelemben vett rendet, a szabadosság helyett a szabadságot, melynek tükrében meghallgatja beosztottait, s képes visszakozni is, ha téved. Ugyanakkor ritkán téved. A jó vezető odafigyel a külsejére, mert a dolgozók szeretnek – a megjelenést illetően is – büszkélkedni főnökükkel. Nemcsak a tartalomra, hanem a formára, a csomagolásra is kényes. Mindez a tárgyalási pozíció szempontjából is fontos. Ugyanakkor nem kirívó, finoman elegáns. A könyv szereplőin remélhetőleg felismerhetők a két típus tettekben megnyilvánuló jellemzői. Zsógáb előtt szülei példája lebegett, akik, ha néha volt is problémájuk egymással, megoldották. Soha nem kötötték mások orrára. A család mindennél fontosabb volt életükben, mint Zsógáb számára is. Mindig úgy gondolt szülei házasságára, amilyet magának is kívánt. Máskülönben nemcsak a saját megaláztatásától félt, de abban is biztos volt, hogy sohasem tudná megalázni azt az embert, akinek a nevét viseli. Mindig az járt a fejében, hogy minden döntés sajátja volt, amiért csak magát dicsérheti vagy marasztalhatja el. Minden döntésért vállalta a felelősséget még akkor is, ha vele is előfordult, hogy nehezére esett, ám végül elfogadta azt. Úgy alakította életét, hogy a rossz vagy kevésbé rossz döntése mellett legyen mindig valami, ami ellensúlyozza azt. Legyen valami, ami értelmet ad életének. Zsógáb mindig megtalálta azt az elfoglaltságot, azt a feladatot, amely értelmet adott életének és megvédte az esetlegesen visszafordíthatatlan, rossz döntésektől. Ez a valami a család volt, ami célt adott életének, minden tettét ennek a célnak rendelte alá. Elsőrendű céljának elérése eddigi életében sikerrel járt, és boldoggá tette.

19. fejezet

Ebben a szellemben élte mindennapjait, s már elfelejtette a főnökének tett ígéretét, azt, hogy félév után visszatérnek a kettőjük közötti vitás kérdésekre. A labda most már a főnöke térfelén pattogott, ő pedig nyugodtan várta a holnapot. Zsógábnak névnapja volt (nem szerette, nem is igen ünnepelte meg a munkahelyén), s mielőtt elindult, még körülnézett irodájában. Keze már a kilincset markolta, majd lenyomta, hogy aztán indul hazafelé. Az utolsó pillanatban kopogtatásra lett figyelmes. Bosszankodott is egy kicsit, ám kinyílott az iroda ajtaja. Legnagyobb meglepetésére egy pompás virágcsokor mögött a főnökét fedezte fel, kezében egy üveg Egri Leánykával. Az őszi naplemente bekukucskált a nagyszemű ablakok üvegén, mint aki bár kíváncsi, mégis a fáradtságtól már ásítozó álom nyomja szempilláit. A lámpa fényében, az ablaküvegen át megjelenő sejtelmes rózsacsokor idilli hangulatot varázsolt az amúgy munkahelyként szolgáló irodai szobába. A csokor átnyújtása és néhány köszöntő mondat után Zsógáb főnöke megkérdezte:
– Hogy érzed magad?
– Nagyon jól – hangzott az őszinte válasz.
Főnökének megeredt a nyelve, és elmesélte, hogyan fogadták kinevezésekor az egészségügyi osztályon. Felhívták a figyelmét a főnővérre, aki irányítani akarja az egész intézetet. Azon a napon, amikor az osztályvezető előtt egyértelműen, habozás nélkül nemet mondott (a tanácsi dolgozó feleségének kétszeres bér) kérésére, igazolva látta a város vezetőinek véleményét. Valóban úgy érezte, hogy ő akarja kezébe venni

a teljes irányítást. Ettől a naptól kezdve a teniszpartin, munkamegbeszélésen, bármilyen összejövetelen arra biztatták, rúgja ki a főnővért, kap helyette százat. Ő viszont azt látta, hogy jól kézben tartja a hatáskörébe tartozók tevékenységét – gördülékeny a munkamenete, példamutató a dolgozók munkafegyelme, minden területen nyugalom és béke honol. Őrlődött. Nem tudta eldönteni, hogy az eszére, saját tapasztalataira vagy a főnővért ellenzők véleményére hallgasson. Ezért kérte a fél év türelmi időt. Ehhez még hozzájárult orvos helyettesének véleménye, s az a tény, hogy Zsógáb önként felajánlotta lemondását a főnővéri posztról.

Őszinte, baráti beszélgetés zajlott a két ember között, amit megkönnyített a könnyű fehér bor elfogyasztása is. A lényeg mégis az volt, hogy bár ezt a főnök-beosztott viszony szenvedte meg a legjobban, mégis – a többi főnökhöz viszonyítva – a legértékesebb volt. Komoly szakmai újításokat vezetett be, elsősorban az alapellátás területén. Észrevette és jutalmazta az intézet és a betegek érdekében végzett áldozatos munkát. Ebben a tekintetben nem tett különbséget beosztástól, iskolai végzettségtől függően. Mindenkit a saját munkakörében végzett munkája alapján értékelt. Mindezt fontosnak tartotta Zsógáb, ami megmutatkozott a később is megmaradt baráti kapcsolatban, amikor már a sokadik igazgató vezette az intézetet. (Kivételt képez a zöldkeresztes ház védőnőjének és a szomszédságban lévő orvosi rendelő orvosának kapcsolata, amely minőségileg semmihez sem hasonlítható.)

Nos, érdemes visszatérni még néhány gondolat erejéig Zsógáb nyugdíjba vonulásának körülményeire. Munkatársai, beosztottai nem akarták elhinni, hogy valóban elmegy. Szájról szájra terjedt a dolgozók között, hogy Zsógáb az első intézetvezető főnővére az intézetnek, de nem is lesz több. Később kiderült, igazuk lett. A város, a párt és az intézet vezetése örült a főnővér távozásának. Nem tetszett, hogy határozott és magabiztos, az, hogy a szűk szakmája mellett értett a gazdálkodáshoz, a vezetés lélektanához, és ennek birtokában belelátott a vezetés dolgaiba. Ennek tükrében voltak, akik a következetességet merevségnek, a rend megkövetelését diktatúrának bélyegezték. Ám Zsógáb határozottan vallotta, hogy a rend elengedhetetlen feltétele egy jól működő családnak, munkahelynek, sőt még a társadalom hatékonyságának is fokmérője. Káoszban és rendetlenségben nem lehet valós eredményeket elérni, mert táplálják a visszaélés lehetőségét, ami melegágya a kapzsiságnak, a korrupciónak. A rendetlenség aláássa a család, a munkahely egységét, azaz gátolja azok működését, ugyanúgy, mint ahogy a következetlenség a nemzet egységét, erejét bomlasztja, és gátolja a minőségi fejlődés lehetőségét. A legszűkebb családi keretek között is vannak haszonlesők, ám még nagyobb a veszély a tágabb közösségben. A történelmi tapasztalat is azt mutatta, hogy azok a társadalmak tudtak eredményt felmutatni, ahol szigorú keretek között működtek a társadalmi, gazdasági és magánéleti folyamatok. Egy gazdasági, erkölcsi válságból azok a nemzetek tudtak hamar talpra állni, akik meg tudták értetni, hogy a rend és fegyelem nélkülözhetetlen a kilábaláshoz.

A főnővér kicsi világához, közösségéhez megvoltak annak jól bevált – gyakorlat alapján szerzett – tapasztalatai. Beosztottai tisztelték azért, hogy a munkaidőt mindenkinek be kellett tartani, és ezalatt mindenkinek tisztességes munkát kellett végeznie. Nos, a főnővér érzelmi és gondolatvilágában a fegyelem, a munkaidő betartása és betartatása a beteg ember, általában az ember iránti tiszteletet szimbolizálta. A munkafegyelem ellen vétkezők nem azzal okoztak kárt, hogy néhány percet késtek, hanem azzal, hogy veszélyeztették a munkahelyi hangulatot, azaz elégedetlenséget szítottak. Igazat adtak főnöküknek abban, hogy az a dolgozó érdemel több jutalmat, aki pontos és precíz, az kaphat magasabb bért, aki szükség esetén túlmunkát vállal. Mindkét esetben kizárólagos feltétel, elengedhetetlen követelmény – amely viszont időt igényel – a beteg meghallgatása. Mások „árulkodását" nem szerette, de meghallgatta, ám sohasem ítélkezett addig, amíg saját tapasztalata alapján meg nem győződött annak hitelességéről. Az elvárásokkal egyetemben biztosította dolgozói részére a munkavégzéshez szükséges feltételeket, megvédte beosztottait a nemtelen támadásokkal szemben. Semmilyen szempontból nem volt féltékeny munkatársaira, sőt maga köré gyűjtötte az értelmes, minden tekintetben erkölcsös, a közösségért áldozatot is hozni tudó embereket. Vezetői munkáját a jó értelemben vett rendhez való ragaszkodás (ami nem téveszendő össze a merevséggel), demokratikus vezetői stílus jellemezte. Ez csak néhány apró példa egyfajta vezetői stílusra. Bemutatása annak, hogy a vezetetteknek nemcsak kötelességei vannak, hanem jogaik is, azaz csak megfelelő feltételek mellett lehet jó munkát végezni. A jó vezetési stílust követő főnököt munkája és magatartása példaképpé emeli dolgozói körében. Míg Zsógábot az említett tulajdonságai miatt elismerték, tisztelték beosztottai, nos, addig főnökei, a város vezetői éppen emiatt bírálták. Ez az ellentmondás vezetett oda, hogy nyugdíjazáskor bár felterjesztették életműdíjra, ám azt az önkormányzat javaslatára az utolsó pillanatban visszavonták. Pedig akár mint védőnő, akár mint főnővér, munkájával meg voltak elégedve. Bizonyíték erre – mint korábban említést nyert –, hogy mindkét munkakörben miniszteri kitüntetésben részesítették. Az évtizedek alatt végzett tevékenysége nem múlt el nyomtalanul, pozitív hatást gyakorolt a város lakóinak életére, mint ahogyan fontos szerepet játszott a város egészségügyének fejlődésében. A főhős életútjának bizonyos fokú ellentmondása éppen abban rejlik, hogy személyiségére és a körülmények alakulására való tekintettel eredményekben ugyan gazdag, de nem éppen sikeres életutat tudhatott maga mögött.

A megfelelni akarás szempontjából hiányzott belőle az elvtelen kompromisszumra való hajlam, törekvés. Ebből kifolyólag döntéseit időnként „csacsin" hozta meg (sohasem hatotta meg a pénz, döntéseit nem befolyásolta), ugyanakkor saját érdekeit háttérbe szorítva néha „csacsin" csalódott volt. A csalódás, akár a sérelem, a főnővérnél nem sokáig tartott, egy jól sikerült nap után minden búját feledve újra szárnyakat kapott, repülni tudott.

Az úgynevezett „nehéz főnök" után nem voltak gondjai az intézet újabb igazgató főorvosaival. Elfogadták a szokatlanul őszinte, jóindulatú magatartását, talán azért is, mert belátták, ezzel az ő munkájukat könnyíti meg. Ennek fejében inkább feláldozták hiúságukat a főnővérrel szemben. Zsógáb is korrekt volt főnökeivel. Nem tartozott ugyan a tekintélytisztelő emberek közé, mégis tudta, hogy hol a helye. Főnökét *tudatosan*, még a „legvadabb" helyzetben sem alázta meg azzal, hogy mások előtt lejárassa. Adott problémáját az illetékessel beszélte meg, harmadik személy nem jöhetett számításba. A főnővérnek ezt a tulajdonságát, általánosságban a korrektségét a nyugdíjazás előtti főnöke is elismerte.

Talán a sors iróniája, hogy éppen ebben az egyetlen esetben méltatlanul viselkedett Zsógáb. Történt ugyanis, hogy vezetői értekezlet előtt a nem éppen tisztességéről híres orvosnő jogos sirámaival fordult a főnővérhez, aki akkor igazat adott neki. Ám néhány órával ezután a vezetői értekezleten az orvos – nagy nyilvánosság előtt – elárulta a főnővért. Zsógáb bár a pipától nem látott, mégis megőrizte nyugalmát, és ezzel együtt letagadta egyetértését, azaz meghazudtolta az orvosnőt.

A főnővérnek pillanatok alatt kellett döntenie, és most az egyszer megbüntette árulóját. Az igazgató pedig kijelentette, hogy a főnővérnek hisz. Persze jól ismerte a kavarós-hízelgős doktornőt és a főnővért is. Ennek ellenére hősünket lelkifurdalás gyötörte, amit úgy próbált oldani, hogy az értekezlet után elnézést kért a joggal vérig sértett doktornőtől. Ugyanakkor felhívta a figyelmét, hogy a doktornőnek is illik átgondolni viselkedését a sok trükközés, bántás miatt. Milyen magatartás az, amikor a főnővér előtt durván sértegeti az igazgatót, majd pár órával később a nyilvánosság előtt már úgy állítja be, mintha a főnővér kezdeményezte volna az igazgató bírálatát, szapulását? Zsógáb most is belepirult, amikor szóba hozta az esetet, annak ellenére, hogy ma is úgy érzi, akkor helyesen cselekedett. A doktornőre jellemző volt, hogy meggondolatlanul, hirtelen felindulásból igazságtalanul megrágalmazta a főnővért – nekem sohasem adsz helyettest –, órákkal később pedig virággal a kezében bocsánatot kért.

Nos, még mindig visszatérve nyugdíjazására, beosztottainak igaza lett. Igazuk lett annyiban, hogy Zsógáb után soha (a mai napig) nem neveztek ki intézetvezető főnővért az intézet élére. A főnővér által megnevezett, utánpótlásként betanított diplomás ápolónőt nem fogadta el az akkori politikai-szakmai városi vezetés. Zsógábnak fülébe jutott a főnővéri állással kapcsolatos felsőbb vezetői elképzelés, amit helyettesének elmondott.

– Ha nem akarod kiinni az elutasítás keserű poharát, nem pályázod meg az állást – mondta. Volt helyettese megfogadta főnöke tanácsát, nem adta be pályázatát. A város vezetése által javasolt és kinevezett szakembernek ugyan volt diplomás egészségügyi képesítése, ám nem felelt meg a cím elnyeréséhez. Valószínűleg ezt is akarták. Zsógáb ismerte és szerette a vezető asszisztensként kinevezett kolléganőjét, ám biztos volt abban, hogy nem tud megfelelni a várható, „két tűz között" lavírozni tudó beosztásnak. Túlságosan gyengekezű, erősen befolyásolható ember volt, aki a munka könnyebbik oldalát választotta. Elfogadta a hatalmasok véleményét, ily módon a szakdolgozók és a technikai dolgozók valódi képviselet nélkül maradtak. Zsógáb még tíz éven át (magánvállalkozása ügyeinek intézése ügyében) sokat járt a városba, és ilyenkor meglátogatta szeretett munkahelyét, munkatársait, akik nem győzték sorolni sirámaikat. A nyugdíjas főnővér vigasztalta őket, majd belejön utódja a munkába, segítsék őt ebben a tevékenységében azzal is, hogy türelmesek lesznek. Nos, ezek a beszélgetések frissítően hatottak Zsógáb érzékeire, érzelmeire, amitől újabb erőre kapott. Utódját is biztatta, aki sokszor fordult hozzá tanácsért. A beszélgetésekből kiderült, hogy nem érzi jól magát a bőrében. Korára való tekintettel már nem nagyon tűnt más megoldás számára, ha fél lábon is, ki kellett valahogy húznia nyugdíjazásáig. Így is történt, bár nem sok öröme tellett benne. Nyugdíjazása után alig néhány év múlva otthonában összeesett és meghalt. Nem tudták újraéleszteni. Zsógábot megviselte a hír, hiszen 10 évvel fiatalabb volt nála, és évtizedeken keresztül jól ismerték egymást.

Bár a város vezetőit nem tisztelte – az ismert okok miatt –, még kevésbé becsülte, mégis kedves, fontos maradt e település életében. Itt töltötte csodálatos felnőtt-ifjúkorát, itt nevelte felnőtté gyermekeit, itt élte át férje segítségével az igazi összetartó család élményét, itt gondozta a világra jött – nagymamák nélküli, ezáltal őt talán jobban elfogadó –, fiatal házasok gyermekeit. Ez volt az a település, ahol az ifjú papák egymás között csak „azt a csinos kis védőnőt" emlegették, ha beszélgetés közben szóba került. Itt volt látható először képernyőn, amikor az első üzletsor átadását fotózták. Itt követték a kamerák, amint cipzáras gumicsizmába bújtatott cipőben, fenyőfát cipelve sétál végig az egyetlen főutcán. Nos, itt fedezte fel a képernyő előtt kuporgó gyermeke, boldogan felkiáltva:

– Nézd, apa! Anya ott sétál a tévében.

Ez volt az település, ahol a hullámvölgyeken át, mégis felemelt fejjel ment nyugdíjba egy gazdag életút után, és mint ilyen, a szülőfaluja, Sárrét után második otthonává lett. Hogy eredményes munkát végzett a szocialista városban? A hálás gondozottak mellett talán a történések is Zsógábot igazolták. Igaz, hogy helyettese annak idején nem kaphatta meg az intézetvezető főnővéri állást, de néhány év múltán diplomás ápolónőként – orvosi diploma nélkül – az intézet első számú vezetője, igazgatója lett. Zsógáb mégis jól választott, és jó tanítómesternek bizonyult. Volt helyettese örökre hálás volt mindenért. Bevallása szerint sohasem ért volna el ilyen eredményt, ha nem hallgat tanácsaira. Igazgatói kinevezése előtt – a 180 kilométeres távolság miatt jobb híján, telefonon kereste meg és kérte ki (nyugdíjas) főnöke véleményét.

20. fejezet

A nyugdíjazást úgy áhította Zsógáb, mint a sivatagba űzött vad az enyhet adó oázisban rejtőző patak frissen feltörő vizét. Fáradt volt, mint a kifacsart citrom, amely egészséges ugyan, de mégsem az igazi. Nem akart többé alkalmazkodni főnökéhez és azonos szintű vezető beosztású kollégáihoz. Nem akarta irányítani és ellenőrizni beosztottait, békés nyugalomra, viszonylagos pihenésre vágyott.

A remény, amely mindig is segítőtársa volt, most is ott nyomult mellette. Teendőiből mostanára már csak a közös vállalkozásuk maradt. Elsőszülött unokája betöltötte a tizedik évét, amely egyben azt is eredményezte, hogy kevésbé vagy legalábbis másképpen igényelte nagymamája közelségét.

Bár pedagógus édesanyja miatt (iskolaszünetek) sokat voltak együtt a szülői házban, mégis mindinkább kezdett önállósodni. Jól ismerte hősünk ezt az átalakulást, az önállósodásra törekvés igényét, hiszen két lányát már felnevelte. Ugyanakkor mint védőnő, szakmailag is ismerte a problémát, mégis meglepte unokája egyik megnyilvánulása. Totyám születésnapjára leányunokája „a világ legjobb Nagyapjának" szöveggel egy fényképtartóba állított, bekeretezett bizonyítványt ajándékozott. Meglepte Zsógábot a kivételezés ilyen formája, annál is inkább, mert mint nagymama – a korábbiakban leírtak szerint – ő foglalkozott az unokájával, nem vitatva el, hogy a nagyapja is szerette elsőszülött leány unokáját. Nem volt féltékeny, sőt azt is elfogadta, hogy a leánygyermekek a férfi felmenőhöz jobban ragaszkodnak, de nem értette ezt a megkülönböztetést. Őszinte ember lévén viccesen szóvá is tette hiányérzetét. Kedvesen megjegyezte, hogy ő sohasem kapott hasonló elismerést még anyák napjára sem. Az unokának nem tetszett a nagymama megnyilvánulása, ami inkább gesztusaiban, mint szavaiban volt tetten érhető. Hasonló, apróbb jelzések az unoka részéről egyre gyakrabban fordultak elő a második unokája megszületése után. Zsógáb a féltékenységet nem értette, hiszen 11 éven át minden szeretetével leányunokáját halmozta el. Megszokott volt, hogy amikor hazament a munkából, és unokája megérkezett, ő nem a papa, hanem a mami ölébe kuporodott. Vagy hétvégén, mikor tovább pihenhetett volna, ám unokája már játszott, felkelt hozzá – szülei hiába mondogatták, otthon is ezt szokta meg –, mert nem tudta elnézni a magányosan játszó gyermeket. Mégsem kapott hasonló jellegű, megható meglepetést, mint a férje.

Ennek a megjegyzésnek később lesz jelentősége, amikor a már felnőtt unokája porig alázza a 73 éves mamit. Hirtelen eszébe jutott a bekeretezett ajándék, melynek dátuma megegyezett a második unoka születésének évével. Már akkor féltékenység lett úrrá leány unokáján? A nagymama szeretetén való esetleges osztozkodás váltotta volna ki unokája viselkedését? Zsógáb nagymama-szíve, mindezt nem értette. Nem tudott különbséget tenni szeretetben unokái között, minthogy leányai között sem. Mindegyik más volt, külön egyéniség, és ezt a különbözőséget szerette mindegyikben, ám megkülönböztetés nélkül. Őszintén hitt abban, hogy a szeretetet nem lehet csorbítani azzal, hogy több ember felé irányul. A szeretet nem osztható szét, mindenkinek jut elég, ha a kapó nem akarja vélt sérelem miatt erőszakosan szétzilálni. Zsógáb végezte a napi teendőit, melyekből volt elég. Vállalkozásuk már nyereséget termelt, de ezzel együtt a munka is sokasodott. Férje sokat tartózkodott a telephelyen, ami természetes volt, mivel a kettőjük közötti munkamegosztás is ezt követelte. Zsógáb otthon dolgozott, a kft. székhelye, irodája évekig a házukban volt. Mesterségesen csitította lelkét a mélyben lappangó, időnként fel-feltörő gyötrelmes gyanú altatásával. Nem tudta, nem akarta elfogadni férjének esetleges kilengéseit, bár a távolság mindinkább nőtt közöttük, amely lelki kiüresedéssel fenyegetett. Úgy érezte, lassan, de fokozatosan hűl a levegő körülötte, melynek lehelete behatol lelkébe, ám védekezésként még mindig, jobb napokra számítva, átmenetileg jegelve tartotta.

Végül mégis kisütött a nap, habár sugarai csak alacsonyan pásztázták az ég és föld találkozásának horizontját. A reggelek hűvös lihegéssel ébresztették a házak álmos lakóit. Ősz volt megint. Zsógáb szívét más okból ugyan, mégis melegség járta át. A vejétől telefonon értesítést kapott, hogy Csurkánál a várva várt szülés beindult. Érezni lehetett az elsőszülött gyermeket váró apuka féltőn remegő, izgatott hangját. Zsógáb férjével kocsiba ült és – 180 kilométer megtétele után – a vajúdás megkezdésére, hajnalhasadásra a klinikára érkezett. Csurka megpillantva édesanyját a szülőszoba ajtajában, kétségbeesett szemeivel könyörögve intett feléje. Zsógáb halkan, lábujjhegyen lépett be az ismerős terepre, ahol a szülőágy körül sürgölődő orvos kedvesen fogadta.

– Hallottam, hogy védőnő a képesítése, átöltözés után segíthet a szülés levezetésében.

Zsógáb boldogan követte a szülész utasítását, és pillanatok alatt teljes díszben az ágy mellett termett, s mint hajdan régen, jó tanácsokkal látta el a vajúdó kismamát. Veje boldogan adta át a helyét szakember anyósának. Most már, a leányai és leány unokája után, ideje volt ráhangolódni a fiú újszülött fogadására. Könnyebben ment, mint gondolta. Az is igaz, hogy védőnőként foglalkozott fiú újszülöttekkel, csecsemőkel, de az egészen más volt. Újszülött fiúunokája erőszakosan erős hangú követelése előbb meglepte Zsógábot, de hamar meg is hatotta, hiszen az anyaméh puha melegéből egy kevésbé védett, ismeretlen világba csöppent. A követelőző mindjárt meg is békült, amikor a legszükségesebb ellátás után édesanyja hasára fektették. Zsógáb elmosolyodott, hiszen nem történt más, csupán egy újabb élni akarás. Mielőtt kivitték volna, lágyan karjába fogta fiú unokáját, és érezte seprű szempilláival körülhatárolt, csillogóan tiszta tekintetét, amely bársonyos melegséggel simogatta a nemrég még megsebzett szívét. Zsógáb újra fontosnak érezte magát, a szó legnemesebb értelmében. A gyermekek iránt érzett, semmi máshoz nem hasonlítható, szenvedélyes szeretetét ismét megélhette. Azt a szeretetet, amit az ártatlan, segítségre szoruló, érdek nélkül ragaszkodó emberi lény váltott ki belőle. Ez volt az az unoka, aki 1,5 éves korában heteken keresztül az ő gondoskodására szorult. Korábban már részletes beszámoló szólt arról, hogy a második fiú unoka az első után alig 18 hónap múlva érkezett.

Zsógáb tini korú leányunokája láthatóan szerette unokaöccseit, szívesen játszadozott velük. Hol egyiket, hol másikat ölébe fogta, és színes szalaggal vagy egyéb tárgyakkal, azok működtetésével szórakoztatta a fogékony csöppségeket. A nagy távolság miatt viszonylag ritkán találkoztak, a korkülönbség is nagy volt közöttük, mégis érezhető volt az összetartozásuk. Miután a két fiú között csak másfél év volt a korkülönbség, még inkább elkelt a nagymama segítsége. Továbbra is vállalta a már jól ismert 180 kilométeres utat az autópályán. Boldogan ismételte meg ezeket a kirándulásokat, annak ellenére, hogy a heti távolét miatt előbbre kellett hozni a vállalkozás ügyeinek intézését. Az autó kerekeinek haladó, figyelve hallható, finom súrlódása közben mosolyogva képzelte maga elé unokái kitárt karját, amint boldogan rohannak felé. Mesébe illő idők voltak ezek az évek, hiszen ismét megcsillogtathatta mesélő, éneklő kedvét, és fürödhetett unokái hálás tekintetében. Tagadhatatlanul nagyon közel került a két fiúunoka szívéhez, akik őszinte ragaszkodásukkal hálálták meg odaadó szeretetét. Hol a mesekönyvből olvasott egy-két történetet, hol a fiúk napi csínytevéseiből szövögetett tanulságos, meseként előadott eseteket. Kíváncsian várta a hatást. Pajkosan csillogó szemük rögtön elárulta, hogy felismerték a szereplő személyeket, azaz saját magukat. Zsógáb úgy tapasztalta, hogy az így kitalált mesék nagyon tetszettek a fiúknak. Esténként a kényelmes elhelyezkedés, fészkelődés után feltette a nagy kérdést:

– Milyen mesét szeretnétek hallani?

– Amit a saját száddal tudsz mondani – hallatszott az egybehangzó válasz.

Ezek után gyakran került sor hasonló, a mami által kitalált mesék közlésére. Persze, az ajándékba kapott mesekönyveket sem hanyagolták el, jól ismerték a fiúk a klasszikus meseírók tanulságos történeteit is. Szerették a régi és újabb társasjátékokat, a mutogatás által kitalált szavakat, a betűkirakós felismeréseket, és még sorolhatnám, hogy mi minden jutott Zsógáb eszébe unokái szórakoztatására. Visszagondolt gyermekeire, idősebb unokájára, akik nagyon élvezték annak idején, ha saját gyermekkorából mesélte el a testvérek egymás ugratásával kapcsolatos történeteit. Zsógáb nővére hogyan csípte meg lábujjaival a vele egy ágyban fekvő, sikító húgát, miközben kezei a takaró felett pihentek, bizonyságául annak, hogy nem tett semmit. Zsógáb ifjú korában szeretett énekelgetni munka közben, ami, ha ritkábban ugyan, de később is előfordult. Meghatódott, amikor konyhai tevékenysége közben az ebédlőasztalon rajzoló 1,5 éves unokája csak úgy mellékesen odavetette:

– Mami, miért nem énekelsz?

Olyan szívet szorongató emlékek ezek, amiket egy nagymama sohasem felejt el, nem törölheti ki emlékezetéből semmi és senki. Talán a nagymamák ezért nem magányosak, amíg van kinek mesélni. Legyen bármilyen idős, aki a fizikai munkára már képtelen, de mesével szórakoztatni az érdeklődőt mindig készen áll. Akkor lesz igazán magányos, amikor az unokáknak nincs már szükségük rá. Ezt a szomorú, megbántásra utaló magányt egyetlen nagymamának sem szabadna megtapasztalnia. Ha lakozik benne elég bölcsesség, s még aktív, feltalálja magát, keres más elfoglaltságot, de az unokák szeretetét akkor is éreznie kell. Az a magány, amit meg nem érdemelten, egy elidegenült társadalom foglyaiként az idősek kénytelenek elszenvedni, valójában nem igazi magány. Rosszul esik ugyan, ha a buszra várva a megállóba érkezvén köszönti a fiatalembert, ám az meg sem hallja, magyarul szólva, nem fogadja, mintha meg sem szólalt volna. Szomorú, amikor a bolti pénztárosnak megköszöni munkáját, de ő nem válaszol. Ilyenkor bosszankodik ugyan az ember, de nem fáj. Sőt, jobb esetben még egyszer köszön, és azt már kénytelenek észrevenni. Ilyen és ehhez hasonló praktikákhoz folyamodott Zsógáb, hogy észre térítse, ha csak egy pillanatra is, a közömbös, elfásult embereket. Egyéb, bevált receptjei is voltak a társadalmi magány elkerülésére. Ha barátnője (6–7 évvel fiatalabb lévén) nem ért rá az unokái pátyolgatása miatt, nyitott ember lévén mégis megtalálta az ilyen típusú magány elűzésének módját. Szeretett emberek között lenni még akkor is, ha ismeretség híján, vagy az említett okok miatt, nem beszélgettek. Fontos volt számára, hogy érezze közelségüket, figyelhesse viselkedésüket, ami szórakoztatta. Erre volt egy jól bevált gyakorlata, ami, ha már más nem használt, mindig segített. Elsétált a könyvtár olvasójába, és néhány órát eltöltve emberek közötti olvasással, már nem volt egyedül. Az emberek közelségében történő olvasás hangulata, a nem járatott lapok pletykáinak olvasása, egyszerűen a közösségben megtapasztalt, zizegő papír illata elűzte a magányt. Így sem volt felhőtlen Zsógáb élete.

A Totyámmal időnként vitába torkollott veszekedés azzal végződött, hogy férje hisztivel vádolva faképnél hagyta. Egyre inkább nem értettek egyet semmiben, még politikai nézetük is megváltozott. Vagy eddig is más volt az érdeklődési körük, a dolgokról alkotott véleményük, csak nem vették észre? A mindennapi kemény küzdelem a megélhetésért, a gyerekek nevelése mellett csak felületesen figyeltek egymásra? Mindenesetre Zsógáb tehetetlen volt. Idősebb lányának próbált óvatosan beszélni erről, de ő azzal elintézte:

– Akkor hagyd ott apát.

Zsógábnak ez nem volt ilyen egyszerű, s bár érezte leánya hangsúlyán a nem tetszést, nem jutott el tudatáig. Anya és leánya érzékenységükben némileg hasonlítottak egymásra, ám a házasságról, családról másképpen gondolkodtak. Mint ahogyan másképpen vezették le mérgüket, dühüket. Zsógáb inkább hangoskodott, de meggondolatlan tettre, pontosabban tettlegességre, sohasem ragadtatta magát. Ezzel szemben idősebb lánya, Mancsi szavak helyett dühében inkább megrugdosta autója kerekeit. Nos, ezen a téren a két lánya között is lényeges különbség volt. Míg Csurkával vitatkozni is lehetett, azaz mindent meg tudtak beszélni, Mancsi bezárkózott. Ez okozta az anya és lánya közötti, később tárgyiasult problémát. Az anya – gyermekkori megpróbáltatásai révén – sokkal edzettebbnek, erősebbnek bizonyult lányánál. Ez többek között abban is megnyilvánult, hogy tudott vitatkozni, visszakozni, sőt elnézést is kérni. Mancsi lánya pedig inkább begubózott vagy elrohant. Zsógáb komolysága, következetessége ellenére nem volt hibátlan, ifjú korában ő is követett el meggondolatlan bohémságokat.

21. fejezet

Ifjúkorára emlékezve mesélte el a lovas kocsi után futó öccsével együtt elkövetett, ám soha meg nem bánt másik butaságot. Szüleinél nyaraltak, amikor öccse megkérte, hogy kísérje el kedvenc szórakozóhelyére, mivel nem volt kedve egyedül mulatni. Némi hezitálás után igent mondott, és kerékpárra pattantak. Benyitva a szórakozóhelyre, minden szem rájuk tapadt. Öccsét biztosan ismerték, mivel öt évvel fiatalabb volt nála, s ebből kifolyólag később került el otthonról. Nos, Zsógáb saját ismertsége vagy felismerése tekintetében már nem volt olyan biztos. Talán éppen ezért élvezték és kihasználták a „nem mindennapi" helyzetet, csuda jól érezték magukat. Úgy táncoltak egymással, mint egy szerelmes pár. Egymáshoz simulva ütemesen ringtak a zene ritmusára, s közben önfeledten dúdolták a zenegépből kikívánkozó, rég ismert dallamot. Közben finom vörösbort iszogattak, s miután eléggé összezavarták a jelenlévőket, elköszöntek, s elhagyták a remek hangulatú helyiséget. Mielőtt kerékpárra ültek, Zsógáb agyán átfutott, talán nem kellene a jól érezhetőn szalonspicces állapotban kerékpárra ülni. Ennek hangot is adott, ám öccse, aki vezette a kerékpárt, hátraszólt:
– Pattanj fel, nővérkém. Átfogva öccse derekát, elindultak, de néhány méter megtétele után elestek a kerékpárral. Alig észrevehető horzsolást szenvedtek, ám okulva belőle, most már óvatosabb duhajokként kerekeztek haza. Zsógáb sohasem bánta meg jelleméhez nem illő, mégis véghezvitt tettét. Öccse, aki ekkor egy nagyon rossz házasságból szabadult, néhány órára elfelejtette búját, és boldognak látszott.

Ha már az egyébként meggondolt ember, a felelősségéről ismert Zsógáb ifjúkori tetteinél, botlásainál tartunk, még egy – büszkeségre okot nem adó – eseményről essék szó. Szakmai, baráti körben névnapot ünnepeltek Zsógáb lakásán. A hangulat a tetőfokra hágott, amikor valakinek eszébe jutott, hogy ki kellene józanodni. Az egyik orvosi táskából előkerültek a csöppnyi koffeint tartalmazó ampullák, amelyek tartalmát vénásan kellett a szervezetbe juttatni. A „hogyan" és a „ki" nem jelentett gondot, a bátrak nyomban vállalkoztak. Zsógáb beadta férjének, férje az egyik doktornőnek, és így tovább. Szerencsére nem történt baj, de utólag méltán helyes következtetéssel megállapították, hogy igen nagy felelőtlenséget műveltek.

Mindezek ellenére a főhős többnyire s főleg a lényeges kérdésekben a két lábon, földön járó, nagyon is reálisan gondolkodó ember volt. Ez a tulajdonság uralta egész életét, amely nem akadályozta meg abban, hogy – amint már szó esett róla – kövessen el hibákat. Néha próbára tette az őt is megkísértő szenvedély. Tulajdonképpen ez tette igazán hús-vér emberré. Időnként hangot is adott ebbéli véleményének:

– Nem értem, miért élnek azok az emberek, akiknek semmilyen szenvedélye nincsen?

Ugyanakkor az, hogy egész élete folyamán – idős korában is – képes volt beismerni, bevallani tévedéseit, kiemelte az átlagemberek soraiból. Annál is inkább, mert kortól, nemtől függetlenül, azaz gyermektől is, képes volt elnézést kérni.

A férje ezzel ellentétben ötvenen túl, mint a férfiak többsége (talán a vegytan boszorkánykonyhája vagy a magánvállalkozóként fejébe szállt dicsőség miatt) már erre képtelen volt. Kérte felesége szépen, időnként tőle megszokott szenvedéllyel, kiabálva, hogy csak annyit mondjon – bocs, anya –, és minden el lesz felejtve. Totyám, aki az első harminc év együttélésük alatt gyakran mondogatta:

– Igazad van, édes – később nem tudta bocsánatkérésre nyitni ajkát. A sértéseket pedig Zsógáb nem tudta elfelejteni.

Ezek sajnos egymásra rakódtak annak ellenére, hogy a megbocsátás megtörtént.

Talán ezzel magyarázható, hogy lánya javaslata ellenére Zsógáb abban biztos volt, hogy 40–50 év házasság után nem hagyja el férjét. Komoly műtéteken esett át, senki sem viselhette volna gondját úgy, mint felesége. Zsógábot esküje kötelezte, no meg anyósának tett ígérete, miszerint, *valakinek gondját kell viselnie*. Erősítették ebben a hitében veleszületett génjei, szüleinek példája, akik sok megpróbáltatás ellenére is az utolsó pillanatig, halálukig együtt maradtak, sőt az utolsó leheletükig szerették egymást. Zsógáb szerette, és talán mai napig szereti férjét, aki az előző 30 évben az ismerkedésükkor tapasztalt könnyedséggel, örökös jókedvvel jutalmazta meg. Mindenkitől védte, talán nagyon is óvta, féltette feleségét. Rá jellemző, pajkosan csillogó szürkés-zöld szemével, s az ott bujkáló szeretettel, szerelemmel segítette át feleségét az időnként bánatosan borús, bús napokon. Mindezekért hálás volt Zsógáb. A későbbi kapcsolatuk hullámvölgyében a családért érzett felelősség mellett ezek az élmények határozták meg kapcsolatuk elfogadását. Gyakran foglalkoznak a jó házasság titkát feszegető kérdésekkel. Zsógáb szerint az a jó házasság, amikor a társak sohasem hagyják el egymást – konszolidált viselkedés birtokában ez lehetséges –, együtt maradnak nemcsak jóban, de nehéz időkben is, a családért, önmagukért.

22. fejezet

Az elmélet elfogadásához meg kell érteni Zsógábnak az emberek sorsát leginkább befolyásoló, mozgató két legfontosabb kérdésről - a szeretet és a tisztelet fogalmáról - alkotott véleményét, adott történelmi-társadalmi, gazdasági és erkölcsi körülmények között. Nem mint tudományos kategóriáról szóló elmélkedést, hanem az emberek adott körülmények közötti viselkedésében megnyilvánuló, eseménysorozatról való vélekedést. A tisztelet fogalmát leegyszerűsítve kevésbé tartja fontosnak, amennyiben történetei is azt támasztják alá - de úgy is gondolja -, hogy annak jól körülhatárolható feltételei vannak. Hitvallása szerint csak azt az embert övezheti tisztelet, aki megérdemli. Az érdem pedig független a rangtól, beosztástól, iskolai végzettségtől, csak a személy értéke, munkája, cselekedetei lehetnek irányadók. Független attól is, hogy melyik irányból (embercsoportok felől) áramlik. Mindez nem jelenti annak tagadását, hogy az embereknek a társadalomban elfoglalt helyük szerint - akár tetszik, akár nem - ésszerű határok között éppen a szükségszerű alá- és fölérendeltségi viszony miatt alkalmazkodniuk kell aktuális főnökükhöz.

A szeretet ennél bonyolultabb fogalom, amennyiben feltétel nélküli odaadást igényel, ha irányultságát tekintve a nevezett személyt nem maguk választják (vér szerinti rokonok, általában az emberek, a szülőföld) hanem „öröklik".

Más a helyzet házastárs esetében, amikor az emberek saját döntéseik alapján, maguk választanak. A házastárs életre szóló szeretetéhez az egyén esküje és állhatatossága, illetve családcentrikussága mellett szükség van egy hosszantartó, mélységeiben is gazdag, kölcsönösen adok-kapok kapcsolatra. Olyan egymásba fonódó kapcsolatra, amely kitörölhetetlen élménnyé állandósult a házastársak között. Ilyen kapcsolat jellemezte Zsógáb és férje házasságát, amely hullámvölgyekkel tarkított életközösségükben is elfogadhatóvá tette a korábban megfogalmazott szeretetet, kitartást férje mellett.

A feltétel nélküli, kizárólagos szeretetet jól példázza Zsógáb szűkebb családja iránt érzett elkötelezettsége. Szerette és szereti a külsőleg és belsőleg is nagyon különböző jegyeket hordozó, más-más tulajdonságokkal felruházott gyermekeit, unokáit, akár a liláskék, illatos, nyugtatóként is hatásos levendula virágait ugyanúgy, mint az őket körkörösen körülzsongó, nagyon is nyugtalan, mézet gyűjtő méhecskéket. Örökké szeretni és tisztelni fogja édesanyját, aki szomorkás, édes-fanyar mosolyával halkan üdvözölte a távolban élő, havonta megjelenő gyermekét, ugyanúgy, mint édesapját, aki széles mosollyal, tárt karokkal – bár homloka mögött ott lappangó gondokkal – ölelte hazalátogató leányát. Ezeket a képeket gyakran idézi fel emlékeiben Zsógáb, hogy szülei kedves arca még véletlenül se halványodjék el. Szereti nagyon is különböző, gyakran csipkelődő, más-más életfelfogással élő – időnként meg nem értésükről árulkodó – testvéreit, akik szükség esetén mindig, minden körülmények között feléje nyújtották segítő kezüket. Soha ki nem törlendőn, szívszorítón, könnyeket fakasztóan szereti 2 évvel idősebb nővérét, aki halála előtti délután „Isten veled"-del búcsúzott békés nyugalommal, miután a heteken át tartó, pokoli szenvedést okozó fájdalom múltán, másnap reggel – érkezése előtt pár perccel – örökre elaludt.

Fájdalommal csordultig tele pohárként szereti 5 évvel fiatalabb, tragikus sorsú öccsét, aki szobájában magányosan rettegett a halál árnyékában az elhagyatottságtól. Akinek agonizáló utolsó hetében ágyánál, egy matracon feküdve vigyázta félelmét, s aki reggeli ébredésnél kedves mosollyal jutalmazta nővére betartott – míg élek, nem maradsz egyedül – ígéretét. Szereti az ártatlan, tágra nyílt tekintetű, világra csodálkozó, csillogó szemű gyermekeket ugyanúgy, mint a hajlott hátú, barázdált arcú, fáradtságtól megfakult, időnként távolba meredő, mégis reményt sugárzó szemű idős embereket. Szereti a mindezeket az embereket befogadó anyaföldet a Kárpát-medence közepén s azon túl, a magyar szívvel szeretőket, akik sok vihart átélő büszkeséggel vallják nemzetüket. Akik, ha meghallják a hazaszeret szót, nem kérdezik érzelem nélküli hideg iróniával:

– Hazaszeretet, le..., mi az?

23. fejezet

Szeptember havát írták újra, amelynek eljövetele sokféle érzést, emléket hordozott Zsógáb addigi életében. A változatosság kedvéért bár 65 évesen, mégis a lelassuló, szunnyadó, szendergő életritmust követő újrakezdés rózsaszínű reményével kecsegtette a főhőst. Hiába jelezték a lassú elmúlást a nappalok rövidülései, a lombkoronák lehullása, a még megmaradt levelek szégyenlős tarkasága, Zsógáb mégis a bizakodást magában hordozó életkedvvel tervezgette jövőjét. Fiatalabb lánya, Csurka – férje halála után – a magas rezsijű, nagyméretű családi házukat meghirdette eladásra, hogy szintén a főváros vonzáskörzetében, de anyagi okok miatt kisebb házat vásárolhasson. Még nyár elején fájó szívvel ugyan, de sikerült megválni férjével első, közösen épített házuktól, viszonylag jó áron. Édesanyjával ez idő alatt nyakukba vették az egyik legszebb Pest megyei települést, ahol megtalálták a kisebb, ám hatalmas telken fekvő épületet. A felújított családi házban megözvegyült lányának és két kiskorú unokájának ideális otthont rendeztek be, mindenkinek saját szobájával. Tették ezt azzal a szándékkal, hogy Zsógáb és férje a telek másik felén fognak családi házat építeni. Nos, néhány hónap alatt a szülőknek is sikerült eladni családi házukat, s közben Totyám megtervezte az igényüknek megfelelő, nem nagy, de kényelmes, új otthonukat, ahogy megálmodták. Megérett az idő a férj által vezetett és üzemeltetett közös tulajdonú kft. és ingatlan eladására.

Már lehetett látni, hogy az évet nem zárják nyereséggel, s félő volt, hogy az ingatlanok ára tovább fog csökkeni. A szebb és jövedelmezőséggel kecsegtető ingatlanokat jól értesült emberek csoportja kereste fel. Vásárlási szándékukat jelezve kopogtattak be a gyanútlan tulajdonosokhoz. Totyám átlátta a helyzetet. A haszonlesőkkel ugyan nem tárgyalt, mégis meghirdette ingatlanukat. Ez idő alatt Zsógáb – aki már a leányánál lakott – kivitelezőket keresett új otthonuk felépítéséhez. Egymásnak adták a kilincset az építési vállalkozók, végül Zsógáb döntött egy fiatal, becsületesnek tűnő cégvezető mellett. Az építkezés a terv szerinti ütemezésben haladt. Zsógáb figyelmét nem terelhette el semmi, hiszen napközben egyedül volt lánya házában. A férje pedig, mint műszaki ellenőr minden hétvégén lemeózta az addig elkészült munkálatokat. A családi ház az ígéretnek megfelelően karácsonyra el is készült. Zsógáb közben megszervezte a bútorok szállítását. A jól sikerült ütemezésnek köszönhetően a kivitelezők a nagyobb darabokat helyükre is rakták.

A szomszédok, akiknél Zsógáb annak idején vizitelt, nem győzték csodálni a rövid idő alatt remekül megépített, külső megjelenésében is ízléses családi házat. Nemcsak az épület nyújtott kellemes látványt, hanem az udvarra néző, hatalmas ablakokon át szembetűnő Antal-hegyi lejtő örök panorámája is. Zsógáb szépítgette, csinosítgatta új otthonukat, jó érzéssel, elégedetten vezette körbe szomszédjait a hangulatos, puha, melegséget árasztó családi fészekben. Gyakran kellemetlenül érezte magát a dicsérettel egymásra licitáló szomszédok miatt. Ugyanakkor Zsógáb is érezte, hogy remek munkát végzett, amelynek jutalmaként az új otthon minőségében új, meghittebb kapcsolat eljövetelével ajándékozza meg. Újdonság erejével hatott a régi házukkal szemben a hatalmas, 20–25 főt is befogadni képes amerikai konyhás nappali. A nagy nappali tudatos szándék eredményeként készült. Arra gondoltak, hogy ünnepek alkalmával nemcsak a szűk, hanem a tágabb értelemben vett család is (szülők, testvérek) jól elférnek együtt. Nos, erre az időre mindhárom család (két lányuk gyermekeikkel és a szülők) ugyanabban a Pest megyei városban talált otthonra, míg a tágabb rokonság a szomszédos településeken. A nagyszülők háza lett a közös találkozási pont, az ünnepeket, szüli- és névnapokat együtt ünnepelték. Különösen fontos volt ez a félárva unokáknak, akik láthatóan örültek a nagyobb társaságnak. A mami majd' elolvadt a boldogságtól, amikor szemtanúja lehetett a három unoka rendszeres találkozásának. Leányunokája őszinte szeretettel zárta karjaiba az évek alatt kamaszodó fiú unokaöccseit.

Noha Totyám még egy éven át csak látogatóba tért haza, egyre elérhetőbb közelségbe került a család újraegyesítése. Az új családi ház felépülése után közel egy évre sikerült a tervük, viszonylag jó áron eladták a 15 évig általuk irányított – egyébként két család által birtokolt – ingatlant. A másfél évtizedes kemény munkának köszönhetően az egy összegben megkapott munkájuk gyümölcsét az egész család élvezhette. A két lány és a szülők között – harmadolva – egyenlő arányban osztották szét az ingatlanért kapott vételárat. Idősebb gyermekük az ingatlanra felvett kölcsön összegét csökkenthette a szülőktől kapott ajándék pénzzel. Az ifjabb, özvegy lányuk pedig bankban kamatoztatva biztosította félárva, kiskorú gyermekei tanulását, jövőjét.

Visszagondolva a vállalkozással töltött évekre, feledve a hullámvölgyeket, a sokszor „nem bírom tovább" érzéseket, hősünk úgy értékelte, mindez nem volt hiábavaló. A legnehezebb időben sikerült konszolidálni gyermekeik és saját maguk anyagi helyzetét. Boldog, békés elégedettséggel hajtotta esténként nyugovóra fejét, a hátralévő években egy reményteli jövő képzeletével. A realitás által meghatározott életét végigkísérő romantikus lelkében mindig volt helye a bizakodásnak. A jövőbe vetett hit vidámmá, reményteliéve, mi több, újra magabiztossá tette Zsógábot. Örök optimizmusával maga köré vonzotta a hozzá hasonló okok miatt e településre költözött régi munkatársakat, ezáltal később – különböző rendezvényeken szerzett ismeretek révén – további barátokra, barátnőkre lelt.

Házasságuk első három évtizede alatt szerzett tapasztalata alapján úgy ítélte meg, hogy férje az egy évig tartó kényszer különélés alatt pozitív átalakuláson ment keresztül. Hittel bízott benne, ha már nem játszhatja a nagyfőnököt, csupán a férj és apa szerepe marad, újra a régi családcentrikus, feleségét megbecsülő, jó kedélyű öregúr lesz.

Nos, nem egészen így történt. Az idő múlásával, a nyugdíjas évek adta kényelemmel, talán a férfiakra is érvényes „változó kor" okozta kapuzárás előtti pánik hatására mindinkább kiderült, hogy mennyire másképpen fogják fel jelenkori életüket. A feleségnek rá kellett jönnie, hogy noha férje apai, nagyapai szerepe mit sem változott, általában emberkerülő lett. Szinte az egész világgal haragba került. E magatartása nem érintette lányait, unokáit, vagy mindennel meg volt elégedve, vagy csak nem nyilvánított véleményt. Ezen a téren konfliktuskerülő maradt. A ház urának nem volt nehéz dolga, hiszen a családi összejövetelek a szülői házban zajlottak. Az események szervezése, az előkészületek, a sütés-főzés, a romok eltakarítása zömmel a ház asszonyára maradt. Hetvenen túl hősünknek egyre inkább nehezére esett ezeknek az elvárásoknak megfelelni, a türelmetlenség, a fáradtság jeleit időnként már nem tudta palástolni. Hozzájárult még ehhez a felnőtt leány unokának egy nem tetszését kifejező, bántó megnyilvánulása.

– „Mami, ez a csokikrém nem olyan finom, mint szokott lenni" – mondta.

Zsógábnak fájt a kritika, hiszen ő mindent beleadott. Elgondolkodott azon, hogy édesanyja főztjét sohasem bírálta, mindig úgy volt finom és jó, ahogy elébe tálalták. Túlérzékennyé vált? Lehet, hogy így volt. A lényeg mégis az, hogy a megjegyzést nagyon zokon vette. Amikor a férjének panaszkodott, „ne hisztizzél" volt a válasz. Kapta e megjegyzést attól az embertől, aki egy fűszálat sem tett keresztbe, ha vendégeket vártak. Annyira nem aktivizálta magát, hogy még az ital felszolgálását is fiatalabb lánya vagy Zsógáb végezte, netalán a férfi vendégekre hárult. Annak idején elkényeztette férjét? Nos, való igaz. Ugyanakkor ő is sok kedvességet, gyengédséget kapott cserébe ezért. Abban az időben az oda-vissza, adok-kapok természetes volt, nem méricskéltek.

Zsógáb életét meghökkentették férje újabb vagy talán csak másféle köntösben jelentkező megnyilvánulásai, melyeknek lényege ugyanaz maradt. Különböző fórumokra járt, Zsógáb számára idegen társaságban érezte jól magát. Ezek az emberek a feleségben bizonytalanságot, – erőszakosságuk miatt – esetenként félelmet keltettek. Feltűnt az is, hogy új barátainak többsége nő volt, és nála lényegesen fiatalabbak. Ezekkel levelezett a neten, velük találkozott szinte hetenként. Nos, ilyenkor minden tekintetben az igényesség jellemezte, szó szerint kinyalta magát. Ám máskor, ha szóvá tette Zsógáb, hogy öltözzön fel rendesen, „hagyjál már békén, ne bánts örökké" volt a nyers válasz. Ezzel szemben feleségével nem ment sehova, kivéve egy-két családi eseményt, illetve egyetlen családot, felesége barátait. Hozzájuk is csak nagyon ritkán. Zsógáb a család hölgy tagjával, barátnőjével járt koncertre, színházba, kiállításra. Ilyenkor lelki egyensúlya helyre állt. Amikor a barátnője nem ért rá, kénytelen-kelletlen egyedül ment moziba vagy cukrászdába, később már ez sem zavarta. Talpon akart maradni, megpróbálta elfogadni – szerinte – átmeneti helyzetét. Zsógáb még mindig bízott a szebb jövőben. Az éjszakánként könnyekkel áztatott párnáját majd felváltja a reményt hordozó reggel, amely később kiterjed a nappalokra is, hogy végül állandósuljon, gondolta.

A legnehezebb az volt, hogy boldogtalan bánatát nem oszthatta meg senkivel. Édesanyjával, testvéreivel nem akart erről beszélni, hiszen ő volt a család példaképe, másrészt nem akarta, hogy sajnálják, szánják, no meg szégyellte is. Diákkorától a körülmények rákényszerítették arra, hogy érzékeny énjét kemény páncéllal vegye körül, így kevésbé vált sérülékennyé. A Zsógábot jellemző viselkedésforma, lényegét tekintve – önbevallása szerint – nem az őszintétlenség megnyilvánulása volt, hanem a kiszolgáltatottság elleni állandó védelmét szolgálta. Nem akarta, hogy gyengének lássák, valójában nem is volt az, csak rövid ideig – pillanatokig – életének hullámvölgyében. Lányainak panaszkodott néha, de mélységeiben nem érintette a problémát – nem tartozott rájuk a férjével való kapcsolata, másrészt szerették az édesapjukat, és nem akarta, hogy úgy érezzék, választaniuk kell. Csak valamiféle biztatást, támogatást szeretett volna. Újra és újra tapasztalnia kellett, hogy a családon belül ő a legerősebb ember, aki a legnagyobb terhet képes a vállán cipelni. Lelkifurdalás nem gyötörte, tudta, hogy nem hibátlan, de jó és hűséges felesége volt, maradt férjének, és jó anyja gyermekeinek, ahogyan jó nagymamája unokáinak. Sajgó lelkén mélyítette a sebet édesanyjának, nővérének, öccsének elvesztése, egymást követő években. Megértette, hogy az évtizedekig élő nagycsalád kezd felbomlani, s ez a bomlás feltartóztathatatlan, beleértve saját személyét is. Nem félt a haláltól, csak a már többször emlegetett kiszolgáltatottságtól, s ez a félelem ösztönözte aktivitásra. Jól tudta, hogy személyiségéből adódóan csak aktivitását megőrizve élhet teljes életet.

Eszébe jutott egy régi vágya, hogy egy kisebb terjedelmű regény formájában emléket állítson sokat szenvedett – ám életük, munkásságuk által példaképül szolgáló –, áldott jó szüleinek. Úgy gondolta, hogy eljött az idő. Méltán hitte, hogy jelen állapotában az írás leköti, mentális gyógyírként szolgál. Nem sokat töprengett, hozzákezdett első könyvének megírásához. A munka hasznosnak bizonyult, valóban elterelte gondolatait. A szülei iránt érzett hála, és írás közben sajátjaként átélt sorsuk jelentéktelenné tették férjével kapcsolatos problémáit. Mikor először kezébe vette tetszetős megjelenésű, keménykötésű – világító zöld színű, ifjúkori fényképével az előlapján, jelenkori fényképével a hátlapján kiadatott –alkotását, újra szépnek látta a világot. Az égbolt azúrosabbnak tűnt, a csillagok fényesebben ragyogtak az égen. Zsógáb lelke szárnyalt, örömmámorban úszott, amikor szülei ifjúkori, esküvői fényképével illusztrált műve könyvespolcát díszíthette. Az sem szegte kedvét, amikor rájött, hogy bár többször átnézte, javítgatta a szöveget, a hivatásos „vakon" gépíró elírásokat vétett. A munkától nem félt, a szépséghibákat kijavította, és saját költségén, saját gépírással megjelentette a kéttucatnyi másodkiadást.

Nos, boldoggá tette az a tudat, hogy volt gimnazista osztálytársai, főiskolás évfolyamtársai, sőt munkahelyi kollégái is tucatjával kérték könyveit. Nem győzte azokat csomagolni és postára adni. Egyik osztálytársa révén, sárréti szülőföldjén maradt ismerősei is több tucat könyvet vásároltak. A visszajelzés pozitív volt. Az elismerés Zsógábnak akkor is jólesett, ha meg volt győződve arról , hogy nem annyira irodalmi értéke, hanem hitelessége hatotta meg az embereket. Tulajdonképpen ez volt a célja. Az akkori események ismertetése, és ebben a helyzetben szülei helytállásának megörökítése. Bár ő beavatta férjét terveibe, aki szintén hozzákezdett egy dokumentum jellegű könyv megírásához, ám Zsógáb erről nem tudott. Mígnem váratlanul bejelentette, hogy másnap reggel egyik ismerősét várja, aki segít a könyv megírásában, elsősorban anyaggyűjtéssel. Meg is jelent egy lányukhoz hasonló korú, molett nő (a hozzá hasonlókat korábban kigúnyolta férje), aki a nyegleségével a fiatalságát akarta hangsúlyozni. Zsógáb befelé mosolyogva, de udvariasan és kedvesen fogadta, reggelivel kínálta, amelynek elfogyasztása után átvonultak a számítógéphez, férje szobájába. Ettől kezdve a nő gyakori látogatója lett a házaspárnak. Egyik nap csak úgy mellékesen megemlítette Totyám, hogy kölcsönt adott az asszonynak új lábbeli, csizma vásárlására. Zsógáb kifejezte nemtetszését, mert tudta, hogy a munkanélküli asszony sohasem fogja visszafizetni adósságát.

Férje könyve is elkészült, a hiteles idézettekkel teli vaskos mű komoly, szép kiadásban jelent meg. A terjesztésben segítségét ajánlotta a barátnő, persze nem ingyen. Totyám határozott időre alkalmazta a hölgyet, fix összeg fejében, annak járulékai befizetésével együtt. Még bizonyos jutalék fizetésében is megegyeztek. Hogy ez mibe került Totyámnak? Zsógáb nem tudhatta, nem is érdekelte már. A könyvkiadás költségeit mindkét fél a szüleitől örökölt, saját bankszámlájáról finanszírozta.

Ezt követően ritkábban jelentkezett a hölgy, mint amilyen „ritka példányszámban" sikerült a könyveket is eladnia. Totyám jól megfizette a segítség árát, ezt ugyan hivatalosan nem ismerte be, a továbbiakban mégis csak internetes hirdetéssel sikerült több könyvet értékesítenie.

Kisebb szünet után ismét jelentkezett az újdonsült barátnő, miután Zsógáb könyvének borítóján felfedezte a szerző által viselt, Bocskai-féle, mogyorószínű, fehér zsinóros kosztümöt. Neki ugyanilyen kosztüm kellett, még színben is. Ez utóbbi nem sikerült ugyan, de a sujtásos kosztüm elkészült. A varrónőhöz Totyám szállította a barátnőt, próbáról próbára. Zsógáb megalázónak tartotta férje és a nála 30 évvel fiatalabb hölgy között kialakult, nyíltan is vállalt bizalmas kapcsolatot, amit a férje túlzásnak, szokásához híven hisztinek könyvelt el. Nem értette meg, hogy feleségét nem a féltékenység motiválta, hanem a tudat, hogy a varrónő, aki munkája során sok emberrel találkozik, pletyka elindítója lehet. Amitől egész életében félt, a megaláztatás most Totyám részéről – akitől a legkevésbé számított hasonló megbélyegzésre – újból utolérte. Zsógáb idegen emberekkel szemben férjét mindig megvédte, akkor is, ha nem volt igaza. Úgy gondolta, ezek a dolgok családon belüli rendezést igényelnek. Ezért érintette mélyen férje viselkedése. A feleség fejében az is megfordult, hogy Totyám, ismerve felesége gyenge pontját, akarattal bosszantotta cinikus magatartásával. Miért nem tisztázta a kérdést Zsógáb? Mert egyszerűen lehetetlen volt. Totyám nem úgy ítélte meg a témát, mint felesége. A férj szerint a feleség direkt problémát csinál magának, mert így érzi jól magát. Férjétől nem állt messze ez a cinikus viselkedésforma, ám családon belül eddig nem gyakorolta. A „ruhaköltemény" elkészült, bár színben nem sikerült a másolat. Arról nem is beszélve, hogy egy-egy ruhát viselni is tudni kell, ami minden ember sajátja. Ezt követően a férjének ez a kapcsolata is megszűnt. A későbbiekben már csak a hasonló jellegű, érdeklődésű rendezvényeken találkoztak, illetve újabban az internetes közösségi oldalon levelezgettek. Közvetlen kapcsolat már nem volt köztük.

Ezzel párhuzamosan Totyám még inkább bezárkózott. Zsógáb részéről mindennemű szórakozásra, kikapcsolódásra utaló kezdeményezést visszautasított. Arra sem vállalkozott, hogy esetenként hétvégén egy ebédet vagy meghitt vacsorát – mint hajdan – kettesben elköltsenek. Arra hivatkozott, hogy nem hajlandó naponta többször átöltözni. Ugyanakkor Zsógáb belátta, hogy férje egészségi állapota fokozatosan romlott. A feleség ennek megállítására ugyan tett erőfeszítéseket, ám Totyám mindennemű segítséget csípőből visszautasított, anélkül, hogy megmagyarázta volna. Egyetlen dolog volt, amit egészsége érdekében képes volt megtenni, beszedte a rengeteg – mellékhatásoktól hemzsegő – gyógyszert.

A belvárostól – orvosi rendelő, bank, posta, bevásárló helyek stb. – több kilométerre, kertvárosi övezetben laktak, következésképpen a felsorolt ügyek intézése Totyám kocsijával történt. Az irányításban, az utak megszervezésében – mit, mikor, hová – továbbra is a feleség véleménye volt a mérvadó. Ezzel ki is merült a házastársak közös programja. A feleség tisztában volt azzal, hogy önállóságukat – anélkül, hogy gyermekeikre idő előtt terhet rónának – csak a saját mozgékonyságával tarthatják fent. Zsógáb ennek tudatában mozgékony, aktív életet élt. Férjével ellentétben a mindennapi politikai adok-kapok nem érdekelte, inkább a romantikus vagy zenés műsorok kötötték le figyelmét. Szeretett butaságokon is nagyot nevetni, kacagni. Gyakran előfordult, hogy a saját freudi elszólásain is elszórakozott. Naponta félórát otthonában tornázott, hetenként pedig csoportos körtáncra, majd jógára járt. Zsógáb már egy éve letette a cigarettát, egyáltalán nem fogyasztott cukrot, tejet és fehér lisztet vagy fehérkenyeret. Férje továbbra is láncdohányosnak számított, inaktív életet élt, táplálkozási szokásain – a cukor fogyasztásán kívül – nem változtatott. Tette mindezt orvosai tanácsainak ellenére. Zsógáb, mint két diplomás egészségügyi szakember, szép szóval próbálta rávenni férjét az életmódváltásra, ám aggódására a szokásos „hagyjál békén" türelmetlenség lett a szokásos válasz. Hiába hívta fel figyelmét az ok-okozati összefüggésekre, mindez falra hányt borsónak bizonyult. Durvább módszerekhez fordult. Megpróbált rávilágítani az érszűkület, a meszesedés okozta veszélyekre, hasztalanul. Lányait – negatív tapasztalata miatt – ezzel nem terhelte. Öccsei előtt panaszkodott Totyám egészségi állapotára, s arra, hogy minden igyekezete ellenére nem tudja jobb belátásra bírni.

A fiúk csak legyintettek.

– Nem lehet egy felnőtt férfit akarata ellenére „megerőszakolni" – volt a válasz. – Különben is, lehet, hogy te előbb fogsz meghalni.

Kénytelen-kelletlen ugyan, ám Zsógáb belátta, hogy testvéreinek minden tekintetben igazuk van. Mindenkinek kizárólagos joga dönteni saját sorsáról és ezért vállalni a felelősséget. Évek óta tapasztalta, hogy bármilyen jóindulatú figyelemfelhívás csak olaj a tűzre. Megerősödött abban a tudatban, hogy a családi békesség kedvéért, de saját lelki békéje érdekében is fel kell hagynia a férjével kapcsolatos probléma életben tartásával. Tovább kell lépnie. Tette ezt annak ellenére, hogy a kialakult helyzet egy cseppet sem nyugtatta meg. Még mindig nem tudta, és nem is akarta elfogadni, hogy férjére még saját önös érdekében sem tud hatást gyakorolni. Életmód-tanácsadással foglalkozó orvost is felkeresett, aki azt javasolta, engedje el férjét, fogadja el döntését. Ha ez nem megy, hagyja ott. Nos, erről az utóbbi lehetőségről hallani sem akart, tudta, hogy ezt az embertelen lépést – mivel a férje egyedül teljesen elveszne – sohasem fogja meglépni. Ezzel megtagadta volna önmagát és azt az embert, aki férjének hűséget fogadott. Eldöntötte – anélkül, hogy bosszantaná magát –, hogy türelemmel, sőt bizonyos fokú humorral kezeli férje amúgy idegesítő, erőszakos magatartását. Ám a gyakorlati kivitelezés nem ment olyan könnyen, ahogy az elhatározás. Totyámmal gyakran előfordult, hogy különböző internetes csatornákon szerzett rémhíreken bosszankodva – kiborultan – fordult feleségéhez. Zsógáb szembesítette viselkedésével.

– Nem eszik olyan forrón a kását. Nézzél már tükörbe! Hiányzik ez neked? Egész nap kedvetlenül, lógó orral jársz.

Ez a megoldás, úgy tűnt, hatásos lesz, mivel napokig nyugalom volt a házban.

Ősz közepétől, október végén barátságtalanná vált az időjárás. Átállították az órát, bár az idős embereknél ez nem előnyt, inkább hátrányt jelentett. Nehezen alkalmazkodtak az amúgy is korai sötétedéshez, a „hajnali" napfelkeltéhez. Éjszaka férj és feleség is rosszul, keveset aludt. Ködös, didergő reggelre ébredtek, amely tovább fokozta a kialvatlan, fáradtan ágyukból kikászálódó házaspár hangulatát. A közös reggelizés és a gőzölgő kávé illata, majd az ízlelőbimbókat jókedvre derítő zamata, mégis felrázta őket.

Mindketten nekiláttak a jól bevált, saját napi programjuk kivitelezéséhez. Totyám folytatta a kertben már hetekkel ezelőtt megkezdett, őszi munkákkal kapcsolatos teendőket, Zsógáb pedig a hálószobák rövid ideig tartó, ám hatásos szellőztetését. Az átmeneti perceket is kihasználva kinézett az udvarra, hogy aztán az utcát végigkémlelje. A ház mögötti látóhatár még ködben úszott, az Antal-hegyi panoráma is fátyolosan derengett. Ám az utca lakóinak kertjeiben évtizedek óta meghonosodott, ottfelejtett rózsalugas feltűnően rikító színben pompázott. Zsógáb nem akart hinni saját szemének, ezért lépteit meggyorsítva közelebb ment a kerítéshez, hogy megcsodálja a hófehér és vörös rózsáknak tűnő őszi csodákat. Meglepődve tapasztalta, hogy ezek valóban élő, virító virágok, mégpedig a kedvencei, eleven rózsák.

Valószínűleg különös, általa nem ismert, edzett fajták, hogy az ősz utolsó hónapjában is képesek legyenek szemet gyönyörködtetni. Feltevését a szomszédasszony megerősítette. A természet erős élni akarása felvillanyozta Zsógábot. A szokásos napi tornáját elvégezte, melynek következtében önbizalma helyrebillent, az őt mindig kísérő optimizmusa, jókedve áthangolta.

A derűs hangulat hevében, két évvel a szerencsétlen autóbaleset után, Zsógáb csak annyit kért Totyámtól, hogy „bocs', nem akartam". Nos, férje e három szót ugyan még mindig nem tudta kiejteni, de ismerős, régen észlelt, huncutul mosolygó szemei mintha már másról árulkodtak volna. A feleség részére mindez a remény jeleit sugallta. Zsógáb úgy ítélte meg, hogy bármilyen jó szándék – a vitás kérdések tisztázása – vezérelné, nincs értelme további vitának. Férjét el kell engednie, a helyzetet elfogadni úgy, hogy a férje és saját lelki békéje most már véglegesen helyreálljon. Zsógáb ösztönösen megérezte a változás szelét. Szülőanyját cserbenhagyó leánya 10 hosszú hónap hallgatás után férje által megüzente, hogy meglátogatja a szülői házat.

24. fejezet

Másnap, hétfőn reggel a szokásos gondos előkészület után elindult a jóga tanfolyamra. Öt éve anyagi megfontolásból eladta kocsiját, azóta általában tömegközlekedést használt. Élvezte a nyüzsgő belvárosi utcát, az emberek társaságát, még ha nem is minden esetben viszonozták kedvességét. Előfordult, hogy a helyi járaton társalgást kezdeményezett, de a szomszédos padon ülő hölgy ahelyett, hogy válaszolt volna, összeszorított ajakkal kinézett az ablakon. Zsógáb – saját érdekében – nem sértődött meg. Mintha mi sem történt volna, mosolyogva figyelte az embereket. Hogyan ülnek a széken, milyen a frizurájuk, az öltözködésük, a tekintetük, vajon mi jár a fejükben, mire gondolhatnak? Mindez sok mindent elárult. Mindig elszomorította, amikor borús tekintetű, kedvetlen vagy közömbös emberekkel találkozott. Sajnos évek óta ennek a látványnak volt szemtanúja. A belváros közepén leszállt a buszról, és gyalog indult célja felé. Gyönyörű augusztusi nap volt, hétágra sütött a nap. Érezni lehetett a meleget és a gyógyító, gyógyírt sugárzó égitest sugarait. A lámpa nélküli gyalogátjárón, természetétől függően, ki sietve, mások nagyon is komótosan élvezték előnyüket a járművekkel szemben. Helytelenül ugyan, ám a biciklisek többsége a kerékpáron ülve szelte át a gyalogátkelőt, megfeledkezve arról, hogy ebben a formában ők már nem gyalogosok. Édesapja mellett egy 4–5 éves kislány tekerte kerékpárját a járdát elválasztó kerékpárúton. Az öntudatos, szemfüles gyermek kedves udvariassággal figyelmeztette a szabálytalanul közlekedő felnőtteket.

– Hölgyeim, a gyalogátkelőt szíveskedjenek igénybe venni! Bár első hallásra okoskodónak tűnt a csöppség – sokan megmosolyogták –, mégis néhányan áttértek a részükre fenntartott útra. Ugyanakkor az emberek többsége a napjainkra jellemző, szabatosnak tűnő közerkölcsöt tükröző életfelfogásban a még oly udvarias figyelmeztetést is elutasította, mi több, molesztálásként élte meg. Zsógábnak viszont tetszett a kislány megnyilvánulása. Tetszését azzal fejezte ki, hogy a kerékpárútról nyomban áttért a gyalogosoknak kijelölt útra. A rendelőintézet után átment a kis patakot két partján t öszszekötő fahídon, amely mögött ott sorakozott a kínai, a COOP és egyéb apró szolgáltatást kínáló kisebb üzletek sokasága, a nyüzsgő embertömeggel együtt.

Zsógáb elsőnek érkezett az edzőterembe, kényelmesen átöltözött, mire folyamatosan érkeztek a sietéstől lihegő, kifulladt, egymást üdvözlő emberek. Mindenkinek volt egykét kedves szava a másikhoz. Viselkedésükből kitűnt, hogy ez már egy zártabb, összeszokott közösség, közös akarattal. A frissítő séta után következett a 90 perces, izzasztó jógatorna, hogy ezt egy kellemes relaxációs gyakorlat tegye kerekké. Zsógáb jó közérzettel, ilyenkor rá jellemző, könnyű, tánclépésszerű lépteivel sietett a „hazahúzó" megállóba, lelkileg is felkészülve a lányával való, régen áhított találkozásra. Mancsi megérkezett, mintha mi sem történt volna, két puszival üdvözölte szüleit. Édesanyja hasonló, „mi sem történt" lelkiállapotban fogadta lányát. Ásványvízzel, gyümölcscsel és csökkentett szénhidrát tartalmú süteménnyel kedveskedett. Közömbös dolgokról beszélgettek, Zsógáb szerint kissé idegen, a legjobb indulattal is hűvös légkörben telt el az egy-két óra. Alig tudott odafigyelni a semmitmondó beszélgetésre, az agya kattogott, a lelke háborgott, a szíve alig érezhetőn dobogott, egész lénye kielégítetlenül elégedetlenkedett. Váltig arra gondolt, hogy egyet-mást óvatosan ugyan, de kérdeznie kellene leányától. Talán még nem kibeszélni, de gondolkodást elindító szinten érinteni kellene az eltelt 10 hónap fájdalmas hallgatásának okát. Nem mert kezdeményezni, érezte, hogy még mindig nincs itt az idő az őszinte beszélgetésre. Nem akarta ezt az amúgy is fájdalmas, szegényes találkozást veszélybe sodorni. Pedig anyai lelkét nagyon is felkavarta. Lánya távozása után békétlenebb hangulat lett úrrá rajta, mint a már 10 hónap alatti fájdalmas, de már nem szokatlan, elsőszülött gyermekének elvesztése által okozott űr.

Két hónapon keresztül hasonló hangulatban zajlottak a heti találkozások. Anyja hiába próbált kedveskedni – a régmúlt időkhöz hasonlóan – süteménnyel vagy egytálétellel gyermekének, ő legfeljebb egy kávét vagy teát fogadott el. Az anya és lánya közötti kommunikációt továbbra is a vérszegénység jellemezte. Mancsi ezek után is csak édesapját kereste telefonon, üzenetét is csak neki címezte. Zsógáb egyszer telefonált a lányának, de ő nem vette fel, és nem is hívta vissza. Ebből okulva, többet nem is próbálkozott.

Álmatlan éjszakákon, vagy napközben is, ha agya nem volt mással elfoglalva, rögvest azon töprengett, hogy – sérelem nélkül – hogyan lehetne szóra bírni megértő gyengédséggel gyermekét. Százszor és ezerszer végigjátszotta magában, hogyan kezdje a beszélgetést, mit is kérdezhetne anélkül, hogy gyengének mutatkozna, elsírná magát. Teltek a hetek és néma maradt. Végül úgy döntött, tudnia kell, mit vétett, hogy ilyen kemény büntetést kapott. Két hónapi találkozgatás után elhangzott a rövid mondat, melynek a végén sajnos elsírta magát. Nem lett volna szabad, tudta ezt előre. Lánya indulóban kissé előrehajolt, arca elsápadt, megkeményedett, s csak annyit mondott:

– No, látod, ezért! Nem bírom elviselni a sírásodat, a panaszaidat, amúgy is van elég bajom!

Zsógábot meglepte, ugyanakkor megkeményítette és felbátorította a lánya szájából ismételten elhangzó kemény szöveg. Úgy döntött, hogy röviden, de velősen, ám el kell mondania gyermekének, hogy mi fáj.

– Igaz, hogy néha, nagyon ritkán panaszkodtam apád viselkedésére, de kinek szólhattam volna erről, ha nem a lányomnak? Idegeneknek nem. Tudatosan nem állt szándékomban édesapád ellen hangolni benneteket, de szerettem volna, ha legalább az egészségével kapcsolatos témákban a segítségemre vagytok. Be kellett volna látnotok, ha ez nektek is fontos, vagy legalábbis meg kellett volna érteni az aggódásomat. Gyermekkorotokban, de már felnőttként is, hozzám fordultatok, ha problémátok volt és mindig ügyesen megoldottam anélkül, hogy apátokat megbántottam volna. Sorolhatnám a példákat, de értelmetlennek tartom, mert mindig azt tettem, amit tennem kellett. Nincs lelkifurdalásom sem gyermekeimmel, sem unokáimmal, sem apátokkal szemben, azzal együtt, hogy tudom, nem vagyok hibátlan. De létezik olyan ember, aki tévedhetetlen?

Mancsi most már szó nélkül, nyugodtan végighallgatta anyját. Majd ő is megszólalt.

– Ezt tudom nyújtani, amit az elmúlt hetekben adtam, saját lelki egészségem védelmében, többet nem tudok. A lányomat is úgy fogadom el, amilyen, nem akarom már nyesegetni, nevelni.

Zsógáb nagyon is értette, hogy mire céloz a lánya. Ezzel kapcsolatban az édesanyából még néhány mondat nagyon is kikívánkozott.

– Neked csak egy lányod van, nem tudhatod, hogy ha kettő van, milyen érzés, nem tudhatod, hogy milyen érzés az, amikor mindegyikre egyformán oda kell figyelned anélkül, hogy bármelyiket megsértenéd. Nem tudhatod, milyen érzés mindegyiket úgy szeretni és elfogadni amilyen, feltétel nélkül. Azt az érzést sem ismered, hogy egy anyának mennyire fáj, amikor a gyermekei nem értik meg egymást, nincsenek jó viszonyban. Nem érezhetted, nem tapasztalhattad, hogyan tegyél kettőjük között igazságot?

Mancsi szomorúan elejtett még egy nagyon is fontos mondatot.

– Sajnos az életem így alakult. Akartam még szülni, de valószínűleg már elkéstem.

Nem tartott sokáig ez a beszélgetés anya és lánya között, de mindketten megnyugodva kerültek ki a reménytelennek tűnő párbeszédből. Zsógáb anyai szíve úgy érezte, mindketten megszabadultak egy nagy tehertől.

Bár hónapokkal ezelőtt megtörténhetett volna ez a beszélgetés közöttük, ám Mancsi erre nem volt felkészülve. Zsógáb a beszélgetés után megértette, lánya az elmúlt években mély lelki válságon ment keresztül. Túl sérülékennyé vált ahhoz, hogy bárkivel, még szülőanyjával is megbeszélhette volna gondjait. A mindig anyja közelében élő, nagyon is érzékeny Mancsi – egyetemista, nem könnyű természetű lányával – az idegen városban nehezen boldogult. Zsógáb a beszélgetés után mindezt megértette, ugyanakkor szomorúan vette tudomásul, hogy lánya nem bízott benne. Akár a konfrontációt is vállalva, sok szenvedéstől megóvhatták volna egymást. Zsógáb erre mindig készen állt, másik lányával többször meg is tette. Egy ölelés, egy biztató szó, nos, mindkettőjük életét megkönnyíthette volna.

25. fejezet

A férjével és később a lányával is átélt konfliktusból Zsógáb sokat tanult. Be kellett látnia, hogy bár mindent elkövetett a család összetartásáért, ez nem mindig, pontosabban nem teljesen sikerült. A modern civilizációban a "liberális" demokrácia világában az anya által megálmodott összetartó család ideálja nagyon törékeny. Zsógáb megértette, hogy manapság az emberek többsége a pénzt, a karriert, a hatalmat tartja a legfőbb értéknek, szemben a szeretet, a hűség, az állhatatosság által vezérelt családcentrikus gondolkodással. Az anya, a feleség, a dolgozó nő konzervatív értékek melletti elkötelezettsége, miután megtette kötelességét, kiszolgálta családját és a rábízott embereket, nem bizonyult kifizetendőnek. Bízott abban, hogy ez az állapot csak átmeneti, ezért alapvető értékrendje mit sem változott, saját egója védelmében jelenleg mégis az adott körülményekhez kényszerült alkalmazkodni. Zsógáb mindinkább érezte, hogy az emberek többsége másként gondolkodik. Az általa vélt, gyakorolt – értéknek számító – relatív igazságok is átértékelődtek. Hosszú gyötrelmek és vívódás után kénytelen volt megalkudni az elengedés törvénye nyújtotta lehetőséggel.

A realitás azt sugallta, hogy bár a társadalomban elkövetett élet elleni bűnöket sohasem szabad megbocsátani, a családon belüli bántásokat, még ha nagyon fájók is, nem elég megbocsátani, hanem örökre jegelni kell. A családot összetartó erő, a szeretet, ha olykor sok szenvedés árán is, mégis mindent megold, még akkor is, ha a szeretet lángja néha ugyan kisebb hőfokon ég, halványabban pislog, akár a kialvás előtti gyertyacsonk, de végleg soha nem alszik el. A csonk újra izzani kezd, levegőhöz jut, míg teljes fényében nem világít, ragyog. Olyan ez a ragyogás, amit nem lehet nem észrevenni, elemi erővel követel, fénye mellett melegséget sugároz, amely kétszeres erővel fog hatni.

Sok szenvedés és vívódás után Zsógáb a következő tanulságot vonta le. Férje élje az életét, ahogy jónak látja, sajnos – még akkor is –, ha saját magának árt is vele. Gyermekei, sőt unokái felnőtté válásában gondoskodó szeretetének láthatatlan nyomai elévülhetetlenek, ám ma már azon kívül, hogy szereti őket, mást nem tehet értük, éljék a mindennapjaikat saját belátásuk szerint.

Most sem tartja magáénak a mindent felejteni akaró megoldás gyakorlatát – az emberiség elleni bűnöket, koncepciós pereket sohasem lehet elfelejteni. Mit lehet tenni, amikor a rendőrség, a jogászok és a bírók hatalmas triója összefog? Egyedileg nem sokat, ám valamit mégis. Hasonló gondolkodású emberekkel összefogni, őszintén, bölcsen véleményt nyilvánítani, ahol csak mód van rá. Ezt meg lehet tenni.

Hittel és optimizmussal bízni az emberekben, a jövőben, abban, hogy minden rossz után jobb következik.

Zsógáb mentális egészségének védelmében a józanész azt diktálta, hogy az elméjébe bevésődött, esetenként a gyakorlatban elszenvedett bántalmakat törölni kell. A „mi lett volna, ha..." kérdésre nincs ésszerű válasz, ezért az ezzel való foglalkozás felesleges. Élete alkonyán bizonyosságot nyert, hogy a lelkét mérgező emlékektől megszabadulva olyan átélt és megélt események felidézése a megoldás, amelyek boldoggá tették, amelyek széppé varázsolták eddigi életét. Akár visszahozni a jelenbe azokat a történéseket, amelyeknek újraélése biztos siker, azaz gondolatainak szabad szárnyalását eredményezhetik.

Zsógáb életmód-változtatásának szükségességét megosztotta férjével. Rajta múlik, hogy követi ebbéli elhatározásában, vagy éli továbbra is önpusztító életét. Leszegett fejjel, lógó orral, megnyúlt arccal tengeti napjait, vagy örömtelivé varázsolja a legdrágább, egyszeri, megismételhetetlen csodát, az életet. Bölcs, megmásíthatatlan döntést hozott. A hátra lévő – ki tudja hány –, már ajándékba kapott éveit vidáman, csodák felfedezésére alkalmas, nevető szemmel kívánja leélni. Ezt a fiatalos mozgékonyságot szeretné környezetére sugározni, átadni a körülötte élők minden egyes tagjának. A még számba vehető jövő érdekében bocsánatkérés nélkül hajlandó megbocsátani a férje és leányunokája által az utóbbi évtizedekben okozott sértést, gonoszkodást, megalázást, beleértve a két évvel ezelőtti autóbalesetet, cserbenhagyást.

26. fejezet

Nem véletlenül mondják az okos emberek, hogy egy döntés meghozatalában a legnagyobb dilemma, a legnehezebb időszak az a folyamat, amíg az elhatározás megérik, megszületik. Amikor kimondtad az utolsó szót, a megmásíthatatlant, azaz döntöttél, hihetetlenül felszabadulsz. Így élte meg Zsógáb is az elengedés törvényének saját életére adaptálható alkalmazását. Az otthonában végzett mindennapos tornagyakorlatok mellett ezért kezdett el ezotériás körtáncra, majd jógagyakorlatra járni, ahol felfedezte a „Léleküdítő magazin" hasznos olvasmányait. Különös hatással volt rá a magazinban közölt „Orosz Zsolt: Csalogány Ébredés" című könyvéből közölt 1–6 részlet, amelyben a laikusok által is érthető módon írja le: nem mindegy, hogy „tudatosan játsszuk az életünket, vagy csak élünk?"

Az író szerint az élet a fizika törvényei által definiált és matematikai módszerrel kiszámítható. Semmiképpen sem mondható a véletlenek sorozatának.

Matematika tanárnőjének korábban már idézett mondása jutott eszébe, aki 60 évvel ezelőtt megmondta: „az élet szép, csak tudni kell széppé tenni". Zsógáb meglepődött átmeneti feledékenységén, hiszen mindig is ez volt életének vezérvonala.

Annak köszönhette optimista világszemléletét, hogy bízott önmagában. Problémákkal, nehézséggel tűzdelt életében mindig bízott a jövőben és reménykedett, ami nem csupán illúzió volt. Hitt abban, hogy a nehéz időszak után jön egy boldogabb időszak. A hullámvölgyből való kilábalást mindig magának köszönhette, saját, tudatos döntéseinek. Az adott történelmi-társadalmi körülmények között – elvhűségét, hitvallását megtartva – felküzdött olyan magasságig, ahová hasonló körülmények között élő kortársai közül – a sokgyermekes sárréti faluból – kevesen jutottak el. Minek köszönhette mindezt? Tudatosan megtervezett életének. Akkor mi történt vele az utóbbi két évtizedben? Korára való tekintettel nem tudta követni, nem észlelte a társadalmi-környezeti változást? Túl gyorsan követték egymást az eddig ismeretlen kihívások? Közvetlen környezete nem észlelte az idők szavát? Túlságosan kiszolgálta gyermekeit, férjét és annak családját?

Hosszú vívódás után jutott el a relatív igazságig. Mindez együtt juttatta odáig, hogy majdnem feladta. Az önsajnálat megakadályozta abban, hogy belássa, mindaddig nem várhat segítséget senkitől, amíg önmaga nem érett meg a változásra. Bár a cikk olvasása előtt is érezte a harmónia hiányát, tett is lépéseket a testi-lelki-szellemi összhang megteremtésére, ám ez az elmozdulás még nem volt eléggé eltökélt, inkább ösztönösen lépegetett. A „magazin" olvasása után értette meg a szerző szerint levezetett törvényszerűség és tanárnőjének intelmei közötti azonosságot.

A nehezén túl volt, a döntést meghozta: változtatni kell életmódján. A család most is elsődleges szempont volt számára. A cikk esetlegesen szükséges végső megoldása, a család elhagyása, eszébe sem jutott. Pillanatig sem gondolt komolyan az összetartás feladására. A szeretet erősebb volt benne, mint hogy a könnyebb utat válassza. Az életmód-változtatás nála azt jelentette, hogy az addig háttérbe szorított saját maga szeretetét állította középpontba. A szeretet erősségében és mélységében a fontossági sorrend változott meg. Nos, mindezt megtehette Zsógáb idős korában, ám korábban nem. Ma már mindez kézenfekvőnek tűnt. Unokái lassan felnőttek, gyermekei pedig a felnőttkor második felét taposták. Megtehette, hogy a minimálisra csökkentett háztartási munka mellett szabadidejében azt csinálta, amihez éppen kedve volt. Gyakrabban látogatta a színházi és mozi előadásokat, a koncerteket, könyvtári olvasót, kávéházi estéket. Attól sem riadt vissza, ha barátnője unokázása miatt valahol egyedül kellett megjelennie. Ha viszont barátnője ideje engedte, több kilométert utaztak azért, hogy eljuthassanak számukra addig ismeretlen tájak fürdőhelyeire, uszodáiba. Az utazgatás az ismeretlen felfedezése mellett arra is alkalmas volt, hogy jól kibeszélhessék magukat egy-egy témát érintve – egymást erősítve, netalán gyengítve –, kicserélhessék gondolataikat. Ezek a meghitt beszélgetések mindkettőjükre üdítően hatottak, úgyannyira, hogy mindig időhiányban szenvedtek. Az autó suhanó távolodásával élvezték a szabadság szelét, az erdőszél suttogó-zúgó zenéjét, a nap sugarainak a fák között ezüstösen meg-megcsillanó nyalábját, a madarak nyárvégi búcsúdalát. Mindez üdítően hatott a lelkére. Zsógáb most is, 75 évesen minden apróságnak tudott örülni, s ez elég volt ahhoz, hogy újra megérintse a boldogság szele.

27. fejezet

Zsógáb hálás szívvel gondol barátnőjére, akit évtizedek óta ismert mint kolléganőt, bár baráti kapcsolatuk viszonylag új keletű. A mindennapi taposómalom – a gyermekek, a munka – egy új baráti kapcsolat kialakítására akkor alkalmatlannak bizonyult. A nyugdíjba vonulás átrendezte az emberek életét. Az öreg fa gyökerének kényszerű átültetése után közös, új lakhelyükön találtak ily módon egymásra. Enci is gyermekei után változtatott lakhelyet, telepedett le férjével ugyanabba a főváros környéki városba, ahová Zsógáb és férje. Egyetlen család volt, akit Totyám is elfogadott, miután ifjú kora óta ismerte őket. Ez a család jelentette az egyetlen baráti kapcsolatot új lakhelyükön. Enci sok tekintetben hasonlóan gondolkodott, mint Zsógáb. Őszinte és nyíltszívű ember, akivel még vitatkozni is lehetett, amikor nem értettek egyet. Kölcsönösen belátták, hogy egy-egy témában nem feltétlenül kell, hogy megegyezzenek. Életszemléletük lényegét tekintve azonos volt. A családról, az "úgynevezett" igazságról, a gyermeknevelésről alkotott véleményük viszont teljes mértékben megegyezett. Enci is mozgékony, jól szervező, adni és kapni egyaránt szerető anyának, nagymamának és barátnőnek bizonyult. Zsógáb feltétel nélkül megbízott barátnőjében. Nem csoda hát, hogy ő volt az egyetlen, akinek, ha hónapok múltán is, ám végül felfedte óceánmélységű bánatát. Encit váratlanul érte, sőt megrázta sokat megélt, erősnek hitt barátnője sírása, annál is inkább, mert évtizedeken át szemtanúja volt a házaspár életének. Látta családját körülölelő szerető gondoskodását, munkájában tanúsított felelősségét, állhatatosságát. Azon nyomban szavát vette barátnőjének, hogy családja magatartásáért soha többet nem ejt könnyeket. Zsógáb ígéretét – legalábbis barátnője előtt – betartotta.

A főhős igyekezett minél kevesebb időt tölteni otthonában. Eljárt – ízlésének megfelelő – különféle egyesületek, szervezetek rendezvényeire, ahol hasonló gondolkodású emberekkel ismerkedhetett meg. Csoportos kirándulásokon vett részt a barokk kastélyok világába, Ausztriába és Németországba. A mesés utazás alatt támadt ötletét meg is osztotta az egyesület vezetésével.

– Miért nem tehetnénk egy hasonló körutazást hazánk területén? – gondolta. – Arisztokrata elődeink által megépíttetett „csodák" többségét a „magunkfajta" (a kifejezést más értelemben Morvai Krisztina: Magunkfajták c. könyvéből kölcsönözte) egyszerű emberek nem ismerik, pedig egy részét az utóbbi két és fél évtizedben felújították, s egyiket-másikat szállodaként is hasznosították.

Magyar emberek lévén illik megismerkedni ezekkel az építészeti remekművekkel, arról nem is beszélve, hogy egy-két éjszakát eltöltve anyagilag is támogathatnánk nemzetünket, saját országunkat. A legismertebb 15 kastély fényképeit szemlélve Zsógáb olyan emberek nevével találkozott, akik a magyar történelem alakítói voltak (Esterházy, Grassalkovich, Széchenyi, Teleki, Andrássy stb.), és magánvagyonukkal gazdagították hazájukat. A javaslat termékeny talajra hullott, az egyesület vezetősége megtárgyalásra érdemesnek tartotta a felvetést.

28. fejezet

Mancsi a félreértést tisztázó beszélgetést követően heti két alkalommal, megható rendszerességgel látogatta szüleit. Zsógáb lányával közös kávézás közben újra hallhatta a már majdnem elfelejtett kedves „anyuci" megszólítást. Felsejlett a még halvány remény, hogy férjével való kapcsolata is javulni fog. Egy-egy meleg hangú, segítő szándékú ajánlkozás – csak szólnod kell, beviszlek a belvárosba – a megbékélés szándékát sugallta. A lelkén esett seb már varasodni kezdett, ám menten felszakadt, ha eszébe jutott a két gyermeke között még fennálló – vele egy időben keletkezett –, Mancsi és leánya által indikált, kibékíthetetlennek tűnő ellentét. Ifjabb lánya jóval megengedőbb és elnézőbb, de a sértést, amit az unokahúga, majd testvére ellene elkövettek – pillanatnyilag –, édesanyja unszolására sem volt képes lazábban kezelni. Zsógáb ugyanakkor tudta, érezte, hogy addig nem tud megnyugodni, amíg gyermekei nem bocsátanak meg egymásnak. Zsógáb minduntalan azon törte a fejét, hogyan vigye dűlőre lányai kibékítését. Jól ismerte mindkét gyermekét, ezért tudta, hogy kisebbik lányával nem lesz gond – bár ő kapta a sebet először unokahúgától, majd annak anyjától, testvérétől. Válaszként aztán a sértést illetően ő sem maradt adós. Nos, előbb a könnyebb utat választotta, Csurkánál puhatolózott. A legnagyobb meglepetésére kisebbik lánya örömmel vette édesanyja békítő szándékát. Végül bátorságot merített, és felvetette kérését idősebb lányának. Nem akart hinni a fülének, ő sem tiltakozott. Megegyeztek abban, hogy Zsógáb értesíti Mancsit, mikor jön legközelebb a húga szüleihez látogatóba. Hamarosan adódott alkalom, mert Zsógábnak és ifjabb lányának születésnapja közeledett. Anya és lánya úgy döntött, hogy mivel a két szülinap között csupán 6 nap van, a két időpont közötti napon együtt fogják megünnepelni a jeles napot. Meg is egyeztek a pontos dátumban, napban. Zsógábbal madarat lehetett volna fogatni, véletlenül sem gondolt arra, hogy közbejöhet valami. Alig várta, hogy idősebb lányával tudassa a találkozás időpontját. A telefonbeszélgetés után kissé elbizonytalanodott, mivel a lánya hangja valami negatív sejtést sugallt. Zsógáb megérzését magának sem akarta bevallani, úgy hessegette el a bizonytalanság érzését, mint a zavart okozó, káráló madarat. Másnap kattant egyet a telefonja, megjelent rajta az üzenet küldőjének neve: Mancsi. Az anya rámeredt az üzenetre, nem akart hinni a szemének, csak bámulta az elutasító szöveget.

– „Most nem megyek át hozzátok, majd valamelyik sima napon, nem ünnepnapon". Zsógáb kétségbeesett. Mit mondjon Csurkának? Egyelőre semmit, várta, hátha történik valami biztató. Két napig hallgatott, majd rövid üzenetet küldött idősebb lányának.

– „Sajnálom, pedig ez lett volna a legszebb születésnapi ajándékom."

Válasz is érkezett.

– „Én is sajnálom, de nekem ez lett volna a legrosszabb napom."

Zsógáb újra komoly sebet kapott. Lánya ismét megalázta, és miért? Mert szerette mindkét gyermekét, és azt akarta elérni, hogy legalább beszélő viszonyban legyenek. Erőt vett magán, és újabb üzenetet küldött.

– „Mancsi, nem értem, hol rontottam el. Az ebédről csak azért írtam, hogy tudjál a helyzethez alkalmazkodni, mivel Csurka a fiúkkal több órán át itt lesz."

Válasz üzenet érkezett.

– „Anya, most tanítok, átugrok hozzátok, de még vissza kell mennem."

Zsógáb most már nem értett semmit, ám ami ezután következett, az rémálom volt.

A lánya le sem vette a kabátját, le sem ült, ám azzal vádolta az anyját, hogy megzsarolta a születésnapjával. Zsógáb idegei felmondták a szolgálatot. Akármit megadott volna azért, hogy férje, lánya, unokája csak annyit mondjon: „bocs', nem akartam"! Egyikőjüktől sem kapta meg, sőt újabb vád érte.

– Méghogy zsarollak? Olyan lehetetlent kérek, amikor egyetlen vágyam, hogy a gyermekeim szóba álljanak egymással? – kérdezte.

Nos, a lánya még válaszolt, hogy mit, már nem is nagyon hallotta az anya, csak az egymás utáni igaztalan vádakat. Aztán elszabadult a pokol. Egymás szavába vágva mindketten sorolták vélt vagy valós sérelmeiket. Végül Mancsi elviharzott. A helyzetet súlyosbította, hogy a vitában férje a feleségét csitítgatta, most sem állt mellé, a lányát féltette. Zsógáb csak annyit várt volna el, emlékeztesse lányát, hogy az anyjával beszél.

Zsógáb éjjel sem tudott aludni, nem értette, hogyan jutottak idáig. Sajnálta, hogy elveszítette a fejét, ami gyermekeivel szemben még sohasem fordult elő. Nemcsak gyermekeivel, de férjén kívül senkivel sem kiabált még így. Másnap megkérdezte férjét, hogy lányával beszélt-e azóta. Igen, hangzott a válasz, „még tegnap este kaptam egy elektronikus levelet, de nem tudtam eldönteni, hogy mit kezdjek vele".

Az anya eldöntötte. Nem akarja olvasni a férjének címzett levelet, hallani sem akar róla, sem most, sem máskor. Nem bír elviselni újabb fájdalmat.

Ifjabb lányával, két fiúunokájával és férjével a tervezett napon megünnepelték szülinapjukat. Kedves, jól sikerült órákat töltöttek együtt, el is felejtkeztek arról, hogy hiányzik valaki. Szinte hihetetlen, hogy mindent meg lehet szokni, hiszen

Zsógábot már második évben nem köszöntötte sem idősebb lánya, sem leányunokája születésnapján. Miután befejezték a jól sikerült estét, és gyermeke a fiaival hazament, Zsógáb pihentetőként bekapcsolta a számítógépet, és csak úgy gondolatterelőként belenézett a böngészőbe. Nem akart hinni a szemének, több mint húsz szülinapi köszöntőt kapott, többségében volt kollégáitól. Könnyei potyogtak, mégis boldogan köszönte meg egyenként a jókívánságokat, a virágcsokros levelezőlapokat. Nos, égtek a telefonvonalak is, testvérei, unokatestvérei is felköszöntötték.

Másnap délelőtt szokás szerint belenézett a levelező rendszerébe, és Mancsi feladóval ott kínálgatta magát Mancsitól egy beérkező levél. Dátum szerint Zsógáb születésnapja estéjén, későn érkezett. Bár csak hivatalosan jelezték, hogy zenélő levelezőlapja érkezett, Zsógáb mégis sietve bontotta ki az üzenetet. Jól esett hallgatni Vivalditól a *Négy évszak*ból a tavasz csodálatos zenéjét. A zene meghallgatása után megfordította a tulipános levelezőlapot, és feladóként és gratulációként szerepelt lánya mellett unokája neve is. Vegyes érzéssel – kissé idegenként – hallgatta meg újra a zenét. Így élte meg az anya 75. születésnapját, fájón, ám még mindig reménykedve. Reménykedve abban, hogy talán életében még sikerül egyesíteni a családot, bár egyoldalúan, belátja egyre nehezebb lesz. Ugyanakkor az élet csodálatos, és meg kell próbálni széppé tenni.

29. fejezet

Szeptember első napjai, mint Zsógáb diákkorában, bár másként, most is szeretni valók. A tiszta égbolton nyugalmat árasztanak a békésen boldog, mozdulatlanságra ítélt, fényesen ragyogó, közeli-távoli csillagok. A fák, virágok és bokrok levelei már egyre szűkösebben csepegtetik nektárjukat, mégis eleget ahhoz, hogy színükben megváltozva ugyan, de még el tudják látni éltető feladatukat. A növények különböző színben pompázó leveleikkel teszik tarkábbá a tetten ért őszt, hogy aztán azok, mint aki tétovázik, lassú lebegéssel az ég és föld között lehullva, védelmezzék az életet adó szent anyaföldet.

A nap sugarai egyre rövidebbek, fényükben megfakultak, s végül sötétbe burkolták a már szunnyadásra hajló hónapok napjait. A fázósan didergő hajnalok után a lebegő levegő dél körül már mosolygós melegséget áraszt. A bágyadt meleg már nagyon is elkél, kellemes az évektől megfáradt, padokra pihenni kiülő emberek részére ugyanúgy, mint a nap által felmelegített, lépcsőre napozni kimerészkedő, hidegvérű gyíkok örömére. A folyók és tavak szürkébb színben élik mindennapjaikat, ám az őszi esőzéstől gyakran megduzzadva, hivalkodóan próbálgatják – az embereknek nem mindig tetsző –, mindent elsöprő, ősi erejüket.

Az évszak váltásával az emberek életmódja is átalakult, ami jól nyomon követhető a kertekben végzett munkálatokon. Az autóbuszhoz sietve Zsógáb érdeklődve figyelte a megváltozott előkerteket. A beérett gyümölcsök és zöldségek helyét az árván maradt kórók és az aláhullott őszi levelek foglalták el. A kerttulajdonosok gondosan gyűjtötték össze az aszott növénymaradványokat, és lazították a talajt, amellyel már a jövőbe tekintettek. Ujjatlan mellénybe öltözött karok szorgoskodtak, hogy a talajt szunnyadásra bírják, hogy kora tavasszal vidámabb kikeletre ébredhessenek. A kimondani is sok hetvenöt év Zsógábot is bölcsebbé tette. Gyakran gondol vissza életének inkább kellemesebb szakaszaira, míg a békétlenebb időszakokat elhessegeti.

Saját magára gondolva már csak a mának él. Olyan dolgokkal foglalkozik, melyekben örömét leli. Az elhatározás megtörtént, ám a kivitelezés nehéz. Ahhoz, hogy a múltban a rosszat elfelejtse, a hullámvölgyeket a hegyekkel együtt még egyszer, utoljára át kellett élnie. Így született meg az elhatározás, hogy amit nem mondhatott el – csak a legközelebb álló barátnőjének –, elmondja most okulásképpen minden érdeklődőnek.

30. fejezet

Zsógáb szükségszerűen ma is gyakran jár a bank környékén, a két és fél éve történt szomorú baleset helyszínén. A lépcső látványa bár nem olyan élénken, de újra emlékezteti a sötétkék Opel kipörgő kerekeinek smirglipapír hangját utánzó, súroló-nyikorgó hangjára. Ilyenkor vöröses, villámszerű csapásként cikázik át agyán a 31 hónap eseménysorozata. Nem is annyira az akkor átélt, majd hónapokig tartó fizikai fájdalom képében megjelenő valóság nyomasztja, sokkal inkább a családtagjai viselkedése okozta lelki trauma. Egy pillanatra még beleborzong, ám gyorsan segítségére siet a jól begyakorolt – relaxációs – módszer, amellyel elhessegeti gondolataiból a kellemetlen érzéseket. Korát meghazudtoló fürgeséggel, felemelt fejjel, egyenes derékkal, magabiztosan intézi ügyes-bajos dolgait. Az őszt kísérő lassuló lüktetés még nem jellemző rá. Meg is bámulják öregek, fiatalok egyaránt, akik a feltűnést kerülendő, inkább elhaladva mellette, megelőzve őt, gyanakodva tekintenek hátra. Bármerre vetődik, ahol a kora, éveinek száma szóba kerül, önkéntelenül meglepődnek, amit legalább a „nem gondoltam volna" megjegyzés követ. A belgyógyászaton egy fiatal doktornő törzslapját böngészve, őszinte meglepetésének adott hangot:

– Nem hittem volna, hogy ennyi éves. Jó, sőt öröm magára nézni, olyan fiatalos a mozgása, öltözködése, magabiztos erő és derű sugárzik egész lényéből. Sok fiatal megirigyelhetné korát meghazudtoló, fiatalos lendületét. Sokáig őrizze meg kisugárzását.

Zsógáb, bár jólesett neki a bókokkal tűzdelt szóáradat, mégis szégyenlősen mondott köszönetet az elismerést közvetítő szavakért. Nem lehetett nem észrevenni, mennyire rosszul esett férjének a feleségét ért megkülönböztetett figyelem. Zsógábnak sokszor eszébe jutott, hogy talán ezzel is magyarázható Totyám időnként bántóan sértő magatartása, ami talán egyfajta irigységet takart. Nos, ezzel nem tud mit kezdeni. Amit kapott a Teremtőtől, azt nem kérte – persze megköszöni –, amit hozzátett, azt pedig saját magának köszönheti. Mindebből jól látszik, tudatában volt annak, hogy nemcsak rajta múlott korát meghazudtoló fürgesége, s mint ilyen, nem kizárólag az ő érdeme, génjeinek köszönheti szerencsés alkatát, melyet édesanyjától örökölt. Szorgalmával és fegyelmezettségével pedig hozzátette a saját energiáját, fejlesztette egyéniségét.

Szüleihez hasonlóan, bár más korban, más körülmények között, vas akarattal küzdött egész életében. Bizonyára vannak emberek, akik szerint Zsógáb nem a legszerencsésebb alkat.

– Nem kell mindig, mindenáron győzni! – hangoztatták.

De hiszen nem is sikerült úgy az élete, ahogy ifjú korában tervezte, megálmodta. Nem győzött mindig. Mégis eredményes életet élt, noha belátta, nem lett sikeres, szédületes karriert befutó ember. Talán ilyen sikerekre nem is vágyott soha. Hullámvölgyekkel tarkított élete során a hullámhegyek tetején megtehette volna, hogy sikeres is legyen. Többször ért fordulóponthoz sorsa. Adódtak alkalmak, amikor lehetőséget kapott arra, hogy nem csak eredményes, hanem akár sikeres ember is lehetett volna. Volna, volna...?

De ő ezt mindenáron nem akarta. Többször megalkudott önmagával a szeretet nevében. Élete alkonyán – kérés nélkül – megbocsátott férjének, leányának, mert nem tehetett mást. Nos, ők még elnézést sem kértek. A közvetett válasz csak annyi volt, hogy ők másként gondolkodtak (-nak). Neki kellett most is – mint sokszor máskor – a nehéz döntést meghoznia. Úgy kellett viselkednie, mintha semmi sem történt volna. A szeretet, a békesség jegyében családon belül ezt megtette. Nem minden ember tud elnézést vagy bocsánatot kérni. Zsógábnak ez a magatartásforma, döntési képesség megadatott. Mindezért utólag is hálás szüleinek, tágabb környezetének s talán egy kicsit saját magának. Választások esetén a megkötött kompromisszum saját egyéni érdekét is szolgálta annak érdekében, hogy hátralévő életét, ha nem is teljessé, de minőségileg gazdagabbá tegye. Ám hitvallását, elveit a karrier érdekében sohasem adta fel, őszintén hitt az örök értékekben, amelyek meghatározták döntését. Szentül meg volt győződve arról, hogy „megalkudni csak önmagával szabad" (Gáspár tanár úr), sőt bizonyos esetekben – mint a történésekből kiderül – elkerülhetetlen. Betöltötte a hetvenöt évet, végiggondolta élete alakulását, kevés döntését másítaná meg, még akkor is, ha azt megtehetné. Nos, melyiket? Ez legyen az ő titka, talán kitalálják az olvasók, és okulnak belőle.

Az élete őszbe hajlásával összegezni kényszerült az eltelt évtizedeket, melyekre békés nyugalommal tekintett vissza. Hullámvölgyek ellenére hűséges maradt ifjúkori énjéhez. Pókhálóval árkolt szemei hosszan a távoli jövőbe révedeztek, és gondolatban megállapította, hogy nem volt hiábavaló az élete, érdemes volt (így) élni. Ám amint az évszakok között az ősz különbözik a tavasztól és a többi évszaktól, úgy változott meg a csitri, majd az eminens sárréti diáklány, az ifiasszony, a dolgozó nő és a megbízható nagymama. Mindent egybevetve elégedett sorsával még akkor is, ha érték csalódások. A sárréti gyerekek közül kevesen dicsekedhetnek ily gazdag életúttal. Érték csalódások? Ugyan kit nem? Nem a göröngyök száma számít, hanem az, hogy ha felbukott bennük, fel is tudott állni. A kettő együtt adja az élet sava-borsát, és az ember egyenes tartását. Megtette kötelességét családja, munkája, hazája hasznára, most már saját magán a sor. A vélt vagy valós sérelmeket, az élettel együtt járó, szükségszerű küzdelmeket most már hátrahagyva megpróbálta hasznosan eltölteni a sors által neki ajándékozott éveket. Idegen tájakon, ismeretlen emberekkel barátkozott. Új információk birtokában, a kultúra területén még általa fel nem fedezett világba kalandozott, felfedezvén a számára mindig is vonzó újszerűséget, az áhított megismerést. Ugyanakkor a múlt kitörölhetetlen élménnyel gazdagította életét, amiből kifogyhatatlanul táplálkozott. Felidézte a megmásíthatatlan, eredményekben gazdag éveket, az ifjúkori csínytevéseket, az érdek nélküli, őszinte szerelmeket, barátságokat, diák- és munkatársakat. Boldog mosollyal fedezte fel az örökre emlékeibe vésődött unokák ártatlan, csillogó szemű, bájos kacaját, feléje segítséget kérőn kinyújtott, csöppnyi, kerekded karját. Nyomban eltűntek értelmetlen, szegényes, szürke gondolatai, hogy aztán éveken átívelve, szellő szárnyán terjedve, újra érezhesse az ifjúság bódítóan boldog illatát. Vannak még tervei? Igen, hiszen gyógyíthatatlanul optimista. Nem adhatja fel, nem olyan fából faragták. Hiszi, hogy gyermekeit kibékítheti, hiszen életükben szükségük lehet még egymásra. Idősebb lányára, leányunokájára sem hagyhatja a legrosszabb örökséget, az anya a mami elmúlása után már gyógyíthatatlan lelkifurdalást. Ha számítása bejön – és mért ne jönne –, és még ereje is lesz hozzá, boldogan megosztja élményeit olvasóival. No lám, Zsógáb, lényét tekintve, mit sem változott. Újabb terveket sző, és még mindig reménykedik.

2015. március 8.

A szerző

A szerző 1940. március 3-án született Vésztőn, szülei második gyermekeként. Az általános iskolát helyben, a gimnáziumot Szeghalmon végezte, mindkettőt kiváló eredménnyel. Mivel édesapja a helybéli vasutasok munkástanácsának elnökeként részese lett az '56-os forradalmi eseményeknek, lányát a kitűnő eredményei ellenére, politikai okokból kitiltották az ország összes felsőoktatási intézményéből. Családi hátterének elhallgatásával később mégis sikerült bekerülnie a szegedi Védőnőképző Intézetbe, ahol 1960-ban kiváló eredménnyel diplomázott. 1961-ben férjhez ment, két lánya született. 1977-ben, mint körzeti védőnő, megkapta a „Kiváló egészségügyi dolgozó" miniszteri kitüntetést. Még ez év tavaszán kinevezték a tiszaújvárosi rendelőintézet és szakorvosi rendelő intézetvezető főnővérévé. Munka mellett végezte az OTKI Egészségügyi Főiskolai Kar Intézetvezető Szakát, ahol 1981-ben jelessel államvizsgázott. Később, mint ápolásvezető, megkapta a Kiváló Munkáért miniszteri kitüntetést. 55 éves korában, saját kérésére nyugdíjazták. Hobbijai a sport, olvasás, kultúra, kirándulás, rejtvényfejtés.

A kiadó

*Aki feladja,
hogy jobbá váljon,
feladta,
hogy jobb legyen!*

E mottó alapján a novum publishing kiadó célja az új kéziratok felkutatása, megjelentetése, és szerzőik hosszútávú segítése. Az 1997-ben alapított, többszörösen kitüntetett kiadó az egyik legjelentősebb, újdonsült szerzőkre specializálódott kiadónak számít többek között Ausztriában, Németországban és Svájcban.

Valamennyi új kézirat rövid időn belül egy ingyenes, kötelezettségek nélküli kiadói véleményezésen esik át.

További információkat a kiadóról és a könyvekről az alábbi oldalon talál:

www.novumpublishing.hu